BOURBON

BOURBON
버번을 즐기는
최고의 방법

헤더 위벨스 지음 | 정미나 옮김

시그마북스
Sigma Books

버번을 즐기는 최고의 방법

발행일 2023년 3월 10일 초판 1쇄 발행
지은이 헤더 위벨스
옮긴이 정미나
발행인 강학경
발행처 시그마북스
마케팅 정제용
에디터 신영선, 최연정, 최윤정
디자인 김문배, 강경희

등록번호 제10-965호
주소 서울특별시 영등포구 양평로 22길 21 선유도코오롱디지털타워 A402호
전자우편 sigmabooks@spress.co.kr
홈페이지 http://www.sigmabooks.co.kr
전화 (02) 2062-5288~9
팩시밀리 (02) 323-4197
ISBN 979-11-6862-110-7 (13590)

사랑하는 남편, 나의 가족,
베스트 프렌드에게 이 책을 바친다.

지난 수년간 격려를 보내고
수백 가지 칵테일을 시음하며
자신의 몸을 희생해주기까지 한
모두에게 감사를 전한다.

수년 동안 나에게 영감을 불어넣어준
여성버번협회 모든 회원들에게 건배를 보낸다.

위스키를 사랑하는 이들을 위해 건배.
부디 이들이 당당하게 웃음 짓기를,
이들의 이야기가 나약해지지 않기를,
아울러 이들의 밤이 열정과 재미로 가득하기를.

차례

서문

2010년 친구 신시아 토프, 페기 노 스티븐스와 함께 켄터키의 한 유서 깊은 증류소의 의뢰로 새롭게 단장하는 방문객 센터의 설계를 맡아 일하게 되었다. 나로선 버번의 르네상스가 한창 꽃피어나고 버번 투어가 기하급수적으로 확산되던 그 무렵에 맡게 되었던 여러 증류소 프로젝트 중 하나였다. 한 번은 회의 중간 휴식 시간에 둘 다 버번광인 신시아와 페기가(말이 나와서 말이지만 페기는 여성으로는 세계 최초의 버번 마스터 테스터이기도 했다) 서로 공감의 눈빛을 주고받았다. 그날의 회의는 25~55세 남성층을 마케팅 대상으로 삼는 문제가 화두였다. 당시에는 이 연령층 남성을 공략 대상으로 삼는 것이 버번 업계의 표준 관행이었는데 페기와 신시아는 여성층을 간과한 것을 업계의 실수로 판단했다. 증류업체들이 시장을 대폭 확장시켜줄 가능성을 쥔 소비층을 등한시하고 있다고 여겨 어떻게 해야 버번 생산자들이 자신들이 놓치고 있는 그 소비층을 알아보게 해줄 수 있을지 방안을 고심했다.

그렇게 해서 바로 이때 여성버번협회가 착안되었다. 페기와 신시아는 포커스 그룹(시장 조사나 여론 조사를 위해 각 계층을 대표하도록 뽑은 소수의 사람들로 이뤄진 그룹-옮긴이)을 꾸려 아는 지인들 중 버번 칵테일과 리셉션 칵테일로 버번을 즐기는 여성들에게 참여를 부탁했다. 참여자들을 대상으로 조사한 결과, 여성들은 버번 양조의 역사와 기술에 대해 더 많이 알고 싶어 했고, 탐방과 교육 같은 보조적 분위기 속에서 그런 역사와 기술을 배우는 것에 흥미를 느끼는 것으로 나타났다(사실 이런 탐방과 교육은 페기가 여성버번협회를 시작하려는 구상을 오래전부터 품어왔던 또 하나의 이유였다). 두 사람은 이런 단체를 생각이 통하는 다른 여성들과 유대를 나눌 아주 좋은 기회로도 보았다.

페기와 신시아가 품은 결심은 여성버번협회를 색다른 세계를 체험해보고 업계 전문가들과 소통할 수 있는 교육기관만이 아닌, 이 업계에 종사하고자 하는 여성들에게 멘토가 되어줄 기회로도 만들고자 하는 것이었다. 두 사람은 젊은 여성층도 부담 없이 가입하도록 회비를 낮게 책정했고, 처음부터 좋은 일을 하고픈 바람에 따라 회원들이 회원 상호는 물론이고 더 넓은 버번 커뮤니티의 사람들과도 교류하도록 돕는 한편, 이미 이 업계에 몸담고 있는 여성들을 지원하고 싶어 했다.

헤더 위벨스는 2011년 협회 설립 직후, 여성버번협회에 가입했다. 버번 업계에 몸담고 있는 사람은 아니었지만 위스키를 즐기며 칵테일을 만드는 일에 대한 열정에 막 눈을 뜬 시기였다. 여성버번협회에서의 그날이 지금도 기억에 선하다. 그때 헤더는 핸드백에서 작은 병 하나와 시음 컵 몇 개를 꺼내더니 자신이 가장 최근에 만든 칵테일을 시음해보고 싶은 사람이 없느냐고 물었다. 우리는 한 사람도 빠짐없이 시음을 원했다.

여성버번협회의 연례행사 중에는 '낫 유어 핑크 드링크(Not Your Pink Drink)' 콘테스트가 있는데, 칵테일이 핑크색

이어선 안 된다는 것이 규칙의 하나다. 헤더는 아마추어 부문에 참가해 3년 연속 우승을 차지했다. 그리고 그 3연승 후 협회에서는 헤더를 콘테스트의 심사위원에 임명했다.

몇 년간 여성버번협회 이사회 의장을 맡다 물러났을 때는 페기가 나를 위해 조촐한 파티를 열어주며 헤더에게 칵테일을 가져와달라고 부탁했다. 헤더는 파티장에 두 가지 칵테일을 가져왔다. 둘 다 복합적이면서 밸런스도 좋은데, 무엇보다 맛있었다. 그날 저녁, 페기는 헤더에게 '칵테일 콘테사(Cocktail Contessa, 콘테사는 '여백작'이라는 뜻-옮긴이)'라는 별명을 붙여주었다.

현재 헤더의 블로그 〈칵테일 콘테사〉는 구독자가 수천 명에 달한다. 헤더는 여러 증류소에 그 증류소의 위스키 풍미 프로필에 맞춘 칵테일 개발을 위한 컨설팅을 해주고 있는 한편 여성버번협회 이사회 의장을 맡고 있다. 두 곳의 잡지에 칵테일 관련 글을 게재하고 있기도 하다. 여성버번협회와의 유대를 통해 페기와 신시아가 마음속에 그렸던 혜택을 누려왔고, 그런 혜택을 누려온 사람들로 말하자면 헤더 외에도 많다.

헤더의 열정과 창의성이 고스란히 담긴 이 책에는 그녀 자신의 레시피뿐만 아니라 여성버번협회 다른 회원들의 레시피도 두루 수록되어 있다. 이 협회는 루이빌에서 발족했지만 현재는 미국 전역에 수백 명의 회원이 있고, 루이빌 외의 14개 도시에 지부가 설립되어 있다(지부의 위치가 궁금하다면 bourbonwomen.org에서 확인 가능하다). 협회에서는 마스터 디스틸러들과 함께하는 시음부터 직접 위스키 만들어보기에 이르기까지 300개에 가까운 별도의 행사를 주최해왔다. 연례 여성버번협회 십포지엄(SIPosium, '심포지엄'에 '마시다'라는 뜻의 'sip'을 합성한 명칭-옮긴이) 회의는 30개가 넘는 주에서 참가자들을 끌어들이고 있다.

현재 버번의 세계에는 증류가와 화학자에서 경영자와 대변인에 이르기까지 여성들의 활약이 특히 두드러지고 있다. 믹솔로지스트로 명성을 얻는 여성들도 많아졌다. 그리고 여성버번협회의 눈에 띄는 활약에 힘입어 증류업체들 사이에서도 더 이상 무시하지 못할 소비층이라는 인식이 높아져 가고 있다.

보다 많은 여성이 미국의 국민술을 즐기게 된 분위기를 축하하며, 10년을 넘어선 여성버번협회와 헤더 위벨스의 책에 건배를 보낸다.

수잔 리글러

시작하며

모든 여정은 한 번의 발걸음으로 시작된다. 내 버번 여정은 한 번의 홀짝임으로 시작되었다. 켄터키로 다시 옮겨왔던 2011년, 나는 내 고향에서 아주 중심적인 위상을 차지하는 버번과 버번 산업에 대해 더 배우고 싶었다. 결국 마흔 번째 생일을 기념하는 의미에서 일종의 '켄터키 버번 트레일' 탐방을 계획하고 길을 나섰다가 홀딱 빠져들었다. 어느 숙성창 고에 첫발을 디딘 순간부터 나를 감싸고도는 천사의 몫(angel's share, 오크통에 숙성하는 과정에서 공기 중으로 자연 증발하는 원액을 가리킨다-옮긴이)에서 뿜어내는 그 향에 반해버렸다. 시음과 탐방을 이어가는 내내 버번에 점점 더 심취해갔다.

그 뒤로 얼마 지나지 않아 여성버번협회를 알게 되었다. 버번만이 아니라 버번 문화까지 아울러 예찬하는 활동에 주력하는 이 여성 단체가 나에겐 집처럼 편안하게 다가왔다. 그리고 당시에 나는 내 위스키 여정에 모든 사람이 함께 해주길 원하던 차이기도 했다. 수년이 지나도록 단짝 친구를 빼면 나만큼 버번을 사랑하는 사람을 만나기 힘들었다. 그러다 마침내 루이빌의 빌리지 앵커 레스토랑에 갔다 맛본 뜻밖의 올드 패션드가 남편의 흥미를 돋웠다. 남편은 내 올드 패션드를 한 모금 홀짝여보더니 자기 것도 따로 시켰다. 그렇게 마음의 문이 열렸다.

그 일을 계기로 나는 올드 패션드 주조 요령 터득에 나섰다. 여러 가지 시럽과 비터스를 시험적으로 이렇게 저렇게 넣어보았다. 매주 금요일 밤마다 두 가지 레시피로 만들어 남편에게 어느 쪽이 더 좋은지 가려달라고도 했다. 얼마 뒤 부터는 아예 버번을 고르는 것부터 도와달라고 부탁해 그때부터 남편은 스트레이트로 버번을 홀짝이며 자신이 마시게 될 금요일 밤의 칵테일에 가장 잘 어울릴 만한 버번 찾기에까지 나섰다. 그 바람에 몇 개월 동안 남편은 스트레이트 위 스키 드링커로 변했다. 나로선 대리 운전자를 잃은 셈이었지만 덕분에 나의 버번 컬렉션은 쑥쑥 늘어갔다.

친구들과 가족을 버번 애호가로 개종시키기 위해 그렇게 칵테일을 만들던 중 아마추어 칵테일 콘테스트에 참여하 기 시작했다. 여성버번협회 '낫 유어 핑크 드링크' 콘테스트에서 3년 연속 우승을 차지한 후에는 심사위원으로 초빙되 는 한편, 회원들을 위한 칵테일을 만들게 되었다. 나에게 버번은 단순히 내 열정의 발견을 넘어서는 큰 의미를 갖는다.

나는 버번의 다각적 풍미와 다가가기 쉬운 칵테일을 만들기 위해 신중하고 기발한 방법으로 이런 다각적 풍미를 조 합하는 과정에 커다란 흥미를 느낀다. 그것은 일이라기보다 소명처럼 느껴진다. 나에겐 다른 사람들에게 버번 칵테일 의 묘미와 매력을 알려주는 활동이 곧 버번의 영향력을 넓히는 일이다. 다른 사람들도 내가 이미 푹 빠져 있는 묘미를 맛보고 체험해보게 해주고 싶다. 모든 사람이 버번 칵테일의 믹싱에서 기쁨을 발견하는 것, 그것이 바로 내 바람이다.

나는 2018년에 여성버번협회 이사회 의장이 되었고, 이후 2020년 말에 수잔 리글러와 페기 노 스티븐스가 이 협회 의 설립 10주년을 축하하고 우리의 버번 칵테일 사랑을 세상과 나누는 취지에서 칵테일 책을 내보면 어떻겠냐는 아이 디어를 내놓았다. 우리는 이 책을 통해 협회의 칵테일 콘테스트 우승자들에게 경의를 표하고, 미 전역에 걸친 우리의 성장을 대변해주는 칵테일 레시피들을 부각시키며, 다른 버번광들과 버번 칵테일을 만드는 팁을 공유하고 싶었다.

수많은 버번 애호가들은 버번을 홀짝일 때 편안함을 느낀다. 버번은 우리 애호가들의 힐링 푸드다. 버번 업계에서 일하는 사람이든 친구들과 어울려 버번을 홀짝이는 사람이든 버번의 향은 크게 심호흡을 하면서 눈을 감고 마음 편 히 맛을 음미하게 만든다. 자, 그러면 이제부터 버번을 한 잔 따르고 뒤로 기대앉아 그 기막힌 향을 들이마시며 버번 에 대해 이야기해보자.

젬타 크리드 증류소 숙성창고에서의 시음
(사진: 크리스 조이스 KY)

들어가는 글

버번으로 들어서는 관문, 칵테일

칵테일은 버번으로 들어서는 관문이다. 많은 버번광들이 버번 칵테일로 버번 여정의 첫걸음을 떼었다. 버번 초짜에게 기분 좋고 밸런스가 잘 잡혀 있는데다 멋들어지게 담긴 칵테일을 건네주는 것, 그것이 바로 버번에 다가가기 쉽게 해주는 한 방법이다. 칵테일은 버번을 둘러싼 그 야단법석의 본질을 (더불어 그 재미의 본질까지) 탐험해보도록 문을 열어준다. 친구들과 모여 위스키 잔을 들고 들뜬 분위기 속에서 이야기꽃을 피우게 해줄 만한 도약판이다.

오랜 세월에 걸쳐 그런 분위기의 대화는 남성들에게 치중되어 있었다. 하지만 2011년에 페기 노 스티븐스를 비롯한 소수의 열정파 여성들이 여성버번협회를 설립하면서 변화가 일어났다. 스피릿(증류주) 단체로는 최초로 여성과 여성의 버번 사랑에 주력하는 단체로 설립된 이 협회는 단순히 여성들끼리 버번 칵테일을 마시며 수다를 떠는 그런 음주클럽이 아니었다. 버번만이 아니라 미국 전역 및 전 세계의 버번 문화까지 예찬하는 단체의 출범이었다.

10년 후 여성버번협회는 회원 수가 수백 명에 이르렀고 전국에 여러 지부도 생겨났다. 그동안 독자적 버번 행사 수백 개를 주최하는 등 적극적 활동을 통해 소비자와 스피릿 업계로부터 버번광들과 버번 업체들을 이어주는 활동의 선두 주자로 인정받게 되었다. 이 책에서는 재미와 오락과 교육을 한데 버무려 엮어온 그 10년을 기리고 축하하는 의미에서 버번 칵테일에 대한 사랑을 함께 나누려 한다. 하지만 그렇다고 해서 단순히 칵테일 레시피만을 모아놓은 책은 아니다. 이 책은 클래식 버번 칵테일의 기본을 알고 자신만의 변형 칵테일을 주조하는 요령까지 익힐 수 있는 입문서이기도 하다. 또한 버번과 다른 풍미 요소들의 조합을 제대로 음미하도록 미각을 훈련시키는 동시에 위스키와 어울리는 풍미를 잘 찾도록 감각을 단련시키기에 좋은 길잡이이기도 하다.

버번위스키는 맛과 스타일이 다채롭다는 점에서 볼 때 칵테일로 만들어 여러 풍미와 아로마를 조화시키는 연습을 해보기에 흥미로운 재료다. 위스키의

파운더스 맨해튼

The Founder's Manhattan

우수한 버번이 가진 풍미에 깊이를 더하고 그 달콤함을 더 보완해주기에 딱 적당한 정도로 아마로(이탈리아의 허브주-옮긴이)가 들어간 블랙 맨해튼 칵테일. 블랙 맨해튼에 보통 들어가는 베르무트(50여 종의 향료를 우려 만든 리큐어의 일종-옮긴이)를 대신하는 아마로의 달콤쌉싸름한 풍미가 칵테일에 흙내음과 허브 특유의 달콤함을 더해준다. 오렌지 비터스와 체리주스가 클래식 맨해튼 칵테일의 전통적 가니쉬(고품질의 칵테일용 체리나 즙을 짜낸 뒤 없는 오렌지 필)에 대해 묵례를 보내주고 있기도 하다.

버번 60㎖	소량의 아마로 (빛깔을 바꿀 만큼만)
룩사르도 체리주스 1/4작은술	가니쉬: 룩사르도 체리
오렌지 비터스 2대시 (1대시=8~10방울)	

버번, 체리주스, 비터스, 아마로를 믹싱 글라스에 한데 넣고 얼음을 채운 다음 충분히 차가워질 때까지 30초 정도 저어준다. 차갑게 해둔 잔에 스트레이너로 걸러 따른 후 가니쉬한다.

여성버번협회 설립자 페기 노 스티븐스의 레시피

시음할 준비가 된 버번

게 될 것이다(버번 칵테일보다 더 좋은 것 딱 하나가 다른 사람들과 함께 즐기는 것이기에 함께 맛보는 일은 중요한 의미를 갖는다). 그러면 지금부터 버번의 기초 몇 가지를 알아보자.

버번은 어떤 술일까?

모든 위스키가 그렇듯 버번 역시 곡물을 원료로 만들어 오크통에서 숙성시켜야 한다. 하지만 버번으로 불리려면 특정한 법적 요건들을 충족시켜야 한다. 1964년 미 의회를 통과한 법에서는 버번을 "미국 고유의 상품"으로 명시하며 다음과 같은 규칙을 제정했다.

- 버번은 미국에서만 제조할 수 있다(단, 모든 주에서 제조 가능하다).
- 버번은 매시빌(곡물 배합 비율)에서 옥수수가 최소한 51%는 되어야 한다.
- 버번은 160프루프(80도) 이하로 증류해야 한다.
- 버번은 125프루프(62.5도) 이하에서 통에 넣어야 한다.
- 버번은 내부를 불에 그슬린 새 오크통에서 숙성시켜야 한다(꼭 배럴(200ℓ 용량의 통−옮긴이)일 필요는 없다].
- 버번은 물 이외의 첨가제나 다른 물질을 넣어서는 안 된다(착색제나 풍미제는 첨가할 수 없다).

모든 버번이 이런 지침에 따라 생산되고 있지만 그렇게 빚어진 결과물은 흥미롭도록 폭넓고 복합적인 스타일과 풍미를 띠기도 한다. 버번은 대체로 바닐라 향과 캐러멜 향을 띠지만 견과류, 꽃, 과일, 시트러스(감귤류), 풀, 오크, 가죽, 담배 등의 풍미가 느껴지기도 한다. 이런 다양한 풍미와 향 덕분에 단순한 위스키 사워에서 더없이 복합적인 층을 이루는 칵테일에 이르기까지 다양한 칵테일을 만들기에 안성맞춤인 재료다.

버번이 칵테일에 잘 맞는 이유

버번 애호가의 상당수는 버번을 스트레이트로 마시지만 버번의 풍미는 리큐어, 주스, 시럽과 멋지게 어우러진다.

버번 TMI

버번의 제조 규정에는 의무 숙성기간이 정해져 있지 않다. 단, 지켜야 할 최소 숙성기간은 없어도 일명 **스트레이트 버번**의 경우에는 최소 2년간 숙성시켜야 한다. 그리고 숙성기간이 4년이 안 되는 스트레이트 버번은 라벨에 숙성기간을 명시해야 한다. 따라서 라벨에 '스트레이트 버번위스키'라는 문구가 찍혀 있으면서 숙성기간이 표기되어 있지 않다면 그 버번은 최소 4년의 숙성을 거친 것이다.

잠재된 풍미들을 서로 잘 맞는 스피릿이나 리큐어(혼성주)와 조화시키는 일은, 다시 말해 위스키와 칵테일을 맛보고 냄새 맡아보는 것에 더 많은 시간을 할애한다는 이야기다. 그런데 위스키를 더 홀짝이기에 좋은 핑곗거리를 싫어할 사람이 있을까?

버번에 갓 입문한 경우든, 이미 버번의 역사와 버번이 깃든 라이프스타일에 푹 빠져 있는 경우든 이 책을 펼치면 근사한 버번 칵테일을 만들어 친구, 가족들과 함께 맛보며 위스키 동지들을 늘려가는 데 유용한 툴을 발견하

버번은 다른 풍미들을 뚫고 들어가 단조로운 풍미로 그쳤을 법한 칵테일에 복합미를 더해주기도 하는데, 중간 도수와 고도수의 스피릿을 고를수록 더욱 그런 경향을 띤다.

켄터키에서 버번을 놓고 하는 말마따나, 버번은 어떻게든 자기 좋을 대로 즐기면 된다. 버번광들은 저마다 향, 풍미, 마우스필, 피니시(여운)에 따라 좋아하는 취향들이 있다. 당신도 버번 여정을 이어가다 보면 다른 사람들과 취향과 입맛이 같지 않다는 것을 알게 될 테지만 바로 그 점이 버번과 감각 체험의 묘미다.

사람마다 버번의 취향이 다르듯 칵테일 취향도 마찬가지다. 어떤 사람들은 달콤한 칵테일을 즐기는 반면 또

위스키 TMI

버번은 스카치위스키나 아이리시위스키와 어떤 차이가 있을까? 세 위스키 모두 곡물을 원료로 하며 각각의 원산국인 미국, 스코틀랜드, 아일랜드에서 생산·숙성된다. 스카치위스키는 몰팅 보리를 원료로 쓰되 다른 곡물도 넣을 수 있고, 전분의 당분 전환을 통해 생산된 몰팅 보리의 천연 효소를 사용해야 하며, 최소 3년간의 숙성을 거쳐야 한다. 아이리시위스키도 곡물을 원료로 하며 버번처럼 효모 발효를 거치지만 최대 증류 도수가 94.8도라는 점에서는 다르다. 또한 최소 3년간 숙성시킨다. 위스키에는 이 외에도 종류와 규칙이 많지만 이 정도만 알아도 기초는 꿰는 것이다.

어떤 사람들은 비교적 쌉싸름한 칵테일을 좋아한다. 이쯤에서 당부하자면 이 책에서 소개하는 레시피들은 하나의 제안일 뿐 돌에 새겨진 칙령 같은 것이 아니라는 점도 명심해주었으면 한다. 우리 모두에게는 완벽한 칵테일의 기준이 저마다 다르다. 올드 패션드에 오렌지 비터스와 황설탕 심플 시럽을 섞은 스타일을 좋아하는 사람도 있을 테고, 데메라라 시럽과 앙고스투라 비터스를 섞은 스타일을 좋아하는 사람도 있기 마련이다.

이 책에는 대표적 칵테일에 대한 '실험실 실험' 코너도 마련되어 있다. 집에서 이렇게 저렇게 실험을 벌여보며 미각도 단련하고 칵테일의 여러 요소들이 서로 어떻게 어우러져 특정한 느낌을 선사하는지 알 수 있도록 마련한 코너다.

이런 연습은 시음 플라이트(여러 종류가 함께 나와 비교 시음할 수 있도록 구성된 패키지-옮긴이)와 음식과의 페어링처럼 감각(후각과 미각 모두의 감각)을 키워준다. 자신이 달콤한 칵테일을 좋아하는지 쌉싸름한 칵테일을 좋아하는지, 혹은 자신의 입맛에 맞는 스피릿과 부재료의 비율을 판단하는 데도 유용하다. 칵테일을 주의 깊게 음미하는 요령도 깨우치게 될 것이다.

여성버번협회의 팁

버번과 마찬가지로 칵테일에서도 당신의 입맛은 당신의 것이다. 버번을 즐길 때처럼, 미각을 키워 칵테일을 더 잘 음미하게 되는 재미에 빠져보길.

나 자신의 칵테일 레시피와 칵테일 실험에 더해 '낫 유어 핑크 드링크' 콘테스트 우승자들이 개발한 레시피(제12장 참조), 여성버번협회 전국 지부에서 개발한 레시피(제13장 참조), 협회 지도부의 레시피들도 수록해놓았다. 나는 버번광이라면 누구나 마음속에 멋진 칵테일 몇 가지 정도는 품고 있을 거라고 믿는다.

칵테일은 그저 마시기 위한 것이 아닌, 경험하기 위한 것

크래프트 칵테일을 만드는 바나 술집에 들어가 보면 여러 가지 다양한 맛, 색, 느낌에 감각들이 깜짝 놀라게 된다. 믹솔로지스트와 미식가들은 첫 번째는 눈으로, 두 번째는 코로, 세 번째는 입으로 먹고 마신다는 말들을 즐겨 한다. 일품 칵테일을 만든다는 것은 곧 좋은 잔을 골라 (또한 경우에 따라 적절하게, 잔을 차가나 따뜻하게 해두기도 하면서) 그 잔에 기가 막히게 조합된 음료를 채운 후 인상적인 가니쉬를 더하는 것이다. 그러니 한 모금 한 모금 머금을 때마다 모든 감각을 동원해야 마땅하다.

이 점을 꼭 명심하자. 기대는 체험의 즐거움을 끌어내는 원동력이다. 가령 특별한 날을 위해 일주일 전부터 새 버번 병을 개봉하길 기다리고 있다 보면 그 일주일 내내 기대감이 점점 쌓여간다. 초대한 손님에게 멋진 가니쉬를 더한

퍼펙트 맨해튼
(제5장 참조)

집에서 활용하는 칵테일 서빙을 위한 팁

나는 칵테일 사진을 찍을 때는 종종 시각적 멋을 더하기 위해 가니쉬로 알록달록 화사하고 복합적인 요소를 연출한다. 하지만 집에서는 시트러스 조각, 잔의 가벼운 리밍(글라스의 가장자리인 림 부분에 레몬이나 오렌지즙을 발라 설탕이나 소금을 묻혀 장식하는 기법-옮긴이), 향신료 가루 토핑 같은 간단한 장식을 활용한다. 이런 간단한 장식을 더하는 것만으로도 향과 풍미 성분이 더해져 멋진 버번 칵테일로의 변신에 한몫한다.

칵테일을 건넬 때도 곧 즐기게 될 경험에 대해 잠시 기대를 품을 만한 틈을 갖도록 유도하는 것이 좋다. 손님에게 잠깐 칵테일의 향을 들이 마실 시간을 가지며 느긋하게 즐기도록 권유해보자. 기대는 칵테일에 대한 음미 욕구를 자극하고, 맛을 보기 전 눈으로 보는 것에서 싹튼다.

—◇—

이제 본격적으로 시작할 준비가 되었다면 우선 적절한 도구, 위스키, 비터스, 리큐어, 시럽 등 집에서 버번 칵테일과 위스키 칵테일을 만들기 위해 알아두어야 할 기초부터 익혀보자.

제 1 장

버번 바의 기본기

집에서도 프로처럼 믹싱해보기

바닐라 올드 패션드

Vanilla Old-Fashioned

이 올드 패션드 칵테일에는 버번배럴푸드의 버번 훈제 설탕으로 만든 바닐라 심플 시럽(설탕 시럽)이 들어간다. 여기에 통 숙성된 바닐라 비터스와 초콜릿 비터스도 섞어 넣어 밸런스를 맞춰준다. 바닐라, 초콜릿, 오렌지 향이 진한 버번을 고를 경우 그 위스키 본연의 풍미가 더욱더 살아난다.

켄터키산 버번 60㎖

바닐라 심플 시럽 7.5㎖(레시피는 아래 참조)

초콜릿 비터스 1대시

가니쉬: 오렌지 필

얼음을 채운 믹싱 글라스에 재료들을 한데 넣고 적당히 차가워질 때까지 저어준다. 큼지막한 각얼음 하나를 넣은 온더록스 글라스에 따른 후 가니쉬로 오렌지 필을 얹어 서빙한다.

바닐라 심플 시럽

물 1컵

버번배럴푸드의 버번 훈제 설탕 1컵

버번배럴푸드의 배럴 숙성 마다가스카르 바닐라 추출액 1큰술

물과 버번 훈제 설탕을 넣고 끓인다. 식혀두었다가 바닐라 추출액을 섞어 냉장 보관한다.

여성버번협회 회장(2015~2017) 수잔 리글러의 레시피

우리 같은 버번광들은 친구와 이웃들을 버번의 즐거움 속으로 끌어들이지 못해 안달한다. 믹싱 글라스에 길쭉한 바스푼을 넣고 휘저어 올드 패션드나 맨해튼을 만드는 모습은 깊은 인상을 주어 이것저것 물어보도록 사람을 부추기기 마련이고, 그러면 또 우리는 칵테일과 버번 지식을 전수해주게 된다. 때때로 재미있게 달아오른 분위기 속에서 버번 초짜와 열혈 버번 애주가 사이를 가르는 벽이 약간의 지식뿐일 때가 있는데 그럴 때 멋진 칵테일이 이런 지식의 방출에 윤활유가 되어준다.

메이슨자, 스터러, 스트레이너만 있어도 집에서 버번 칵테일을 만들 수 있지만 적절한 도구를 갖춰두면 더 쉽고 더 재미있게 한결같은 맛의 칵테일을 주조할 수 있다. 혹하는 마음에 칵테일 믹솔로지(여러 종류의 술이나 음료를 섞어 칵테일을 만드는 기술—옮긴이)의 개미지옥에 빠져 너무 많은 '필수' 도구를 사들이기 십상이지만(나만 해도 지금까지 사들인 셰이커와 바스푼이 얼마나 많은지 모른다) 가장 기초적인 단계에서는 다음의 세 가지 도구만으로도 충분하다(여기에 대해서는 뒤에서 자세히 할 이야기가 또 있다).

1. 보스턴 칵테일 셰이커
2. 손잡이 자루가 긴 바스푼
3. 호손 스트레이너

그 외의 필수 도구는 이미 당신의 주방에 있다. 과도, 필러, 작은 도마, 수동 착즙기는 위스키 칵테일을 만드는 도구로도 두루두루 유용하다. 믹싱 글라스, 머들러, 전동 착즙기는 있으면 좋지만 꼭 필요한 것은 아니다. 세 가지 기본 도구부터 시작해서 적절한 시점에 맞춰 하나하나 늘려나가는 편이 좋다.

구매 팁

호손 스트레이너를 살 때는 손잡이 부분이 비교적 짧고 코일이 아주 팽팽한 것으로 찾아보길. 코일이 팽팽할수록 즙의 과육, 머들러로 으깬 과일, 허브 조각, 얼음 파편 등이 더 잘 걸러진다.

홈 버번 믹솔로지스트를 위한 바 툴

칵테일 셰이커

가장 기본적이고 필수적인 도구로, 칵테일을 휘저어 섞거나 흔들어 섞는 용도로 두루두루 유용하다. 셰이커는 다음의 두 가지 공통 타입으로 나뉜다.

보스턴 셰이커 전 세계 바텐더들의 필수품인 이 보스턴 셰이커는 2개의 금속컵 세트나 유리컵과 금속컵 하나씩의 세트로 구성되어 있다. 보스턴 셰이커 세트는 재료들을 부어 넣거나, 머들러로 으깨거나, 스트레이너를 끼워 맞출 때 셰이킹 컵이 흔들리지 않도록 바닥이 묵직한 것이 가장 좋다.

코블러 셰이커 믹싱 글라스, 스트레이너 내장형 뚜껑, 마개의 세 부분이 한 세트를 이룬다. 이 타입의 셰이커는 스트레이너가 따로 필요하지 않아 초보자가 쓰기에 좋다. 셰이킹 중 셰이커가 분리되지 않고 그 안의 칵테일도 무사하도록 꼭 엄지나 다른 손가락으로 마개 위를 감싸 쥐어야 한다.

바스푼

길쭉한 손잡이 자루, 나선형으로 꼬인 자루 모양, 작고 얕은 볼(오목한 부분)을 갖춘 바스푼이 이상적이다. 끝부분에 무게감이 실려 있어 밸런스를 잡아주고 저을 때 젓는 동작이 매끄럽게 이어지게 해주는 형태가 가장 좋다. 자루가 나선형으로 꼬여 있으면 손가락을 획획 튕기기만 해도 스푼이 믹싱 글라스 안쪽을 따라 미끄러지듯 돌아가게 된다.

스트레이너

스트레이너는 크게 두 가지 타입으로 나뉜다.

호손 스트레이너 납작한 주걱 모양의 스트레이너로, 코일이 부착되어 있고 작은 손잡이도 있다. 주로 보스턴 셰이커와 한 쌍으로 사용된다. 코일이 밑으로 내려가도록 해서 칵테일 셰이커에 맞춰 끼워 쓰면 된다.

호손 스트레이너

줄렙 스트레이너

셰이커 세트, 스트레이너, 지거, 바스푼 등의 바웨어

보스턴 셰이커

믹싱 글라스

머들러

바스푼

철재 체

하이볼 글라스

플루트형 샴페인 글라스

토디 머그

줄렙 컵

쿠페

온더록스 글라스

구리 물 머그

줄렙 컵, 하이볼 글라스, 플루트형 샴페인 글라스, 토디 머그, 온더록스 글라스, 쿠페, 물 머그

줄렙 스트레이너 깊이가 얕고 구멍이 뚫린 커다란 스푼 모양의 스트레이너다. 믹싱 글라스의 볼에 대고 쓰기에 딱 좋다.

수동 착즙기

수동 착즙기는 시트러스류 즙이 필요한 칵테일을 만들 때 꼭 필요한 도구다.

믹싱 글라스

내가 버번 칵테일에 홀딱 빠져들었을 때 가장 먼저 구입한 바 툴이 믹싱 글라스와 바스푼이었다. 믹싱 글라스(종종 '믹싱 비커'라고도 불린다)는 높이가 낮은 컵으로, 옆면이 일직선으로 떨어지는 모양에 밑면이 넓고 튼튼해 재료와 얼음을 담고도 공간이 남아 바스푼을 넣고 저으면 미끄러지듯 잘 돌아간다. 올드 패션이나 맨해튼을 만들 때 스푼을 믹싱 글라스에 넣고 돌릴 때 나는 소리만큼 기분 좋은 소리도 없다. 그 유리잔 안에서 호박색 칵테일이 차가워지며 희석되어가는 모습은 또 얼마나 황홀한지.

머들러

머들러는 공학 기술의 경이라고까지 말할 수는 없지만 위스키 스매시, 잼 칵테일, 줄렙을 만들 때 유용한 도구다. 나무나 철재로 만든 이 원통형 도구는 칵테일 셰이커에서 허브를 휘젓고, 향신료와 설탕을 빻을 때 절굿공이처럼 쓰면 된다. 머들러가 없다면 나무 스푼의 자루로 대신해도 된다.

철재 체

자루가 긴 작고 미세한 철재 체가 있다면 칵테일을 걸러내는 보조 용도로 활용하기 좋다. 위스키 사워나 위스키 스매시를 좋아하고 탁하기보다 맑은 빛깔을 더 선호한다면 비용을 들여 장만해둘 만한 도구다.

홈 버번 믹솔로지스트를 위한 글라스웨어

나는 멋진 유리잔에 운치 있게 담긴 칵테일을 무척 좋아하는 사람이지만 버번 칵테일에는 다양한 종류의 유리잔이 필요하지 않다. 대다수 버번 칵테일은 그 맛을 즐기기에 좋은 유리잔이 네 종류로 한정되어 있다. 그중 가장 먼저 사야 할 잔이 온더록스 글라스다. 여러 음료의 비상용 잔으로도 쓰임새가 좋다.

필수 글라스웨어

온더록스 글라스 온더록스 글라스(별칭으로 올드 패션드나 로우볼이라고도 한다)는 손 안에 안정감 있게 쥐어지고 바닥이 묵직해 머들러를 잔에 직접 넣고 쓰기에도 무난한 제품이 가장 좋다. 레귤러 사이즈(180~300ml)와 더블 사이즈(360~480ml), 두 가지로 출시되고 있다. 홈 바 용으로 처음 사용하기에 최적이며 버번 애주가라면 이미 한 세트 가지고 있을 법한 잔이다.

쿠페 글라스 150~210ml 용량의 받침 접시 모양에, 가늘고 긴 손잡이 부분이 있어 칵테일을 담아 서빙하기에 이상적이다. 원래는 샴페인용으로 만들어진 잔이지만 맨해튼과 샴페인 칵테일용으로도 두루두루 쓸 수 있다.

하이볼 글라스 길쭉하고 좁은 이 잔은 탄산이나 으깬 얼음을 넣은 칵테일을 담는 용도나 시시각각 변하는 재미 있는 빛깔의 변화를 부각시키고 싶을 때 이상적이다. 콜린스 글라스와 비슷하지만 용량이 더 작다(보통 240~360ml).

줄렙 컵 전문가처럼 보이려면 꼭 금속재 줄렙 컵에 줄렙을 담길. 성에가 끼어 너무 차가워서 쥐기도 힘들 지경인 금속재 컵이야말로 줄렙 음미의 백미다. 줄렙을 제대로 즐기는 용도로는 이 컵을 대체할 것이 없다.

있으면 좋은 글라스웨어

플루트형 샴페인 글라스 기포가 오래 올라오게 해주는 플루트형 샴페인 글라스는 버번 브런치 칵테일을 멋 스럽고 세련되게 서빙하기 좋다.

콜린스 글라스 이 큼지막한 잔(360~480ml)은 전통적인 하이볼 글라스에 비하면 너무 클 수도 있지만 버번 레모 네이드나 아이스 티 같은 낮은 도수의 상쾌하고 차가운 여름철 칵테일용으로 제격이다.

구리 뮬 머그 뮬 칵테일 애호가라면 버번 켄터키 뮬을 위해 구리로 된 뮬 머그 2개 정도는 사둘 만하다.

내열 유리 머그 핫 토디 같은 따뜻한 칵테일을 내갈 때 는 세라믹 머그에 담아도 되지만 그 멋진 호박색을 감상 하려면 유리 머그도 괜찮다.

바 테크닉 마스터하기

바 테크닉들이 복잡해 보여 도저히 습득하지 못할 것 같 겠지만 인터넷에 들어가면 온갖 기술의 방법을 알려주 는 동영상을 찾을 수 있다. 자루가 긴 바스푼을 믹싱 글 라스에 넣고 돌리는 데 애먹고 있더라도 마우스만 클릭 하면 도움의 손길이 기다리고 있다는 이야기다.

스터링(휘젓기)

크리스털 믹싱 글라스 안에서 각얼음을 휘감고 돌아가 는 호박색 칵테일보다 매력적인 것도 없다. 나는 그 생각 만 해도 기대의 한숨이 절로 나온다. 휘젓는 기술을 제 대로 익혀 스푼의 볼 바깥 면이 잔의 안쪽을 향하게 해 서 빙글빙글 돌리면 얼음과 칵테일이 함께 휘휘 돌아가 는 동시에 낮고도 아주 기분 좋은 소리가 나며 칵테일의 시간이 시작됨을 알려준다.

집에서는 메이슨자와 자루가 긴 스푼으로도 칵테일을 저을 수 있 지만 믹싱 글라스와 바스푼에 지갑을 열길 권한다. 믹싱 글라 스와 바스푼이 있으면 칵테일을 쉽게 저을 수 있을 뿐만 아니라 칵 테일 주조 의식에 재미와 멋을 더하는 데도 한몫한다. 위스키광들의 경우에는 이미 버번 병에 서 코르크 마개가 펑하고 열리는 소리에 빠져 있을 테니 바스푼을 마련해 약간의 연습만 하면 잔 안에서 바스푼 이 돌아가는 그 아름다운 소리마저 사랑하게 될 것이다. 믹싱 글라스에 얼음과 액체를 넣고 다음의 순서대로 휘 젓기 연습을 해보자.

> 'up'은 주로 쿠페 글 라스나 마티니 글라 스에 담겨 차갑게 서빙되는 칵테일을 가리키는 용어다.

1. 바스푼을 볼의 바깥 면이 믹싱 글라스의 안쪽 면 과 마주하도록 집어넣는다. 휘젓는 동안에도, 얼음 과 액체가 움직이기 시작하면 스푼의 바깥 면이 잔의 안쪽 면과 떨어지지 않도록 신경 쓴다.
2. 바스푼의 자루를 중지와 약지 사이에 끼워 수직 으로 잡고 악수를 하기 위해 손을 내밀 때의 정도 로 엄지손가락을 세운다. 이 엄지손가락은 스푼의

믹싱 글라스에 담긴 칵테일을 저어주는 모습

자루에 가볍게 얹는다(31쪽 사진 참조).

3. 당신 쪽으로 손가락을 가볍게 당겨왔다가 멀리 보낸다. 그렇게 할 때마다 스푼의 자루를 회전시키게 되어 스푼이 믹싱 글라스의 안쪽 면을 따라 당겨져 온다.

이 기술을 익히고 나면 바 뒤에 선 당신에게서 제법 전문가 티가 날 것이다.

셰이킹

칵테일 셰이킹은 섹시한 매력이 있는데다, 무엇보다 휘젓기에 비해 더 무난한 기술이다. 버번 칵테일은 셰이킹보다는 휘젓기를 더 많이 활용하지만 사워나 스매시 같은 칵테일, 또는 버번 밀크 펀치나 버번 피즈처럼 크림이 들어가는 칵테일을 만들 때는 칵테일 셰이커를 꺼내 쓸 만하다. 2개조 한 세트짜리든 3개조 한 세트짜리든 사용할 때의 기본 원칙은 다음과 같이 동일하다.

- 셰이커의 모든 용기가 단단히 고정되어 있는지 확인해 사방팔방으로 칵테일이 분사될 일이 없게 한다.
- 보스턴 셰이커를 쓸 때는 셰이커의 위쪽과 아래쪽 용기 모두를, 코블러 셰이커를 쓸 때는 텀블러와 마개를 계속 잡아준다.
- 조약돌 크기나 냉장고의 아이스 트레이 얼음보다는 더 큼직한 각얼음(1인치 정도의 너비가 이상적)을 사용한다. 그래야 얼음 모양이 더 잘 유지되어 깨져나간 부스러기나 파편으로 인해 과도한 희석이

전문가의 팁

셰이킹이 좋을까, 스터링이 좋을까? 스피릿 포워드, 즉 주스나 토닉, 탄산음료, 크림이 들어가지 않는 칵테일은 저어주는 것이 보통이다. 올드 패션드, 맨해튼, 사제락, 불바디에 같은 전통적인 칵테일도 저어준다. 크림이나 주스 같은 재료가 들어가는 칵테일의 경우에는 칵테일 셰이커를 써서 단시간의 격렬한 셰이킹으로 여러 성분이 완전히 섞이게 한다.

일어날 우려가 없다.

- 셰이킹을 할 때는 손을 수평 방향으로 해서 셰이커를 잡고, 각얼음이 피스톤처럼 칵테일 재료들 사이를 지나가며 차갑게 냉각시켜주고 공기를 넣어준다고 상상해본다.
- 말 그대로 격렬하게 마구 흔들어준다. 귓가에 그 소리가 크게 들려올 정도는 되어야 한다.
- 칵테일을 적절히 냉각시키고 혼합하기 위한 셰이킹 시간을 10~12초로 제한한다. 셰이커 바깥 면에 성에가 끼면서 쥐고 있기 힘들 정도가 되면 완전히 냉각된 것이다.

2개조 한 세트 셰이커 사용 이런 류의 칵테일 셰이커가 가진 장점은 얼음의 차가운 온도로 밀폐가 일어나 셰이킹하는 동안 두 용기가 분리되지 않게 해주는 데 있다. 보스턴 셰이커의 경우에는 유리컵에 재료들을 넣고, 두 컵 모두 철재인 셰이커는 더 작은 컵에 재료들을 담아 다음의 순서대로 사용하면 된다.

1. 재료를 담는 컵에 재료들을 넣는다.
2. 다른 쪽 컵에 얼음을 담고 그 위로 칵테일 재료들을 부어 넣는다. 손가락으로 가볍게 톡톡 쳐서 두 컵을 밀봉시킨다. 이때는 중앙이 아닌 약간 비스듬한 각도로 밀봉되게 한다. 그래야 셰이킹을 마치고 나서 분리하기가 더 쉽다.
3. 손을 수평 방향으로 해서 셰이커를 잡으면서 각각의 손으로 양쪽을 받쳐준다.
4. 10~12초 동안 앞뒤로 마구 흔들어준다. 얼음이 라바 램프(반고체 상태의 물질이 계속 위아래로 움직이는 전기 스탠드의 일종-옮긴이)처럼 꾸물꾸물 왔다갔다 하는 게 아니라 셰이커의 한쪽 끝에서 반대편으로 휙휙 움직이도록 격렬하게.
5. 셰이커를 조리대에 놓고 측면의 3시나 9시 지점을 손목으로 세게 툭 친다(12시 지점은 위에서 내려다볼 때 기준으로 두 컵이 가장 밀착된 부분이다. 오른쪽 사진 참조). 위쪽 컵을 잡아 뺀다.

12

9

3

전문가의 팁

얼음은 아낌없이 써서 셰이커
를 가득 채우는 것이 좋다.

6

셰이킹 컵의 '시계'. 밀봉 상태를 풀 때는
셰이커의 3시나 9시 지점을 치면 된다.

6. 호손 스트레이너를 컵의 위쪽에 맞춰 끼운 후 칵
    테일 글라스에 음료를 따른다.

3개조 한 세트 셰이커 사용 3개조 한 세트인 코블러
셰이커를 쓰면 셰이킹이 훨씬 간단해진다. 다음 순서대
로 하면 된다.

1. 칵테일 재료들을 컵에 넣고 얼음을 채운다.
2. 뚜껑을 닫고, 스트레이너를 덮고 있는 마개가 잘
    잠겨 있는지도 확인한다.
3. 한 손으로 코블러 셰이커의 바닥을 잡는다. 다른
    손의 손가락과 손바닥으로 뚜껑을 눌러 쥔다.
4. 10~12초 동안 수평 방향으로 마구 흔들어준다.
    얼음이 컵의 바닥에서 뚜껑 쪽으로 왔다갔다할 때
    셰이커의 양 끝을 세게 때릴 정도가 되어야 한다.
5. 셰이커를 바에 내려놓고 스트레이너가 나오게 마
    개를 연다.
6. 준비해놓은 잔에 칵테일을 따른다.

머들링

머들링은 칵테일 제조에 쓰기 위해 허브나 향신료, 과일
등을 으깨는 도구다. 머들러는 컵의 가장자리 위쪽으로
편하게 쥐고 사용할 수 있을 만큼 길어야 한다. 다음과
같은 순서로 하면 된다.

1. 머들링할 재료를 믹싱 컵이나 글라스 바닥에 깔아

줄렙 스트레이너로 여과하는 모습

호손 스트레이너로 여과하는 모습

전문가의 팁

머들링을 할 때는 재료를 물에 담가 불리지 않는다. 민트나 바
질같이 여린 생 허브는 너무 세게 으깨면 쓴맛이 나고 칵테일
에 부스러기가 떠다니게 된다. 피치-바질 스매시 같은 칵테일
을 만들기 위해 허브와 과일을 같이 머들링할 때는 복숭아를
먼저 머들링하고 나서 바질을 넣어 아주 가볍게 다시 한 번 머
들링한다. 이렇게 하면 복숭아 풍미를 풍부하게 발산시키면서
도 바질을 지나치게 머들링하게 될 일이 없다.

제 1 장 기법과 레시피

칵테일을 이중 여과하고 싶다면 잔에 따를 때 호손 스트레이너와 고운 철재 체를 같이 쓰면 된다.

나 셰이킹한 칵테일을 얼음 없이 잔에 담아 내갈 때 얼음 파편, 과육, 허브 조각 등을 제거하기에 유용하다.

철재 체를 칵테일 잔 위로 들고 호손 스트레이너를 끼운 셰이커의 칵테일을 그 체에 걸러 따르면 된다.

레이어링(층 쌓기) 테크닉

일부 칵테일 레시피(크림을 띄우는 위스키 칵테일이나 뉴욕 사워 등)에서는 칵테일 잔에 층을 내 담아야 하는 재료가 있다. 이렇게 층을 내려면 이미 잔에 담겨 있는 재료들 위로 부을 때 층을 내줄 음료의 힘을 줄여야 한다. 다시 말해, 음료를 바스푼 뒷면에 대고 따르면 된다. 한 손으로 뒷면이 위쪽으로 오게 뒤집은 상태의 바스푼을 칵테일 위쪽의 액체 표면에 가깝게 든다. 그런 다음 크림이나 그 외의 층을 내기 위한 재료를 스푼 뒷면에 대고 살살 부으면 맨 위에 층을 이루며 뜨게 된다.

스팽킹

허브 가니쉬의 잠을 깨워 생기가 돌게 하려면 허브 가지를 손바닥이나 손목에 대고 찰싹 때려준다. 못되게 구는 것 같겠지만 이런 스팽킹이 허브를 피부와 마찰시켜 가벼운 타박상을 입히면서 향기 성분을 발산시켜 칵테일을 홀짝일 때 더 그윽한 향기가 풍기게 된다.

놓는다.

2. 시럽 또는 단맛을 내줄 용도의 리큐어를 넣는다.
3. 머들러를 허브나 향신료, 과일 등에 대고 살짝 비틀면서 누른다. 이렇게 비틀어주면 머들링하는 재료끼리 비벼지면서 풍미와 향이 발산되어 나온다.

스트레이닝(여과)

호손 스트레이너를 쓰든 구멍 뚫린 스푼형 줄렙 스트레이너를 쓰든 테크닉은 간단하다. 호손 스트레이너는 코일 면이 아래쪽으로 가게 해서 얼음과 칵테일이 채워진 셰이커 컵의 위에 얹어주면 된다. 잔에 칵테일을 따를 때는 집게손가락으로 스트레이너를 꽉 잡아줄 것. 줄렙 스트레이너의 경우에는 스트레이너 스푼의 볼을 믹싱 글라스에 집어넣어 얼음이 빠져나오지 못하게 하고, 잔에 칵테일을 부을 때는 집게손가락으로 스푼의 자루를 꾹 눌러준다.

이중 여과

이 방법을 쓰면 칵테일이 호손 스트레이너에 이어 철재 체까지 거쳐 잔으로 따라진다. 이중 여과는 과일 입자가 많은 셰이킹 칵테일을 만들거나 얼음을 넣고 스터링하거

시트러스 필의 즙 짜주기

시트러스 필의 즙 짜주기는 올드 패션드와 맨해튼 같은 위스키 칵테일에서 매우 중요한 역할을 하며 하기도 쉽다. 먼저 시트러스에서 껍질을 한 조각 벗겨낸다. 심은 조금만 붙어 있고 거의 껍질이어야 한다. 양손의 집게손가락과 엄지손가락으로 껍질 쪽이 칵테일을 향하도록 해서 수평 방향으로 잡는다. 껍질을 비틀어 짜 오일이 칵테

클래식 올드 패션드 안의 투명한 얼음
(79쪽 참조)

일의 표면으로 분사되도록 한다. 껍질의 바깥 면을 잔의 가장자리에 빙 문질러 오일을 입혀준다.

얼음: (버번 다음으로) 가장 중요한 재료

얼음은 칵테일 재료들을 차갑게 칠링해주고, 희석 과정에서 물을 더해주며, 여러 풍미를 결합시켜 응집력 있는 칵테일을 만들어내는 역할로 칵테일에 일조한다.

버번광들은 물의 중요성을 잘 안다. 위스키를 진지하게 대하는 사람들은 버번 증류 시의 석회석 여과수 사용부터 고급 크래프트 칵테일 바에서 보게 되는 투명한 얼음에 이르기까지 물에 대해서도 진지하다. 마스터 디스틸러와 블렌더들은 대체로 버번에 첨가할 물의 여과에 있어 특정한 방법을 고수한다. 위스키 제조업체와 마찬가지로 물은 칵테일에서도 중요한 요소다.

얼음은 칵테일의 제조 과정에서 두 가지 역할을 한다. 칵테일을 차갑게 해주는 한편, 칵테일을 희석시켜 최종 결과물의 물 함량을 15~25%로 맞춰준다. 버번광이라면 누구나 알고 있듯이 스트레이트 위스키든 얼음을 넣은 칵테일이든 물을 첨가하면 음료의 풍미와 향에 변화가 일어난다.

위스키에 물을 섞으면 더 가벼워져 꽃과 과일 계열 풍미가 풍기는 것처럼 칵테일도 물을 넣으면 밸런스와 풍미에 변화가 일어난다. 거친 배럴 프루프(숙성을 마친 뒤에 별도의 희석 과정 없이 원액 그대로 병입하는 것-옮긴이) 버번을 맛본 후 같은 버번에 물을 섞어 마셔보면 차이가 느껴진

다. 풍미가 덜 거칠고 더 융합되어 있다. 온더록스 글라스로 올드 패션드를 후딱 만들어 별로 젓지도 않은 상태에서 홀짝여본 적이 있다면 알겠지만 이때도 같은 효과가 일어난다. 처음에는 버번이 거칠게 다가오며 달콤한 풍미와 쌉쌀한 풍미가 서로 맞선다. 하지만 조금 더 저어주어 얼음이 녹고 나면 풍미들이 화합된다. 위스키의 거친 면은 부드러워지고 쌉쌀함과 단맛이 위스키에 섞여들어 칵테일의 모든 요소가 서로 화음을 이룬다.

셰이커나 믹싱 글라스 안에서 얼음이 일으키는 현상은 이렇다. 먼저 고체의 각얼음이 실온의 음료에 부딪치며 녹기 시작한다. 얼음이 녹으면서 희석도 함께 일어난다. 칵테일이 충분히 차가워지고 희석이 최소한도로 느려지면 칵테일의 균형이 맞춰지는데, 바로 이때가 스트레이너로 걸러 내갈 적기다.

희석을 지속시키는 이상적인 시간은 사용하는 얼음의 크기나 타입에 따라 다르지만 믹싱 글라스 사용 시에는 20~30초 저은 후, 셰이커 사용 시에는 10~12초 흔든 후가 적절하다. 보통보다 큰 각얼음을 쓰면 얼음과 부딪치는 음료의 표면적이 줄어 희석과 냉각의 속도가 느려진다. 작은 각얼음을 쓸 경우에는 희석이 빨라지므로 젓거나 흔드는 시간을 줄이는 것이 좋다.

제 2 장

바의 곳간 채우기

버번, 스피릿, 믹서의 구매

페니실린

Penicillin

위스키 사워의 고전적 변주라 할 만한 칵테일로, 허니 진저 시럽과 약한 피트 향이 있는 버번을 살짝 섞어 복합미를 더한 스타일이다. 계절 타는 풍미를 띠어 가을과 겨울의 칵테일 파티에 내놓기에 제격인 위스키 사워다.

킹스 카운티 디스틸러리 피티드 버번 60㎖　　　　**갓 짜낸 레몬주스 22.5㎖**

허니-진저 시럽 30㎖(레시피는 아래 참조)　　　　**가니쉬: 레몬 트위스트, 킹스 카운티 싱글 몰트**

셰이킹 컵에 재료들을 넣고 잘 셰이킹해 칠링한다. 신선한 얼음을 채우고 킹스 카운티 싱글 몰트로 맛을 가미한 온더록스 글라스에 이중 여과로 따라준다. 가니쉬로 레몬 트위스트를 얹고 플로팅해준다.

허니-진저 시럽

생 생강 1컵(동전 두께로 가늘게 편썰기)　　　　**물 1과1/2컵**

꿀 1과1/2컵

냄비에 재료들을 넣고 끓인다. 끓어오르면 약불로 줄이고 1시간 동안 졸인다. 불에서 내려 (뚜껑을 덮은 상태로) 식힌다. (생강을 그대로 둔 채로) 1ℓ들이 용기에 옮겨 담아 냉장고에 넣는다. 하룻밤 동안 그대로 재워둔다. 다음 날 시누아(원뿔형 체)로 걸러 따른다.

킹스 카운티 디스틸러리의 의견에 따라 여성버번협회 뉴욕 지부에서 만든 레시피

버번광들은 새로운 제품을 맛보며 자신의 버번 기호를 탐험해보길 좋아한다. 하지만 현재 시중에 출시된 수백 종의 버번을 시음하려 들다간 간과 통장 잔고가 남아나지 않을 것이다. 그러니 무엇보다도 이 점을 명심하자. 칵테일에는 평상시 즐겨 마시는 버번과 리큐어를 쓰는 것이 좋다. 특정 버번을 스트레이트나 온더록스로 맛보길 좋아한다면 그 버번을 칵테일용으로 활용하는 것도 괜찮은 선택이다. 대다수 사람에게는 평상시 마시는 위스키가 처음 칵테일을 만들어보기에 아주 좋다.

다양한 버번과 함께 몇 종의 리큐어, 비터스, 홈메이드 시럽을 갖춰두면 칵테일 친화적 바의 곳간을 채워놓고 여러 가지 클래식 칵테일을 마스터하기 위한 여정에 오르기에 아주 무난하다. 이번 장에서는 칵테일 주조용으로 좋은 버번을 선택할 때 따져봐야 할 점들을 살펴보려 하는데, 주로 버번의 향 음미와 시음, 미각 훈련에 대한 이야기가 될 것이다.

하나의 스피릿, 여러 가지 맛

버번과 그 외의 위스키에서 느껴지는 향, 풍미, 마우스필에 일조하는 변수로는 여러 가지가 있다. 가장 먼저 작용하는 변수는 매시빌, 즉 증류액을 만드는 재료가 되는 곡물이다. 버번의 경우 매시빌에서 옥수수의 비율이 최소 51%는 되어야 하고, 라이위스키는 호밀이 51%여야 한다. 디스틸러(증류 전문가)는 이 매시빌에 몰팅 보리를 섞어 넣어 전분을 당분으로 전환시켜주는 효소를 생성시킨다. 그다음에는 효모가 당분을 알코올로 전환시키는 과정에 들어간다. 경우에 따라 하나 혹은 두 가지의 곡물을 이른바 풍미용 곡물로 넣기도 하는데 이때는 대체로 호밀이나 밀을 쓴다.

전통적 버번 대부분의 버번은 풍미용 곡물로 호밀을 쓴다. 20~35%의 호밀이 들어간 버번은 '하이 라이(high-rye)' 버번이라고 따로 부른다. 호밀은 위스키의 향신료와 후추 향에 일조할 뿐만 아니라 마우스필을 변화시켜 입안을 덮어오는 느낌을 더해주기도 한다.

휘티드 버번 호밀 대신 밀이 풍미용 곡물로 들어간 버번이다. 대체로 더 부드럽고 달콤한 편이며 피니시도 부드럽다. 풍미가 보다 공격적이라 자칫 부담스러울 수 있지만 부드럽고 섬세한 과일 풍미나 달콤한 풍미와 만나면 진가를 발휘하기도 한다.

라이위스키 미국의 라이위스키는 앞의 두 버번이나 하이 라이 버번과는 달리 원료의 최소 51%를 호밀로 써야 해서 버번보다 더 스파이시(알싸)하고 후추 느낌도 더 진하다.

휘트위스키 미국의 휘트위스키는 밀의 비율이 최소 51%가 되어야 한다. 휘트위스키는 부드럽고 달콤하면서 견과류 풍미를 띠는 편이며, 대체로 빵 맛이 나기도 한다.

통 숙성

위스키에 풍미와 향을 더하기 위해서는 오크통에서 시간을 보내는 것 만한 방법이 없다. 정확한 비율에 대해서는 의견이 분분하지만 일부 업계 전문가들에 따르면 버번의 풍미 중 80%가 오크통에서 생겨난다고 한다. 버번이 기압과 기온에 따라 목재 널판들 안으로 스며들었다 나왔다 하면서 통의 나무와 상호작용을 하는 사이에 매일 풍미에 변화가 일어난다. 그렇게 매 계절이 지나며 오크통에서 점점 많은 풍미가 끌어내려진다.

위스키의 병입 시기 결정은 한마디로 밸런스 맞추기다. 이런 밸런스 맞추기에서 예외 없이 수반되는 과정이 오크통 숙성의 긍정적 영향과 부정적 영향 사이의 절충이다. 위스키의 적절한 통 숙성 기간을 정확히 간파하는 일은, 디스틸러가 평생에 걸쳐 터득해야 할 만한 예술이자 과학이다. 우리가 마시는 한 모금 한 모금은 그런 전문가들의 노력이 빚어낸 보상인 셈이다.

숙성과 관련해서 가장 중요한 사실은, 버번의 경우 숙성이 꼭 품질을 뜻하지는 않는다는 것이다. 버번은 오래 숙성될수록 보다 드라이하고 더 복합적인 편이며, 대체로 숯이나 오크 풍미가 더 짙어 스피릿 포워드와 달콤한 칵테일을 만들기에 좋다. 어리고 더 얼얼한 편인 버번은 사워로, 또 경우에 따라선 탄산 칵테일로도 톡톡한 역할을 한다. 탄산과 만나도 여전히 존재감을 드러낼 만한 강한 힘을 가지고 있다. 버번의 숙성 나이보다 중요한 것은 버번을 마시는 사람의 입맛과 취향이다.

알코올 도수와 버번의 관계

나는 위스키를 저도수, 중간도수, 고도수나 배럴 스트렝스(배럴 프루프와 같은 의미의 용어-옮긴이)로 분류한다. 이런 식의 분류는 업계의 분류 방식은 아니며 위스키의 품질이나 가격과도 무관하다. 하지만 집에서의 칵테일 믹싱에서는 베이스 스피릿의 도수를 감안하는 것이 출발 기준이 되어준다. 도수는 위스키에서 알코올이 미뢰와 상호작용하면서 입안을 얼얼하고 후끈하게 해주는 요소다. 첫 모금을 삼킨 후 타는 듯 뜨거운 숨이 터지게 해주기도 하는데, 운 좋게 통에서 바로 뽑은 원액을 시음해볼 기회가 생긴다면 특히 더 강렬한 숨이 뿜어져 나올 것이다.

여성버번협회가 주최하는 행사에서는 회원들이 고도수의 스피릿을 선호하는 경향이 있다. 2019년에 블라인

차링 vs. 토스팅

차링(태우기)은 짧은 시간 동안 통의 안쪽에 아주 높은 열기와 화기를 가해 내부를 숯처럼 까맣게 태우는 방식이다. 차링을 하기 전에 토스팅(굽기)을 하는 경우도 있다. 토스팅은 더 긴 시간 동안 통의 안쪽에 더 약하고 간접적인 열기로 통을 굽는 것이다. 오크통의 차링은 가죽, 담배, 건초, 오크, 삼나무 등의 풍미와 향, 떫고 드라이하고 쌉쌀한 느낌, 바닐라, 시나몬, 정향 같은 스파이시한 풍미에 일조한다. 토스팅은 과일, 토피, 캐러멜, 버터스카치 캔디, 버터, 빵, 견과류, 감초, 너트맥, 모카커피, 초콜릿, 훈연, 태운 설탕 같은 달콤한 풍미를 발현시킨다.

드 테이스팅을 주최한 적이 있는데 (모든 남녀) 참가자들이 위스키를 향, 보디(무게감), 부드러움, 복합미, 피니시에 따라 평가했던 이 시음 행사에서 여성들은 위스키를 다음과 같이 등급 매겼다.

최우수: 일라이저 크레이그 배럴 스트렝스(62.1도), 와일드 터키 레어 브리드(54도), 와일드 터키 러셀스 리저브 10년(45도)

아주 우수: 에반 윌리엄스 싱글 배럴 2004 빈티지(43.3도)

우수: 일라이저 크레이그 12년(47도), 라세니(46도)

아주 양호: 베른하임 오리지널 휘트위스키(45도)

양호: 와일드 터키 81(40.5도)

'최우수'로 꼽힌 제품 중 두 가지가 알코올 도수 50도 이상이었다. 이는 또 하나의 만연된 속설을 뒤집어 흔히 생각하듯 남성들만이 고도수의 스피릿을 좋아하는 게 아니라는 사실을 보여준 사례였다. 버번을 맛보고 향을 느낄 때 가장 쉽게 구분되는 것 중 하나가 도수다. 고도수 버번은 대체로 코를 톡 쏜다. 그런 이유로 잔 안으로 코를 바로 들이밀기보다 코 밑으로 잔을 가만히 가져와

야 한다. 고도수 스피릿은 향을 너무 깊이 들이마실 경우 코가 압도되기 십상이므로 다른 스피릿을 평가하기 전에 30분 이상 시간 간격을 두어야 할 수도 있다.

도수는 두 가지 방식으로 칵테일에 영향을 미친다. 우선 칵테일의 전반적 알코올 함량을 좌우해 얼마나 독한 칵테일이 될지를 결정짓는다. 파티를 열 때는 손님들이 칵테일을 기분 좋게 맛보면서도 제 정신으로 귀가할 수 있도록 신경 쓸 필요가 있다. 버번이 처음인 손님들에게 대접할 칵테일을 만들 때는 고도수의 스피릿으로 미각을 압도하지 말아야 한다. 버번 초짜들용으로는 저도수 버번(40~45도)을 고르는 것이 바람직하다. 도수의 또 한 가지 영향은, 도수가 높은 스피릿일수록 칵테일에서 존재감을 더 공격적으로 드러낸다는 것이다. 과일이나 꽃 풍미를 띠는 섬세한 칵테일의 주조에서 고도수의 스피릿을 쓰면 풍미를 압도하게 되어 있다. 하지만 같은 스피릿을 스파이시한 켄터키 블러디 메리나 훈연 풍미 두드러지는 올드 패션드에 넣으면 그야말로 절묘하게 어우러진다.

이 책에서 말하는 저도수는 40~45도로 병입된 버번을 가리킨다. 이런 저도수 위스키들은 더 높은 도수의 위스키에 비해 덜 공격적이고 덜 얼얼한 편이다. 따라서 비교적 섬세한 풍미를 가진 칵테일과 잘 맞는다. 향과 풍미가 다른 재료들과 어우러지며 칵테일의 완성도를 높여준다. 복숭아와 살구의 과일 맛이 나면서 살짝 꽃 풍미가 있는 칵테일 주조 시에는 저도수 스피릿을 쓰길 권한다. 그래야 칵테일의 다른 부드러운 요소들을 압도하지 않게 된다.

내 기준으로는 45~50도의 버번이 중간도수 위스키다. 이런 중간도수는 풍미 측면에서 저도수 위스키보다

영향력이 높아 과일 풍미가 뚜렷한 편인 새콤 쌉싸름한 스타일의 칵테일용으로 쓰면 위스키의 풍미 프로필이 다른 풍미들을 더욱더 살려주므로 이상적이다. 중간도수 위스키는 맨해튼과 올드 패션드 같은 스피릿 포워드 칵테일에서도 기분 좋게 어우러진다.

고도수 버번(50도 이상 버번과 60도 대에 달하는 배럴 프루프 버번)은 칵테일에서는 다루기 까다로울 수 있다. 하지만 신중하게 활용하면 군침 도는 칵테일을 만들 수도 있다. 내 경우에는 고도수 위스키(50~52.5도)를 과일 풍미가 강하거나 쌉쌀하거나 스파이시한 프로필을 띠는 사워용으로 선호하는 편이다.

올드 패션드와 맨해튼 같은 칵테일은 어떤 도수의 버번이나 위스키를 쓰든 비터스와 감미료의 사용에 따라 진가를 발휘할 수 있다. 나는 버번 초짜들이 마실 만한 칵테일에는 언제나 저도수나 중간도수 버번을 권하지만, 버번 덕후들을 위한 칵테일이라면 50도 이상을 선택한다. 마시는 사람이 칵테일에서 그 위스키의 느낌을 감별할 수 있게 해주려는 선택이다.

진열장에 구비해둘 버번과 위스키 고르기

홈 바용의 버번과 위스키 고르기는 하다 보면 재미있는 훈련이 될 수도 있다. 현재 바에 있는 것들을 죽 맛보며 어떤 풍미 프로필이 빠져 있는지 생각해보자. 무엇보다 중요한 점은 별로라고 여기는 위스키를 칵테일용으로 따

칵테일 실험실: 위스키 선별 실험

특가품이나 평상시용 버번과 위스키 중 즐겨 마시는 것 몇 개를 꺼내 다른 사람에게 플라이트로 따라 달라고 부탁해서 블라인드 테이스팅을 해보자. 이때는 꼭 가장 낮은 도수에서 시작해 가장 높은 도수로 끝나는 순서로 이어가야 한다. 오른쪽에 나열된 다양한 범주의 버번도 포함해서, 시간을 가지고 천천히 버번들의 향을 맡고 시음해보길 권한다. 이렇게 해보면 다양한 위스키에 대한 시음 프로필이 쌓여 칵테일을 구성하는 데 유용하게 활용할 수 있다. 게다가 이참에 버번도 마시게 되니 일석이조인 셈!

시음 평가를 위해 준비된 버번 블라인드 플라이트

로 보관하지 말아야 한다는 것이다. 어떤 버번이 스트레이트나 온더록스로 마시기에 별로라면 칵테일로도 입맛에 맞지 않을 것이다. 이 책에서 꼭 배워가야 할 한 가지를 꼽으라면, 칵테일에는 당신이 좋아하는 버번을 써야 한다는 점이다.

다양한 풍미와 도수를 갖춰놓고 클래식 스타일과 창의적 스타일의 버번 칵테일을 두루 만들어보려면 당신의 홈 바에 다음과 같은 위스키들을 종류별로 구비해두는 것이 좋다.

- 저도수(40~45도) 버번이나 위스키
- 중간도수(45~50도) 버번이나 위스키
- 50도 대부터 배럴 프루프 대의 버번이나 위스키
- 4년산 버번(혹은 라벨에 숙성연수가 표기되지 않은 버번. 이런 버번은 대체로 4년 숙성을 의미한다). 즉 어리고 얼얼한 위스키군.
- 6~8년산 버번. 두 가지 풍미층을 갖춘 원숙하고 복합적인 위스키군.
- 8년산 이상의 버번. 적정한 가격대를 찾을 수 있다면 갖춰두길 권한다.
- 휘티드 버번
- 하이 라이 버번
- 라이위스키

그럼 지금 당장 위스키 아홉 병을 사오라는 이야기냐고? 그건 아니다. 하나의 버번이 여러 종류에 두루 어울리는 경우도 많다. 예를 들어 올드 포레스터 시그니처는 도수가 50도인 하이 라이 버번이다. 메이커스 46은 휘티드 버번에 중간도수이고 평균적으로 4~6년 숙성 제품이다.

갖춰둘 위스키를 고를 때는 풍미 프로필을 기준으로 삼는 방법도 있다. 풍미와 향의 기호는 지극히 개인적인 문제이므로 추천은 자제할 테니, 다음 풍미 프로필에 맞는 버번과 라이위스키를 직접 탐색해보기 바란다.

- 꽃
- 과일
- 견과류
- 오크, 숯
- 가죽, 담배
- 바닐라, 캐러멜
- 스파이시함, 후추, 쌉쌀함
- 시트러스

블라인드 플라이트 패키지를 만들어줄 만한 솜씨 좋은 위스키 바나 버번 친구를 찾아보는 것도 좋다. 버번 애주가들은 자신의 위스키를 함께 마시는 것을 아주 좋아한다. 여러 가지 도수와 풍미 프로필의 중저가 가격대에서 당신의 입맛에 맞는 버번 3~4개를 고르는 것을 목표로 삼자. 다양한 버번을 구비해놓으면 칵테일의 여러 풍미 요소들과 조합시킬 위스키가 갖추어지게 된다.

비터스

집에서 올드 패션드를 만들어 먹을 경우 홈 바에서 앙고스투라 비터스나 오렌지 비터스가 꽤나 자주 쓰일 것이다. 그런데 비터스는 뭐고, 칵테일에서 그토록 중요시되는 이유는 무엇일까?

비터스는 칵테일용 양념 선반이나 다름없는 존재로, 식물(뿌리, 나무껍질, 씨, 잎 등)을 알코올이나 글리세린에 담가 풍미 성분을 우려낸 것이다. 현재의 칵테일 비터스에는 향미료와 고미료가 있다. 붓꽃 뿌리, 용담, 기나피(皮), 쑥 같은 식물의 나무껍질과 뿌리로 만드는 고미료는 쓴맛을 내준다. 향신료, 허브, 과일 껍질, 말린 후추 열매 등

밸런스를 잡아주는 비터스

비터스는 음식과 음료에서 달콤한 풍미와 새콤한 풍미 모두의 밸런스를 잘 잡아주어 비터스가 아니었다면 너무 압도적이었을 풍미를 누그러뜨린다. 또한 풍미 요소들을 잘 어우러지게 해주기도 한다. 예를 들어 바닐라 풍미가 두드러지는 버번으로 과일의 새콤함을 내고 싶을 때는 시트러스 필과 바닐라의 향을 모두 갖춘 비터스를 고르면 두 풍미를 한데 어우러지게 할 수 있다. 경우에 따라 비터스가 칵테일에 별도의 향(그리고 그에 따라 맛까지)을 더해주기도 한다. 가령 바나나 시럽과 과일 풍미를 띤 버번으로 주조하는 바나나 올드 패션드는 평범한 보통의 칵테일이 된다. 하지만 여기에 블랙월넛 비터스를 섞으면 칵테일에 갓 구운 바나나 빵에서 느껴지는 견과류 풍미가 부여된다(86쪽 바나나 브레드 올드 패션드 참조).

으로 만드는 향미료는 풍미를 더해준다. 이 두 비터스를 함께 쓰면 쌉쌀함과 더불어 향기로운 향과 맛까지 갖추어진다.

인류가 아주 오래전부터 쓴맛을 느끼는 능력을 키우게 된 이유는 독이 있는 식물과 먹거리의 상당수가 쓴맛을 가지고 있기 때문이었다. 말하자면 쓴맛을 느끼는 능력이 우리의 목숨을 지키는 방어기제였다. 하지만 시간이 지나면서 쓰임새가 유용한 식물과 허브들을 발견하며, 쓴맛이 꼭 나쁜 것만은 아닐뿐더러 사실상 치유력이 있을 수도 있다는 사실에 눈뜨게 되었다.

쓴맛은 적은 양일 경우 흥미를 끄는 풍미다. 우리 모두의 머릿속에 있는 도마뱀 뇌(위험을 감지하는 뇌의 부분-옮긴이)가 '위험 상황이야. 더 줘봐'라고 부추겨서인지 아니면 단지 인간이 쓴맛에 대한 충동이 있어서인지는 알 수 없지만, 약간의 쓴맛이 있는 칵테일을 마시는 순간 인간이 보이는 반응은 반감이 아니다. 오히려 다른 풍미들에 감각을 열어주는 편이므로 흥미를 끌게 된다.

비터스와 버번

버번 칵테일에서는 비터스가 달콤함과 새콤함 모두를 중화시키기 위해 쓰인다. 위스키를 압도하기 위해서가 아니라 부각시켜 그 풍미와 향을 드러내는 데 목적이 있다. 비터스는 제대로 잘만 쓰면 버번의 진가를 발휘시켜준다.

버번 칵테일에서의 비터스의 주된 용도 한 가지는 스피릿의 달콤함을 줄이는 것이다. 그런 점으로 인해 비터스가 다수의 뛰어난 위스키 칵테일과 서로 단짝 관계를 이룬다. 비터스는 위스키 칵테일에서 두 가지 다른 역할을 펼치기도 한다. 첫 번째는 칵테일을 하나로 융합시키는 역할이다. 그 향기롭고 복합적인 풍미가 칵테일의 다른 요소들을 한데 묶어준다. 예를 들어 비터스의 감초 향이 사제락의 감초 린스 향과 결합하는 동시에 비터스의 알싸한 후추 풍미가 기주인 라이위스키와 결합하는 식이다. 이런 요소들이 한데 결합되면 사제락 칵테일에 밸런스와 중심이 잡힌다.

비터스의 또 한 가지 역할은 아쉬울 만한 풍미를 더해주는 것이다. 예를 들어 초콜릿 비터스나 피치 비터스,

칵테일 실험실: 비터스 시음 테스트

비터스는 다 같은 맛이 아니다. 비터스 시음 테스트로 직접 확인해보자. 가지고 있는 비터스들을 꺼내 비터스의 개수만큼 잔을 준비해 얼음과 함께 탄산수를 채운다. 각각의 잔에 비터스 2대시를 넣고 저어준다. 각각의 샘플마다 맛과 향을 느껴보며 그 차이에 주의를 기울여본다.

그다음에는 희석하지 않은 상태에서 각각의 비터스를 맛본다. 손등에 비터스 한 방울을 떨어뜨려 맛보면 된다. 비터스에 따라 단맛이 나기도 하고 쓴맛이 나기도 할 것이다. 또 질감이 묽거나 걸쭉하거나 크림처럼 부드러울 수도 있다. 이런 각각의 비터스별로 칵테일에서 다른 역할을 해준다. 작은 잔에 희석해서 차갑게 맛보는 방법이 그 비터스가 칵테일에서 어떤 작용을 해줄지 감 잡기에 좋다면, 희석하지 않은 상태에서의 시음은 강도, 풍미의 진하기와 더불어 칵테일의 다른 요소들과의 상호작용 패턴을 가늠하기에 유용하다.

2개의 다른 비터스가 어떻게 어우러질지 알고 싶을 때는 얼음과 플레인 탄산수를 채운 잔에 두 비터스를 섞어보면 된다. 내 경우에는 초콜릿 비터스와 블랙월넛 비터스의 조합이나 오렌지 비터스와 진저 비터스의 조합을 좋아한다. 어떤 흥미로운 맛과 향의 조합을 만들 수 있을지 궁금하지 않은가?

비터스 시음 테스트를 해볼 때는 얼음을 채운 탄산수에 비터스 1~2대시를 넣으면 준비 끝

클래식 올드 패션드와 맨해튼에서의 비터스

위스키 칵테일의 두 대명사, 올드 패션드와 맨해튼에서는 재료들의 단맛에 밸런스를 잡고 칵테일에 복합적인 향을 불어넣기 위해 비터스의 힘을 빌린다. 올드 패션드의 경우, 비터스가 위스키와 심플 시럽이나 설탕이 조합된 단맛을 중화시켜준다. 시트러스, 감초, 제과용 향신료의 향을 두드러지게 끌어내주기도 한다. 맨해튼에서는 위스키와 베르무트 둘 다 달콤해 비터스가 없다면 그다지 흥미로울 게 없는 칵테일이 되고 만다. 비터스 덕분에 향에 대담성이 더해지고 칵테일의 단맛이 한풀 꺾이면서 스위트 베르무트에서 새콤함을 조금 더 끌어내게 된다. 정말 그런지 확인해보고 싶다면 비터스 없이 올드 패션드나 맨해튼을 만들어보자. 해보면 밋밋하고 그저 그런 칵테일이 나올 테니.

셀러리 비터스의 농축된 맛과 향이 다른 재료를 대신해줄 수 있다는 이야기다. 내 경우에는 초콜릿 오렌지 올드 패션드를 만들 때 오렌지 리큐어와 초콜릿 리큐어를 쓰는 대신 이런 향을 띠는 위스키를 골라 여기에 오렌지 비터스와 초콜릿 비터스를 섞어주기도 한다. 비터스는 달콤한 리큐어를 넣지 않은 상태에서도 미뢰를 속여 두 풍미를 더 강하게 느끼게 해준다.

초급 단계의 비터스

최근 비터스가 다양한 변주를 벌이며 르네상스 시대를 맞고 있는 점을 감안하면 향, 시트러스, 가미, 감칠맛의 네 가지 기본 특징에 따라 종류별로 분류해보는 것도 유용할 것이다.

향(아로마틱) 앙고스투라, 보커스, 페이쇼드 같은 전통적인 클래식 비터스 등이 여기에 속한다. 이런 아로마틱 비터스들은 폭넓고 복합적인 향이 주된 특징으로 시나몬, 정향, 감초, 올스파이스, 생강 등의 향을 발산해 칵테일에 깊이와 복합미를 더해준다.

시트러스 오렌지 비터스는 위스키 칵테일에서 톡톡한

역할을 한다. 베이스 스피릿의 시트러스, 말린 과일 향을 더욱 살려줌으로써 버번에서 더 지배적인 바닐라, 오크, 캐러멜의 풍미 뒤에 밀려 있던 이런 풍미 프로필을 더 두드러지게 해준다.

가미 칵테일에 단 하나의 풍미 성분이나 여러 복합적 풍미를 더해주는 용도의 비터스. 초콜릿 비터스, 커피 비터스, 진저 비터스, 피치 비터스 모두 이 유형에 속한다.

감칠맛 아로마틱 비터스와 시트러스 비터스처럼 보편적이진 않지만 가미 비터스의 일종으로 훈연, 얼얼함, 채소, 소금 같은 감칠맛 성분에 중점을 둔다.

막 바를 채우기 시작한 초급 단계일 때는 버번과 위스키 칵테일에 잘 어울리는 기본적인 비터스 몇 개만 있어도 된다.

앙고스투라 비터스 칵테일 레시피에 비터스가 표기되어 있는데 종류를 특정해두지 않았다면 앙고스투라 비터스를 가리키는 것이다. 예전까지만 해도 아주 오랫동안, 그것도 금주법 시행 기간 동안에 특히 더 이 앙고스투라가 유일하게 이용 가능한 비터스였다.

페이쇼드 비터스 1838년에 뉴올리언스에 거주하던 아이티인 앙투안 페이쇼가 개발한 이 페이쇼드 비터스는 사제락 칵테일의 전통적 재료다. 전해오는 이야기에 따르면 페이쇼가 자신이 개발한 이 비터스를 뉴올리언스의

앙고스투라 TMI

이 생산업체가 금주법 기간 중에도 사업을 이어갈 수 있었던 비결은 비터스의 음용 불가성, 즉 아무도 비터스를 스트레이트로 마시지 않을 거라는 점으로 미국 정부를 설득시킨 덕분이었다. 비터스는 대체로 도수가 40도에 이르는 만큼 음용 불가성은 중요한 논점이었다. 결국 앙고스투라는 이 논쟁에서 이겨 금주법 시행 중에도 사업을 지탱할 수 있었다.

커피하우스에서 약간의 코냑에 섞어 팔면서 그것이 오늘날까지도 여전히 즐기는 이 칵테일의 기본 제조법으로 발전했다고 한다.

오렌지 비터스 시트러스 비터스는 위스키와 잘 어우러져 위스키 사워나 올드 패션드에서는 흙내음이나 스파이시한 향을 지나치게 덧입히지 않으면서도 칵테일의 단맛에 밸런스를 잡아준다.

가미 비터스 초급 단계에서는 가미 비터스를 적어도 하나 정도는 갖춰두길 추천한다. 초콜릿, 블랙월넛, 진저 등 개인적으로 좋아하는 풍미로 고르면 된다.

중급 단계의 비터스

가장 보편적으로 쓰이는 비터스의 풍미와 향을 숙지했다면 이번에는 버번이나 위스키와 좋은 짝을 이루는 다른 풍미들로 넘어가볼 차례다.

초콜릿 비터스 칵테일에 흙내음, 쌉싸름함, 진한 초콜릿 풍미를 전해주며 단맛을 더하지 않으면서도 코코아 같은 풍미를 내주기도 한다.

과일 계열 비터스 일부 버번과 위스키는 과일 풍미로 가득하다. 체리, 복숭아, 사과 풍미의 비터스는 그 위스키 본연의 과일 향을 더욱 살려 칵테일에서 이런 섬세한 풍미가 더 잘 감지되도록 해준다.

견과류 비터스 피칸 비터스, 월넛 비터스 또는 견과류 풍미가 강한 아로마틱 비터스는 경우에 따라 훌륭한 선택이 되어주기도 한다.

훈연 비터스 일부 위스키에서의 뚜렷한 숯과 훈연 향을 더 살려주어 칵테일에 향기로움을 더한다. 내가 위스키 칵테일에 즐겨 쓰는 비터스 중 하나도 헬라 비터스의 훈연 처리된 칠리 비터스다. 이런 류의 비터스는 옅은 훈연 향과 약간의 얼얼함을 더해주고, 고도수의 버번을 만나도 맷집 있게 버텨낸다.

고급 단계의 비터스

보다 모험적인 풍미의 짝을 찾아 칵테일 실험을 벌여볼 마음이 있다면 다음에 소개하는 비터스들이 그 가능성을 열어줄 만한 후보들이다.

향신료 계열의 비터스 시나몬이나 생강같이 단 하나의 향신료 향과 풍미에 주력하는 비터스도 더러 있다. 카다멈, 칠리, 오향분같이 보편적이지 않은 편에 속하는 향신료는 위스키 칵테일과 짝을 맞추기가 더 까다로울 수도 있다.

칵테일에서의 비터스 활용 팁

처음부터 많이 넣지 않기 어떤 경우든 비터스를 더 넣어도 되긴 하지만 너무 많이 넣었다간 되돌릴 수 없다는 점을 명심하자.

마개가 꽉 닫혀 있는지 확인하기 병마개 가운데 작은 구멍이 뚫린 형태의 비터스를 쓸 때는 마개가 꽉 닫혀 있는지 확인해야 한다. 마개가 느슨하게 풀린 줄 모르고 썼다간 칵테일에 비터스를 들이붓게 될 수도 있다.

끼얹을 때는 박력 있게 살살 해서는 비터스가 나오지 않는다. 박력 있고 빠른 동작으로 아래쪽으로 팅기며 비터스를 흔들어줘야 밖으로 빠져나온다.

냄새로 테스트하기 어떤 비터스를 써야 할지 잘 모르겠다면 믹싱글라스에 (비터스와 얼음을 빼고) 칵테일을 섞어본다. 그 칵테일의 향을 맡은 다음 비터스의 향을 맡아본다. 두 향이 서로 잘 어울리면 풍미 역시 좋은 짝꿍이 될 가능성이 높다. 테스트용 칵테일을 만들어보자.

대시와 방울 해당 레시피에서의 단위가 대시인지 방울인지 주의해서 보고, 가지고 있는 비터스의 병이 대시형 마개인지 스포이트 방식인지도 살펴본다. 대시를 방울로 변환하려면 대체로 8~10방울이 1대시에 상응한다고 보면 된다.

에스프레소 맨해튼
(109쪽 참조)

꽃 계열의 비터스 라벤더, 캐모마일, 재스민, 장미 등의 꽃 계열 비터스는 위스키 칵테일에 감각적 즐거움을 선사한다. 특히 사워 같은 시트러스 계열 칵테일과의 조합에서 가장 쏠쏠한 쓰임새를 발휘하며 단맛의 밸런스를 잡아준다.

나무 계열의 비터스 버번 애주가들은 대체로 버번과 그 외의 위스키에서 나무 향을 감별해낸다. 삼나무, 오크, 숯 농축 비터스가 이런 나무 풍미를 더해줄 수 있다.

소금 엄밀히 말해 비터스는 아니지만 소금 용액 형태로 소금을 넣으면 칵테일을 압도하는 상큼함과 쌉쌀함 두 풍미의 밸런스가 잘 잡힌다. 때로는 소금 용액 몇 방울만으로도 밸런스가 맞춰진다.

현재 시중에서 구할 수 있는 비터스의 종류는 수천 종에 이른다. 이처럼 폭발적으로 쏟아져 나오는 다양한 비터스를 잘 활용해 새로운 풍미 조합을 시도해보며 칵테일에서 비터스를 사용하는 독창적인 방법을 개발해보길 권한다. 비터스는 칵테일의 풍미 프로필을 확장시키기에 손쉬운 방법이다. 게다가 아주 소량씩만 사용하므로 한 병 사두면 몇 년간 두고두고 쓸 수 있다.

리큐어와 스피릿

칵테일의 매력에 빠지면 수집해 쟁여두는 위스키, 리큐어, 스피릿의 수도 날이 갈수록 늘게 되어 있다. 하지만 리큐어와 주정강화 와인 몇 병만 있어도 다수의 클래식 위스키 칵테일을 믹싱할 준비가 갖추어진다. 그러면 먼저 위스키와 궁합이 잘 맞는 기본적인 리큐어와 주정강화 와인 몇 가지부터 살펴보자.

체리 리큐어 버번과 체리의 마법 같은 궁합 때문에 체리 히어링에서 룩사르도 마라스키노에 이르기까지 체리 리큐어는 대체로 버번 칵테일의 재료로 잘 쓰인다. 샹보르 같은 다른 베리류의 리큐어도 멋진 궁합을 이룬다.

오렌지 리큐어 쿠엥트로, 콤비에, 그랑 마니에르, 트리플 섹, 큐라소 등등 오렌지 리큐어는 무엇이든 여러 위스키 칵테일에서 결정적 역할을 한다. 사워에 소량의 오렌지 리큐어를 섞으면 풍미 프로필에 극적인 변화가 일어나 더욱 좋아진다.

커피 및 초콜릿 리큐어 취향이 커피 쪽으로 쏠려 있든 초콜릿 쪽이든, 둘 다 버번이나 라이위스키와 궁합이 잘 맞는다. 단, 크림 베이스의 리큐어가 아닌 제품으로 구매하길. 그래야 응고되는 크림 없이 이런 커피나 초콜릿의 풍미를 더할 수 있다.

견과류 리큐어 아마레토, 헤이즐넛, 피칸 리큐어 모두 버번 칵테일에서 한 자리를 차지하기에 손색이 없으니 자신의 입맛과 취향에 따라 고르면 된다.

쓴맛의 리큐어 캄파리(쌉쌀한 맛의 이탈리아 리큐어), 아마로, 레드 비터가 여기에 속한다. 네그로니 칵테일을 좋아해 캄파리를 쟁여두고 있다면 불바디에에도 캄파리를 써볼 만하다.

베르무트 베르무트는 제품에 따라 달콤하기도 하고 드라이하기도 하다. 보통 클래식 맨해튼에서는 스위트 베르무트가 필요하고, 퍼펙트 맨해튼을 만들려면 스위트와 드라이 스타일 둘 다 필요하다. 어떤 맛을 더 좋아하든 개봉한 베르무트는 냉장고에 보관하고 1개월 내에 마시는 게 좋다.

주스

칵테일에는 갓 짜낸 주스가 적합하다. 특히 사워나 스매시, 뮬에는 갓 짠 시트러스 주스가 결정적 역할을 한다. 가능하다면 언제든 라임이나 레몬주스는 칵테일을 만들기 직전에 짜도록 한다. 갓 짠 주스라도 10~12시간이 지나면 쓴맛으로 변하므로 착즙한 뒤 한동안 놔두었던 시트러스 주스는 맛을 체크해보는 것이 좋다. 여전히 입이 오그라들 정도로 시큼한지 확인하자.

가니쉬: 칵테일에 멋 더하기

가니쉬는 나중에 가서야 뒤늦게 생각해서는 안 된다. 가니쉬가 시각적 흥미를 높이고 칵테일의 향기 요소들을 한데 묶는 데 결정적이기에 하는 말이다. 대다수의 위스키 칵테일은 시트러스 필이나 칵테일 체리 또는 견과류와 말린 향신료의 모음으로 보기 좋게 장식할 수 있다. 폼 나는 재료를 구해 인상적인 가니쉬를 꾸밀 수도 있지만 팬트리와 냉장고를 뒤져보면 가까이에도 가니쉬로 쓸 만한 기본 재료들이 있을 것이다. 다음은 내가 팬트리와 냉장고에서 꺼내 가니쉬로 이용하는 재료들이다.

- 체리 – 형광빛 도는 빨간색 체리가 아닌, 품질 좋은 칵테일용 체리
- 시트러스 – 오렌지와 레몬, 그리고 어쩌다 한 번씩 쓰는 라임
- 말린 향신료 – 시나몬 스틱, 너트맥, 팔각
- 말린 과일 – 사과, 파인애플, 살구, 대추야자 열매, 무화과
- 생과일 – 배, 사과, 베리류
- 허브 가지

보다 화사한 장식을 원하면 다음을 멋진 가니쉬 재료로 추천한다.

- 으깬 사탕
- 구운 견과류
- 당절임 과일
- 미니 쿠키나 초콜릿 캔디
- 칠리나 시트러스 파우더로 잔 가장자리 장식하기
- 색을 낸 소금이나 설탕
- 훈연된 소금, 설탕, 허브

시럽: 풍미의 비밀 병기

심플 시럽은 홈 바에 있어 음지의 영웅이다. 저렴한 비용으로 쉽게 만들 수 있는데다 대개는 조리조차 필요 없다. 풍미를 더 불어넣어 클래식 칵테일에 변형을 줄 수도

있다. 메이플 시럽을 넣은 올드 패션드, 블랙베리 시럽을 넣은 클래식 사워, 약간의 복숭아 바질 시럽을 넣은 하이볼 등이 좋은 예다.

기본적인 심플 시럽

심플 시럽 작은 병에 설탕과 온수를 1:1로 넣는다. 설탕이 녹을 때까지 흔들어준다.

데메라라 시럽 작은 병에 데메라라 설탕과 온수를 1:1로 넣는다. 설탕이 녹을 때까지 흔들어준다.

황설탕 시럽 작은 병에 황설탕과 온수를 1:1로 넣는다. 설탕이 녹을 때까지 흔들어준다.

리치 심플 시럽 작은 병에 설탕과 온수를 2:1로 넣는다. 설탕이 녹을 때까지 흔들어준다.

허니 시럽 작은 병에 꿀과 온수를 2:1로 넣는다. 꿀이 물과 섞일 때까지 흔들어준다.

사탕수수 시럽 작은 병에 사탕수수 원당과 온수를 3:1로 넣는다. 사탕수수 원당이 물과 섞일 때까지 흔들어준다.

향신료로 우린 시럽

향신료 우리기는 칵테일에 변화를 주기 쉬운 방법이다.

피치-로즈메리 사워
(157쪽 참조)

나는 향신료나 허브로 우린 심플 시럽을 시험적으로 써보며 올드 패션드, 위스키 사워, 민트 줄렙의 풍미에 이런저런 변화를 주길 즐겨한다. 다음은 재미있는 조합의 몇 가지 예다.

- 바닐라와 시나몬
- 메이플과 카다멈
- 시나몬, 말린 후추 열매, 올스파이스, 팔각, 바닐라, 정향 등의 향신료가 들어간 차이 티
- 민트와 레몬타임
- 방취목이나 레몬그라스와 바질

시나몬, 카다멈, 바닐라, 말린 후추 열매 같은 말린 향신료는 시럽과 함께 불에 올려 뭉근히 끓이는 것이 가장 좋다. 편수냄비에 물 1컵과 설탕 227g을 넣고 가열한 후 향신료를 2~3큰술 넣는다. 10분 정도 뭉근히 끓인 후 불을 끄고 완전히 식을 때까지 둔다. 시럽이 식으면 맛을 한번 보며 취향에 맞는 풍미 프로필로 잘 나왔는지 확인해본다. 여과한 후 깨끗한 유리병에 담아 보관한다.

바질, 민트, 로즈메리, 타임 같은 생 허브는 상대적으로 여린 편이라 뭉근히 끓일 필요는 없다. 그냥 시럽을 식힐 때 편수냄비에 담아두기만 해도 된다. 물 1컵과 설탕 227g을 넣고 가열하면서 잘 섞이도록 저어준 후 뭉근히 끓어오를 때까지 놔둔다. 깨끗하고 신선한 허브 가지 3~5개를 넣고 저어준 다음 불을 끈다. 허브를 그대로 담가둔 채로 실온이 될 때까지 식힌다. 여과한 후 깨끗한 유리병에 담아 보관한다.

티 시럽

가장 간단한 축에 속하는 심플 시럽 몇 가지는 진하게 우린 차 1컵만 있으면 된다. 나는 차 베이스의 심플 시럽을 만들 때 물 1컵에 보통 넣는 것의 두세 배의 티백을

과일 심플 시럽

과일	조리 유형	비고
바나나	가열	
블랙베리	가열	
블루베리	냉침이나 가열	새콤한 시럽을 원하면 냉침, 달콤한 시럽을 원하면 가열
체리	냉침이나 가열	생 체리의 맛을 원할 때는 냉침, 익힌 체리의 맛을 원하면 가열
복숭아	냉침이나 가열	새콤하고 산뜻한 복숭아 맛을 원하면 냉침, 달달한 피치 코블러 맛을 원하면 가열
배	가열	
파인애플	냉침이나 가열	샛노란 빛에 싱그러운 단맛의 시럽을 원하면 냉침, 캐러멜에 더 가까운 맛의 시럽을 원하면 가열
딸기	냉침이나 가열	생 딸기의 싱싱하고 달콤한 맛을 원하면 냉침, 잼의 풍미를 원하면 가열
수박	냉침	

블랙베리-세이지 스매시
(210쪽 참조)

넣고 풍미가 진해지되 너무 쓴맛이 나지 않을 정도까지 담가놓는다. 그런 다음 차를 우려낸 각각의 컵마다 설탕 1컵을 부어 넣는다.

이 방법을 쓰면 끝내주는 민트 티 시럽, 차이 티 시럽, 시나몬 티 시럽, 캐모마일 티 시럽이 만들어진다. 응용에 한계가 없어 커피를 내리고 남은 커피 찌꺼기로 커피 심플 시럽을 만들 수도 있다.

과일 시럽

과일로 간단하게 시럽을 만드는 방법은 두 가지가 있다. 주방 열기구가 필요한 방법과 지퍼백이나 플라스틱 용기만 있으면 되는 방법이다. 두 방법은 아주 다른 풍미를 내는데, 익힌 잼에서 나는 딸기 맛 대 앤젤 푸드 케이크에 얹어진 설탕 뿌린 생 딸기의 맛을 떠올려보면 된다. 둘 다 딸기 맛이 느껴지지만 풍미의 차이가 상당하다.

가열해서 우려내는 방법을 쓰려면 편수냄비에 과일과 설탕, 약간의 물을 함께 담고 가열해 과일이 부서지면서 즙이 나와 선명한 색이 돌 때까지 약불에서 10~15분 정도 익힌다. 나는 보통 과일은 1과1/2컵이나 2컵, 물 1/2컵, 설탕 1컵을 넣지만 과일의 수분 함량과 당도에 따라 변화를 주기도 한다. 과일은 식혔다가 과육을 걸러내면서 압착해 달콤한 즙을 최대한 빼낸다. 완성되면 깨끗한 유리병에 담아 보관한다.

냉침 방법을 쓰려면 잘게 썬 과일을 지퍼백에 담는다. 여기에 설탕을 넣으면 되는데 내 경우에는 보통 잘게 썬 생과일 조각 1파인트(0.473ℓ)당 설탕 1컵을 넣는다. 지퍼백을 닫아 냉장고에 24시간 정도 넣어둔다. 깨끗한 병에 여과해 담으면서 압착해 달콤한 즙을 최대한 짜낸다.

버번이나 위스키 칵테일과 잘 어울리는 과일 심플 시럽 몇 가지를 표로 정리해두었으니 참고하기 바란다.

혼성 시럽

과일에 향신료나 허브를 함께 조합해 시럽을 만들어보면 훨씬 더 흥미롭다. 피치-바질 심플 시럽을 만들려면 가열 방식을 써서 먼저 복숭아를 익힌다. 바질은 불을 끌 때 넣은 후 실온으로 식을 때까지 그대로 담가놓으면 된다. 배-시나몬 심플 시럽을 만들고 싶다면 물에 시나몬 스틱과 배를 동시에 넣고 가열한 후 실온으로 식혔다가 여과해 담는다.

◦━◁◈▷━◦

여기까지 왔다면 기본기를 떼고 버번, 비터스, 리큐어, 시럽을 모두 익힌 셈이다. 이제부터는 기본 단계를 뛰어넘어 당신만의 버번 칵테일을 개발하고 즐기는 시간을 가져보자.

제 3 장

버번과
스피릿 담금주

담금의 창작

올드 패션드 마운틴 걸

Old-Fashioned Mountain Girl

이 칵테일은 야외 활동에 잘 맞고 사랑스러우며 약간 톡 쏘는 면이 있는 점에서 콜로라도 여성들을 닮았다. 심플 시럽의 소나무 향이 은은히 피어나는 동시에, 초콜릿 비터스의 첨가로 시럽의 허브 향과 확연한 대비 효과가 일어나기도 한다. 그냥 잔에서 직접 만드는 빌드 방식의 간단한 칵테일이면서도 콜로라도와 콜로라도의 위스키 전통을 기리는 뛰어난 풍미 조합을 이룬다.

올드 엘크 블렌디드 버번위스키 60㎖

파인 심플 시럽 15~22.5㎖(레시피는 아래 참조. 처음에는 시럽을 15㎖만 넣었다가 맛을 봐가며 조절한다).

아즈텍 초콜릿 비터스 3대시

가니쉬: 룩사르도 체리와 작은 솔가지

위스키 잔에 버번, 심플 시럽, 비터스를 넣는다. 저어서 섞어준다.

각얼음을 채운 후 가니쉬한다.

파인 심플 시럽

설탕 1컵

물 1컵

솔잎 1컵

(가급적 싱싱한 것으로) 솔가지에서 잎을 떼어낸다. 가문비나무, 발삼나무, 더글러스 전나무, 스트로브 잣나무의 잎을 써도 된다. 겨울철에 채집한 잎의 소나무 풍미가 더 부드러운 편이다.

재료들을 넣고 끓인다. 설탕과 물이 완전히 섞일 때까지 젓는다. 불에서 내린다. 시럽에 잎을 담가 최소 2시간 정도 놔둔다(밤새 담가놓으면 더 좋다). 거즈로 잎을 걸러내 버린다. 시럽을 밀폐용기에 옮겨 담는다. 이렇게 해서 냉장고에 보관하면 1개월 정도 간다(파인 심플 시럽은 온라인에서도 구매 가능하다).

낸시 로버츠의 의견에 따라 여성버번협회 콜로라도 지부에서 만든 레시피

올드 패션드 마운틴 걸

버번 덕후들은 단순한 레시피를 뛰어넘고 싶어 한다. 층을 이루는 풍미를 원하고 실험을 원하고 경험을 원한다. 그런 면에서 보면 향신료나 허브나 과일로 우려낸 스피릿 담금주를 만드는 것만큼 실험적인 일도 없다. 이런 식의 우려내기는 그 재료만큼이나 다양할 수 있어 시나몬, 생강, 정향 같은 향신료나 신선하거나 동결하거나, 말린 과일 심지어 쿠키나 사탕까지도 재료로 쓸 수 있다.

버번을 우리기 전에는 먼저 해당 버번을 시음해 풍미와 향을 느껴보며 이 베이스 스피릿과 좋은 짝이 될 만한 풍미가 무엇일지 생각해보는 시간을 갖도록 한다. 예를 들어 스모키하고 오크가 풍미 두드러지는 위스키라면 섬세한 허브나 꽃 풍미는 오크의 드라이함에 묻히기 십상이니 피하는 것이 좋다. 구우면 풍미가 폭발하는 복숭아, 사과, 파인애플 같은 과일류는 스모키하거나 오키한 버번에 우리면 생기를 부여한다. 구운 과일에서 나온 캐러멜화 당분이 스모키한 향을 더욱더 풍성하게 해준다. 섬세한 꽃이나 허브 향을 띠는 스피릿의 경우 묵직하거나 거친 성분보다는 보완적인 향과 풍미로 우려내는 것이 좋다.

멋진 담금주의 탄생은 몇 주간의 계획과 실행으로 빚어지는 결과물일 수도 있고 먹고 남은 버번으로 주방에서 운 좋게 이루어질 수도 있다. 내가 만들었던 담금주 중 손가락에 꼽을 만한 몇 가지는 뭔가를 한입 베어 물었다가 이걸 위스키에 우리면 어떨까, 하는 호기심의 발동으로 만들게 되었던 것들이다. 풍미를 가지고 이렇게 저렇게 해보길 좋아한다면 버번 담금주는 당신의 놀이터가 될 수도 있다.

루이빌 소재 잭스 라운지의 조이 페린은 버번 담금주의 할머니로 통한다. 페린이 초반에 만든 버번 담금주들이 궁금하다면 그녀가 수잔 리글러와 공동 집필한 『켄터키 버번 칵테일 북(The Kentucky Bourbon Cocktail Book)』을 읽어보길.

전문가의 팁

얼마나 오래 우려야 할까? 담금주를 만들 때는 오래 우린다고 반드시 좋은 게 아니다. 차의 경우에는 비교적 짧게 우리는 편이 좋다. 예를 들어 홍차는 너무 오래 우리면 쓰고 떫어지기 쉽다. 정향, 시나몬, 올스파이스 같은 일부 향신료도 마찬가지다. 너무 오래 우리면 다른 풍미들을 압도해 풍미 프로필이 쓴맛 쪽으로 쏠릴 우려가 있다. 시간을 결정할 때는 당신의 입맛이 최고의 우군이다. 자신의 감각을 믿어라. 당신이 무엇을 좋아하는지 당신은 알고 있다.

담금주의 원리

가장 기본적인 스피릿 담금주는 향미료를 첨가하는 방법으로 만든다. (용해력이 있는) 알코올이 향미료의 풍미와 향을 뽑아내면 그 분자 입자들이 위스키와 한데 섞이게 된다. 알코올에는 시나몬 스틱에서 시나몬의 향과 풍미를, 정향에서 톡 쏘는 맛을, 홍차에서 드라이함을 뽑아내는 능력이 있고, 그 덕분에 버번으로 당신만의 플레이버 스피릿을 만들 수 있는 것이다.

위스키 담금주를 만들 때 가장 잘 맞는 향미료는 대개 그 위스키 자체에서 감별되는 것과 같은 향과 풍미다. 많은 버번과 위스키가 오렌지 필, 시나몬, 바닐라, 구운 견과류의 풍미를 띠는데 위스키에 비슷한 계열의 향미료를 넣으면 이런 향을 더욱 살려주거나, 서로 잘 어우러지는 풍미를 전해준다. 다음은 내가 위스키와 버번 담금주에서 가장 즐겨 쓰는 재료들이다.

- 과일: 복숭아, 사과, 바나나, 배, 자두, 파인애플
- 베리류: 딸기, 체리, 블랙베리, 라즈베리
- 제과용 향신료: 시나몬, 정향, 올스파이스, 팔각, 너트맥
- 바닐라
- 말린 과일: 무화과, 대추야자 열매, 사과, 체리, 살구, 건포도
- 시트러스 필(심은 쓴맛을 더하니 쓰지 말 것)

- 구운 견과류: 피칸, 호두, 아몬드, 헤이즐넛
- 커피나 코코아 닙
- 생강
- 코코넛
- 쿠키: 오트밀 건포도 쿠키, 초코칩, 쇼트브레드, 생강 쿠키, 땅콩버터 쿠키

- 허브: 라벤더, 로즈메리(둘 다 불바디에에 아주 잘 맞는다), 세이지
- 캔디: 레드 핫 사탕, 캐러멜, 토피, 레몬 드롭, 박하 사탕, 버터스카치

위스키 담금주 만드는 방법

위스키 우리기는 시간이나 노력이 별로 들지 않고, 깨끗한 병만 있으면 된다. 하지만 먼저 짚고 넘어가야 할 기본적인 사항이 몇 가지 있다.

스피릿 담금주는 다음의 여러 요소에 따라 영향을 받는다.

- 원재료의 품질
- 알코올이 상호작용을 일으킬 수 있는 표면적
- 우리는 시간
- 담금주를 저어주는 횟수

위스키 담금주에서 더 좋은 풍미와 펀치를 끌어내려면 품질 좋은 재료를 써야 한다. 허브와 향신료는 신선한

전문가의 팁

우려지는 속도와 강도를 높이려면 과일은 슬라이스나 작은 조각으로 썰고, 향신료는 쪼개 넣으면 된다. 그러면 위스키가 상호작용할 수 있는 표면적이 넓어진다. 예를 들어 사과를 병에 넣을 때 얇게 썰어 넣는 것이 4등분해서 넣는 것보다 더 빠르게, 더 잘 우러난다. 베리류를 쓸 때는 살짝 으깨 넣으면 유용한 표면적이 넓어진다.
허브의 경우에는 대다수 스피릿 담금주에서 생잎보다 말린 잎을 쓴다. 가령 생 바질을 쓰면 위스키가 갈색으로 변하고 탁하거나 상한 냄새가 날 소지가 있다. 민트는 이보다는 좀 더 봐줄만 하지만 그래도 말린 허브를 쓰는 것이 가장 일관적인 결과를 내준다. 생 허브를 써야 하는 상황이라면 몇 시간만 우리고 이중 여과를 한다.

것을 사용하고, 과일은 충분히 익었지만 농익지는 않은 것으로 골라야 한다. 칵테일 믹싱이나 요리용으로 쓰기에 최적기가 지난 과일은 담금주용으로도 쓰면 안 된다. 오히려 알코올이 그 상한 향을 더 부각시켜 괜히 아까운 스피릿만 버리고 만다. 성분들 중에는 다른 것들에 비해 훨씬 빠르게 우려지는 것들이 있으니 신중을 기해야 한다.

대체로 시나몬 스틱, 정향, 말린 후추 열매 같은 강한 향신료는 우려지는 속도가 아주 빠른 편이다. 따라서 제때 꺼내지 않으면 담금주 전체를 압도해버리기 쉽다. 비교적 강한 편에 속하는 향신료를 쓸 때는 매일 풍미를 확인하는 것이 필수다. 다음은 담금주를 만드는 기본적 단계다.

1. 병에 우려낼 성분들을 넣는다(양에 주의할 것).
2. 버번이나 위스키를 채워 넣는다(양에 주의할 것).
3. 병을 단단히 밀봉하고 라벨을 붙여 날짜, 우려내는 성분, 사용 위스키를 적는다.
4. 병을 휘저어준다.
5. 병은 서늘하고 어두운 곳에 보관한다.
6. 하루나 이틀 뒤에 담금주의 맛을 본다. 우려지는 속도를 높이려면 매일 휘저어준다.
7. 풍미가 바라는 수준에 이르면 철재 체나 면포로 우려낸 성분들을 걸러낸다. 우려낸 성분에 지방 함량이 높은

전문가의 팁

작게 시작하기. 담금주를 처음 만들 때는 부담감이 덜어질 때까지는 적은 양으로 만든다. 먼저 1/2컵이나 1컵 용량의 병으로 만들었다가 해볼 만하다 싶으면 2컵 분량의 메이슨자로 양을 늘려 만드는 식이다. 담금주에서 어떤 맛이 나게 될지 감이 잘 잡히지 않는다면 1컵의 담금주를 실험적으로 만들어보길 권한다.

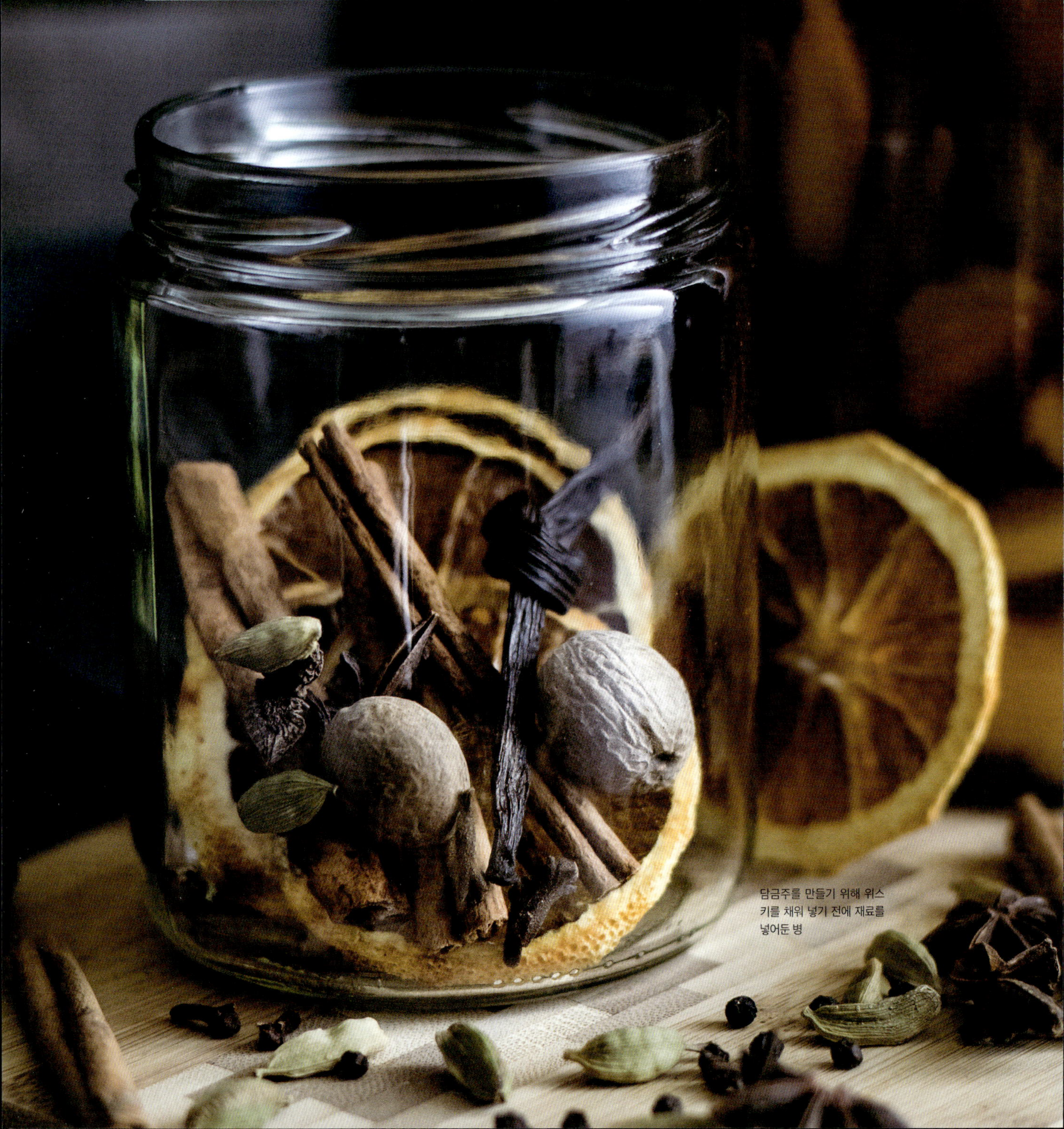

담금주를 만들기 위해 위스키를 채워 넣기 전에 재료를 넣어둔 병

편이라면 두 번 걸러낸다.

8. 두 번째로 거를 때는 철재 체에 젖은 커피 필터를 대고 걸러낸다. 쇼트브레드 쿠키 같은 고지방 성분의 경우에는 시간이 꽤 걸릴 수도 있으니 밤새 그대로 두어도 괜찮다.

9. 담금주를 깨끗한 병에 담는다. 라벨을 붙이고 날짜를 적는다.

10. 노트에 활용한 여과 방법, 담금주의 맛, 다음번에 참고할 사항 등을 적어 넣는다.

> **다 우려낸 후 담금주의 양은 얼마나 될까?** 우려내는 성분에 따라 다르다. 향신료를 우린다면 여과 후에 담금주에 담았던 위스키를 거의 전부 회수한다. 과일의 경우에는 양이 줄어들 것을 예상해야 한다. 부드러운 과일이나 베리류는 살짝 눌러 그 안에 숨어 있는 버번을 모두 뽑아낸다. 퇴폐적 풍미의 고지방 디저트류나 쿠키를 우렸다면 잃게 될 스피릿의 양이 훨씬 많을 것이다. 그래도 그 버번에 우려진 크리미함과 마우스필을 감안하면 그만한 손실은 치를 만한 가치가 있다.

우리는 시간은 앞에서 말한 요소에 따라 달라진다. 향신료는 우려내는 데 2~7일 사이의 시간이 걸린다. 과일은 더 오래 걸려서 5일~2주 정도 필요하다. 나는 복숭아와 시나몬 스틱을 같이 넣고 버번에 우릴 때는 2~3일 후에 시나몬 스틱을 빼내고 복숭아는 1주나 2주쯤 더 담가둔다.

위스키 담금주는 단독으로 마셔도 되지만 칵테일에서 그 빛을 발한다. 내 경우에는 위스키 사워, 올드 패션드, 맨해튼, 사제락, 줄렙, 하이볼에 새로 만든 담금주를 시험 삼아 써본다. 칵테일 레시피 상 결이 비슷한 풍미 프로필을 가진 리큐어가 필요할 때는 직접 우린 스피릿 중 하나를 그 리큐어 대신 쓰기도 한다.

칵테일 실험실: 담금주 재료 실험

1/2컵이나 1컵 용량의 병 3개를 준비한다. 첫 번째 병에는 시나몬 스틱을 쪼개 넣는다. 두 번째 병에는 아몬드나 피칸 같은 견과류를 무염으로 구운 것으로 준비해 잘게 다져 2큰술 넣는다. 세 번째 병에는 아주 잘 익은 바나나를 얇게 썰어 3~5개 넣거나 새콤한 사과를 잘게 다져 2큰술 넣는다. 병의 크기에 따라 버번 120~240㎖를 채운다. 24시간 후에 각 병마다 맛을 본다. 맛을 봐서 이제는 마셔도 될 만하다 싶으면 여과하고, 시간이 더 필요하다면 휘저은 후 하루 더 놔둔다. 담금주의 맛이 마음에 들 때까지 이 과정을 반복한다.

하이 티 토디
(217쪽 참조)

향신료 우리기

오렌지와 바닐라로 우린 버번

바닐라로 우린 버번은 인기가 많지만(여성버번협회 회원 상당수는 바닐라 추출액 대신 쓰기도 한다) 여기에 시트러스 필을 더하면 올드 패션드와 사워에서 버번이 빛을 발하게 해주고, 꽃과 오크 등의 다른 향을 압도하지도 않는다. 오렌지와 바닐라를 같이 우리면 맨해튼과 겨울 테마의 올드 패션드에서 꿀조합을 이룬다.

바닐라 빈 1개   **버번 2컵**

오렌지 필(심 없이) **1개**

바닐라 빈을 칼로 갈라 씨를 빼낸다. 깨끗한 유래 병에 씨, 바닐라 빈, 오렌지 필, 버번을 넣는다. 밀봉 후 가볍게 휘저어준다.

서늘하고 어두운 곳에 둔다. 24시간마다 휘저어주며 확인한다. 대체로 3~7일이 지나면 적기에 이른다.

철재 체에 걸러 깨끗한 유리병에 담는다. 서늘하고 어두운 곳에 보관한다.

차용 향신료로 우린 버번

차를 넣어 우리면 스피릿이 금세 드라이하고 떫어질 수 있어 차 풍미를 내기 위해 여러 향신료를 조합해 쓰는 방법이다. 말린 후추 열매나 정향은 담금주를 압도하기 시작할 때 다른 재료들보다 먼저 빼낸다. 이런 방법으로 우려내면 재료들을 여과하고 난 후에도 여전히 며칠 동안 더 진해진다.

버번 2컵   **정향 3개**

쪼갠 너트맥 1개   **으깬 올스파이스 베리 5개**

바닐라 추출액 1작은술이나 바닐라 빈 1개   **으깬 카다멈 깍지 6개**

쪼갠 시나몬 스틱 3개   **으깬 말린 후추 열매 8개**

재료들을 깨끗한 유리병에 담는다. 밀봉 후 살짝 휘저어준다.

서늘하고 어두운 곳에 둔다. 24시간마다 휘저어주며 체크한다. 보통 24~72시간 사이에 적기에 이른다.

깨끗한 유리병에 철재 체로 여과해 담는다. 서늘하고 어두운 곳에 보관한다.

> 여기에서 '쪼갠다'는 말은 향신료를 망치나 밀대를 이용해 작은 조각으로 부순다는 의미이고 '으깬다'는 말은 향신료나 깍지를 나무 망치로 때려주되 조각조각 부서뜨리지 않으면서 향이 발산될 정도로만 살짝 찧어주라는 이야기다.

말린 후추 열매로 우린 크렘 드 카카오

이 레시피에서는 위스키를 쓰지 않고, 그 대신 자신의 취향에 맞는 초콜릿 리큐어나 크렘 드 카 카오를 써서 여기에 말린 후추 열매를 우려내 얼얼함, 톡 쏘는 맛, 재미있는 쪼갠 후추 향을 더한 다. 이렇게 만든 담금주를 위스키 칵테일에 섞으면 풍미와 얼얼함을 증폭시켜 근사한 초콜릿 맨 해튼이나 올드 패션드가 만들어진다. 옅은 색의 크렘 드 카카오를 쓸 경우 말린 후추 열매가 우 려지면서 암갈색으로 색감이 변하게 된다는 점에 유의하자.

짙은 색의 크렘 드 카카오 1컵   **으깬 말린 후추 열매 1큰술**

깨끗한 유리병에 재료들을 담는다. 밀봉 후 살짝 휘저어준다.

서늘하고 어두운 곳에 둔다. 12시간마다 휘저어주며 체크한다. 보통 24~48시간 사이에 음용 적기에 이른다.

철재 체에 받쳐 깨끗한 유리병에 담는다. 서늘하고 어두운 곳에 보관한다.

차 우리기

즐겨 마시는 차로 스피릿을 우려내는 일은 더할 나위 없이 쉽지만 주의를 기울일 필요가 있다. 홍차 우리기는 단 5~15분이면 충분하다. 더 오래 담가두면 담금주가 드라이하고 텁텁한 향이나 나무의 쌉싸름함에 압도될 위험이 있 다. 백차나 홍차, 녹차가 들어가지 않은 일부 허브차는 더 오래 우려도 된다.

차를 우리기 위해선 뜨거운 물에 티백을 단시간 담가 풍미를 활성화시킨 후 스피릿에 담그면 된다. 풍미가 입맛에 딱 맞을 때까지 5분마다 맛을 본다.

차이 티로 우린 버번

우리는 시간을 단축시키려면 홍차가 들어간 차이 티백을 사용한다. 차이 티의 향신료 향에 더해 차 풍미가 물씬 배어나올 것이다. 맛이 떫어진다 싶으면 곧바로 티백을 꺼내야 한다.

차이 티백 1개   **버번 1컵**

아주 뜨거운 물에 티백을 넣었다가 바로 꺼내 버번에 담근다.

5분, 10분, 15분 간격으로 풍미를 체크한다. 허브 차이 티를 쓸 경우 우러나는 시간이 1시간까지 걸릴 수도 있다.

흡족한 풍미에 이르면 티백을 꺼낸 후 우려낸 버번을 깨끗한 유리병에 담아 서늘하고 어두운 곳에 보관한다.

얼그레이로 우린 버번

내가 좋아하는 차 우리기 중 하나가 얼그레이로 우리는 버번이다. 진한 얼그레이 풍미를 내기 위해 40~45도 대의 버번을 써서 한 모금 머금을 때마다 떫은맛이 살짝 돌 때까지 우린다. 그러면 버번은 드라이해지지만 칵테일에 얼그레이의 여운을 선사해주기도 한다. 올드 패션드와 핫 토디의 베이스로, 또는 모험심이 발동할 경우 보스턴 사워의 베이스로도 두루 괜찮다.

얼그레이 티백 1개　　　　　　　　　　　**버번 1컵**

아주 뜨거운 물에 티백을 넣었다가 바로 꺼내 버번에 담근다.

5분, 10분, 15분 간격으로 맛을 보면서 풍미를 체크한다.

흡족한 풍미가 되었으면 티백을 꺼낸 후 우려진 버번을 깨끗한 유리병에 담아 서늘하고 어두운 곳에 보관한다.

캐모마일로 우린 버번

캐모마일은 호불호가 강하고 특유의 풍미가 있어 칵테일에 쓸 때 신중해야 한다. 이 담금주는 특히 치나 같은 허브 아마로와 함께 블랙 맨해튼을 주조할 때 빛을 발한다.

캐모마일 티백 1개　　　　　　　　　　　**버번 1컵**

아주 뜨거운 물에 티백에 넣었다가 바로 꺼내 버번에 담근다.

캐모마일 차에 홍차가 들어 있다면 5분, 10분, 15분 간격으로 맛을 본다. 홍차가 섞여 있을 경우 15분가량 지나면 드라이하고 텁텁한 향이 확 퍼진다. 100% 허브라면 10분, 15분, 30분, 60분 간격으로 맛보며 입맛에 딱 맞는 풍미가 될 때까지 계속 우린다.

흡족한 풍미가 되면 티백을 꺼내고 우려진 버번을 깨끗한 유리병에 담아 서늘하고 어두운 곳에 보관한다.

담금주 맛보기 요령: 우리는 용기에 입을 대고 맛보지 말고 빨대나 바스푼을 이용해 조금씩 맛본다. 그래야 세균에 감염될 염려가 없다.

오렌지 브랙퍼스트 티로 우린 버번

오렌지 페코는 일부 차 애호가들이 하루를 시작하는 차로 즐길 만큼 사랑받
는 차다. 이 차에는 홍차가 섞여 있어 맛이 순식간에 너무 떫어지기 쉬우므로
주의 깊게 살펴야 한다.

오렌지 페코 브랙퍼스트 티백 1개　　　　　　　　**버번 1컵**

아주 뜨거운 물에 티백을 넣었다가 바로 꺼내 버번에 담근다.

5분, 10분, 15분 간격으로 맛을 보며 풍미를 체크한다.

풍미가 만족스러우면 티백을 꺼내고 우려진 버번을 깨끗한 유리병에 담아 서늘하고 어두운
곳에 보관한다.

과일 담금주

내가 가장 좋아하는 버번 담금주는 과일 담금주다. 내가
좋아하는 술에 사과나 핵과, 말린 과일의 풍미를 더 풍
성히 살리는 게 상당히 만족스럽다. 과일 담금주에서는
생과일이나 말린 과일은 물론이고, 심지어 냉동 과일도
재료로 쓸 수 있다. 생과일과 냉동 과일을 쓰면 우리는
과정에서 버번을 많이 잃을 일이 없지만 말린 과일은 버
번을 쏙쏙 빨아들여 버번의 양이 줄어들게 된다.

　블랙베리, 대추야자 열매, 말린 무화과와 같은 짙은 색
과일은 근사한 담금주를 선사하지만(대추야자로 우린 버번
은 기분 좋은 겨울 칵테일을 만들어준다) 버번을 아주 어둡게
변색시키기도 한다. 호박색 위스키를 편애하는 편이라면
집어넣는 과일의 색에 신경 쓰며 버번의 원래 색감이 바
뀔 가능성을 염두에 두어야 한다.

담금주에 단맛을 내야 할까? 나는 담금주를 여러 칵테일의
재료로 쓰기 때문에 단맛을 내지 않는 편이다. 하지만 때때
로 원당이나 황설탕을 (담금주 2컵 분량 기준으로) 1~2큰술을 넣
어 과일이나 꽃의 향을 더 화사하게 살려준다. 설탕은 적은
양을 넣을 경우 음료에서도 음식에서처럼 풍미증진제 역할
을 한다.

복숭아 담금주

나는 한여름 삼복더위가 오면 복숭아 한 상자를 사서 복숭아로 우린 버번, 럼, 레포사도 테킬라 몇 리터를 만들어둔다. 항상 향신료를 넣는 것은 아니지만 우리는 시간의 마지막 하루나 이틀 동안 시나몬 스틱이나 너트맥을 담가 향신료로 풍미의 층을 더하기도 한다. 무지 추운 겨울밤에는 그저 몇 달만 지나면 맛보게 될 그 풍성한 과즙을 상기시키기 위해 냉동 복숭아로 담금주를 만들 때도 많다.

잘게 썬 복숭아 1과1/2컵   **버번 2컵**

깨끗한 메이슨자 바닥에 복숭아를 깐다. 버번을 채워 넣는다. 밀봉 후 휘저어준다. 서늘하고 어두운 곳에 둔다.

매일 휘저어준다. 3일째나 4일째부터 맛을 본다. 개인적 풍미 취향에 따라 음용 적기까지 2~3주 걸릴 수도 있다.

바라는 풍미 프로필을 띠게 되면 철재 체에 걸러 깨끗한 유리병에 담는다. 최대 6개월까지 냉장 보관하며 사용한다.

애플파이 담금주

향신료를 더한 사과로 버번 담금주를 만들어 사과의 계절을 기념해보는 건 어떨까. 사과 종류와 사용하는 향신료에 따라 입맛에 딱 들어맞는 담금주가 만들어질 수도 있다. 다음 레시피는 사과 2개와 약간의 시나몬, 정향, 생강으로 간단하게 만드는 방법이다.

속을 제거한 후 잘게 썬 새콤한 사과 2개   **얇게 썬 생강 2조각**

시나몬 스틱 3개   **버번 2~3컵**(45도 이상의 도수로)

정향 2개   **황설탕 2큰술**(선택)

시나몬 스틱, 정향, 생강을 우림백에 넣는다. 깨끗한 메이슨자에 파우치, 사과, 버번을 담는다.

어두운 곳에 둔다. 3~5일간 하루에 한 번씩 휘저어준다. 2~3일 후에 우림백을 건져낸다. 3일째에 담금주의 맛을 보고 최상의 진하기에 이를 때까지 계속 우린다(내 경우에는 10~14일간 우린다).

커피 필터를 댄 철재 체로 걸러 담아 냉장고에 보관한다. 살짝 단맛을 내려면 황설탕을 섞어 넣는다.

쿠키 담금주

오트밀 쿠키로 우린 버번

오트밀 쿠키 맛이 나는 올드 도미닉에서 영감을 얻은 담금주. 처음에는 덩어리진 베이지색 반죽과 흡사해 보여 다소 거부감이 들지만 이중 여과를 하고 나면 천상의 맛과 같은 크리미한 음료가 남겨진다. 메이플 시럽, 스파이스 비터스와 함께 올드 패션드를 만들 때(레시피는 92쪽 참조) 활용해보기 바란다.

> "훌륭한 버번의 정신처럼 풍미 깊으면서 발견으로 충만한 삶을 살아라."
>
> - 지나 카루소(여성버번협회 시카고 지부 전 홍보대사)

소프트 오트밀 쿠키 4개　　　　　　　　　**버번 1과1/2컵**

쿠키를 큼직하게 부숴 깨끗한 메이슨자 바닥에 깔아준다. 쿠키가 푹 잠기도록 버번을 채워 넣는다. 밀봉 후 병을 휘저어준다. 서늘하고 어두운 곳에 두고 12시간마다 휘저어준다. 24시간 후에 맛을 본 다음 8시간마다 다시 맛을 본다(내 경우에는 32시간이 지나면 입맛에 딱 맞는다).

먼저 고운 철재 체로 여과한다. 고형물을 버리고 체를 깨끗이 씻는다. 이번에는 철재 체에 커피 필터를 대고 다시 한 번 걸러준다. 여과에 12시간 정도 걸리므로 증발을 줄이기 위해 여과 체와 용기 위에 접시나 비닐 백을 덮어둔다.

이중 여과한 버번을 깨끗한 유리병에 부어 2~3개월간 냉장 보관한다.

쇼트브레드 쿠키로 우린 버번

버번 애주가들은 버번과 쿠키의 조합을 좋아하는데, 쿠키로 우린 버번은 향신료와 크리미함의 층을 두루 더해 특별한 매력을 뽐낸다. 향신료로 우리는 것에 비해 양은 덜 나오겠지만 다른 버번 애주가에게 선물로 건네기에 아주 근사한 담금주다.

쇼트브레드 쿠키 12개　　　　　　　　　**버번 3컵**

깨끗한 메이슨자 바닥에 쿠키를 깔아준다. 쿠키가 푹 잠기도록 버번을 채운다. 밀봉 후 병을 휘저어준다. 병을 서늘하고 어두운 곳에 두고 12시간마다 휘저어준다. 24시간 후에 맛을 본 후 8시간 간격으로 다시 맛을 본다(내 경우에는 48시간쯤 지나자 적기에 이르렀다).

먼저 고운 철재 체로 여과한다. 고형물을 버리고 체를 깨끗이 씻는다. 이번에는 철재 체에 커피 필터를 대고 한 번 더 여과한다. 여과 시간이 대략 12시간 걸리므로 증발을 줄이기 위해 체와 용기를 접시나 비닐 백으로 덮어둔다.

이중 여과한 버번을 깨끗한 유리병에 담아 2~3개월간 냉장 보관한다(단, 그 안에도 상할 가능성이 있다). 이렇게 우린 버번은 양이 480~600㎖ 정도 나온다.

그렌마스 오트밀 쿠키 올드 패션드
(92쪽 참조)

제 4 장

올드 패션드

모든 위스키 칵테일의 할머니

올드 얼

Old Earl

만들기 쉬운데다 마시는 운치까지 갖추어 집 앞 베란다에 앉아 즐기기에 제격인 칵테일. 라벤더 비터스와 화사한 꽃 향이 오렌지주스와 맛깔나게 어우러진다.

버펄로 트레이스 켄터키 스트레이트 버번 45㎖   네이블오렌지 압착 주스 7.5㎖

황설탕 심플 시럽 22.5㎖   가니쉬: 건조 오렌지 칩

스크래피스 라벤더 비터스 1대시

얼음을 채운 셰이커에 버번, 심플 시럽, 비터스, 오렌지주스, 4등분한 오렌지 조각을 넣는다. 셰이킹해서 섞어준다. 온더록스 글라스에 큰 각얼음을 하나 넣고 스트레이너로 걸러 따른 후 가니쉬를 얹어 즐긴다.

2108년 '낫 유어 핑크 드링크' 아마추어 부문 우승자 세이블 딕슨의 레시피

기본 상식은 다루었으니 이제부터는 마법의 세계, 칵테일 주조의 세계로 들어가보자. 그런 의미에서 그 출발점으로 올드 패션드보다 좋은 칵테일이 또 있을까? 모든 위스키 칵테일의 할머니이자 기록상 최초의 칵테일로 꼽히는 몸이니 말이다. 세 가지 간단한 재료(스피릿, 설탕, 비터스)로 만드는 클래식 칵테일이라 익히기 쉽고 무한한 변주가 가능하다.

설탕이나 심플 시럽이 칵테일에 단맛을 내주면서 위스키의 얼얼함은 낮추고 더 걸쭉한 마우스필을 부여한다. 비터스는 달콤함을 가르고 나와, 버번의 향신료 향과

비터스의 흙내음 계열 향을 한데 버무려준다. 버번과 비터스의 향이 어우러져 버번의 부차적인 향과 풍미를 전면으로 끌어내기도 한다. 올드 패션드는 얼핏 보기에는 간단해 보이지만 특정 위스키, 감미료, 비터스를 선별해 만드는 복잡한 칵테일이다.

클래식 올드 패션드의 레시피(79쪽 참조)가 있긴 하지만 자신의 입맛에 잘 맞는 버전으로 만들어보길 권한다. 각설탕과 머들러를 쓰든 앙고스투라 대신 초콜릿 비터스를 쓰든 당신의 입맛에 딱 들어맞는 올드 패션드를 만들기 위해 필요한 것이라면 무엇이든 해보길 권한다.

올드 패션드의 역사: 원조 위스키 칵테일

미국의 초창기 위스키는 거칠었다. 눈물이 찔끔 나고 목구멍은 타들어가고 기침이 나올 정도로 거칠었다. 현재 우리가 즐기는 그 통 숙성의 부드러운 스피릿과는 거리가 한참 멀었다. 당시에 농부들은 남아도는 곡물을 운송 가능한 소비재, 즉 위스키로 변신시켰다. 농부들이 위스키를 만드는 데는 약간의 옥수수나 호밀, 천연 효모, 물, 화력만 있으면 되었다.

훗날 올드 패션드가 되는 칵테일에 대해 언급한 최초의 기록은 제리 토머스의 1862년 저서 『바텐더스 가이드(Bar-Tender's Guide)』였다. 미국에서 발간된 이 최초의 칵테일 북을 들춰보면 보커스 비터스, 검 시럽(옛날판 설탕 시럽), 위스키 한 잔을 섞고 그 위에 레몬 트위스트를 얹는 방식의 위스키 칵테일이 나온다. 이렇게 들어보니 레시피가 친숙하지 않은가?

이 위스키 칵테일이 유행을 타자 바텐더들이 레시피에 이리저리 변화를 주기 시작하며 약간의 체리 리큐어나 압생트를 섞어 넣어 칵테일의 풍미와 밸런스를 조절했다. 나중에는 검 시럽 대신 각설탕을 넣으면서 각설탕을 으깰 심플 시럽으로 만들기 위해 머들러가 필요해졌고, 이후에는 잔에 위스키와 얼음을 더 넣기도 했다. 급기야는 체리와 오렌지 같은 과일 조각까지 으깨 넣는 바텐더들까지 나오기에 이르렀다. 과일 샐러드 같은 위스키 칵테일의 유산은 이렇게 탄생했다.

그런데 '올드 패션드'라는 말은 어떻게 생겨난 걸까? 1870년대와 1880년대 애주가들은 이 위스키 칵테일의 뿌리를 되찾기 위한 운동을 일으켰다. 손님들은 바텐더가 추가로 넣는 리큐어, 으깬 과일, 탄산수를 빼고 기본인 위스키, 비터스, 설탕으로 되돌아가길 원하는 마음으로 '옛날 방식의(old-fashioned) 위스키 칵테일'을 달라고 주문했고 그러다 이 말이 그냥 올드 패션드로 단축되어 통용되면서 하나의 문화 어휘로 굳어졌다.

클래식 올드 패션드

올드 패션드의 네 가지 요소

위스키, 비터스, 설탕, 얼음. 이 네 가지가 올드 패션드를 만들기 위해 필요한 전부다. 하지만 각 요소를 어떻게 구성하느냐에 따라 칵테일의 구도에 다른 영향이 미치기도 한다.

위스키 여론조사를 해본 결과, 여성버번협회 회원들은 베이스 스피릿으로 라이위스키보다는 버번을 선호했다. 두 위스키는 서로 다른 특징을 갖는다. 버번이 달콤하면서 바닐라와 시트러스 향이 두드러지는 편이라면 라이위스키는 스파이시한 향이 향기로운 비터스와 어우러져 버번에 비해 풍미의 대비가 재미있는 편이다.

비터스 앙고스투라 비터스는 오늘날의 올드 패션드에서는 클래식한 재료에 속하지만 나는 앙고스투라와 오렌지 비터스를 (양을 반반씩으로 해서) 모두 넣길 좋아한다. 앙고스투라 비터스는 올드 패션드에 정향, 팔각, 흙내음 계열의 풍미를 더해주지만 (내가 정말 좋아하는) 시트러스 향을 더 살리기 위해 오렌지 비터스도 넣는 것이다. 견과류 비터스나 페이쇼드 비터스를 더 좋아한다면 그것을 쓰자. 위스키와 비터스의 풍미 프로필의 조화를 감안해 사용하면 된다.

설탕 내가 올드 패션드에서 심플 시럽을 쓰는 이유는 입 안에 머금을 때마다 단맛이 한결같길 원하기 때문이다. 마지막 모금을 빨대로 빨거나 잔을 기울여 마실 때 칵테일 잔 바닥에 설탕 덩어리가 가라앉아 있는 건 싫다. 심플 시럽은 온더록스 글라스 바닥에서 잘 녹아들어가 좋을 뿐만 아니라 칵테일을 만들 때 빨리빨리 하기 좋아하는 성격상 미리 만들어두고 쓰면 편하기도 하다(제2장 참조). 심플 시럽을 쓸 때는 백설탕, 황설탕, 데메라라 설탕 등 무엇으로 만든 것이든 된다. 검 시럽이나 인퓨즈드 시럽을 만들어 쓰는 것도 괜찮다.

얼음 입에 딱 맞는 올드 패션드가 다 되었으면 큼지막한 각얼음이나 아이스볼 하나 또는 중간 크기의 각얼음 몇 개를 넣은 잔에 따라 서빙한다. 집에서 느긋한 시간을 보내며 올드 패션드를 천천히 오래 음미하려면 큰 각얼음을 써서 칵테일이 너무 빠르게 희석되지 않게 한다.

클래식 올드 패션드

Classic Old-Fashioned

버번 60㎖

심플 시럽 15㎖나 진한 심플 시럽 7.5㎖

앙고스투라 비터스 3대시

가니쉬: 오렌지 필

재료들을 믹싱 글라스에 넣는다. 30회 저어준다. 큰 각얼음 하나를 채운 온더록스 글라스에 스트레이너로 걸러 따른다. 오렌지 필을 칵테일 위에 대고 오일을 짜낸 후 잔 가장자리를 따라 빙 돌려준다. 이 오렌지 필을 잔에 넣어 서빙한다.

올드 패션드에서 자신만의 변주 만들기

올드 패션드는 주된 풍미 요소가 세 가지뿐이라 클래식 칵테일에 변형을 가하기 쉬운 편이다. 마음에 드는 조합을 찾을 때까지 이 세 변수들을 이렇게 저렇게 바꿔보길 추천한다. 올드 패션드는 내가 믹솔로지에 열정을 불붙이게 된 첫 번째 계기였고, 지금도 여전히 가장 좋아하는 실험 대상이다. 그만큼 탐구해볼 만한 풍미의 변형이 많다.

스피릿 베이스 가지고 놀아보기

클래식 레시피의 베이스는 위스키지만 버번이나 라이위스키를 쓰든 둘을 섞어서 쓰든 자유롭게 선택한다. 2개의 스피릿이 칵테일의 풍미 베이스를 이루는 경우를 가리켜 스플릿 베이스 칵테일이라고 부른다. 2개의 다른 버번이나 2개의 다른 라이위스키를 베이스로 고르는 것도 괜찮다. 다만 이때는 두 스피릿의 풍미와 향이 서로 잘 어우러지게 해야 한다.

비터스 가지고 놀아보기

내가 올드 패션드를 이렇게 저렇게 만들어볼 때 가장 즐겨 쓰는 방법은 비터스 바꿔 쓰기다. 겨울에는 올드 패션드에 사탕수수 비터스나 생강 비터스, 혹은 짙은 견과류 비터스를 넣고 여름에는 복숭아, 살구, 스모크 칠리나 꽃 계열의 비터스를 섞어 넣는 식이다. 비터스의 향을 더욱 살리기 위해 겨울에는 당절임 생강이나 구운 견과류 등으로, 여름에는 복숭아 슬라이스나 식용 생화 등으로 장식을 더할 때도 있다.

스파이시한 라이 올드 패션드에 초콜릿과 오렌지 비터스나 생강과 견과류 비터스 등의 비터스를 조합해보는 것도 괜찮다. 비터스를 빼고 칵테일을 믹싱한 다음 각각의 비터스 향을 맡아보며 어떤 것이 최고의 궁합일지 정해본다(83쪽 '칵테일 실험실' 참조).

감미료 가지고 놀아보기

심플 시럽의 종류에 변화를 주는 것 외에 과일이나 향신료로 우린 시럽을 쓰는 방법도 있다(복숭아-로즈메리나 블랙베리-바질 심플 시럽을 추천한다). 올드 패션드의 풍미에 좀 더 변화를 주고 싶다면 블랙베리 브랜디, 복숭아 리큐어, 커피 리큐어 등을 쓰거나 열대의 분위기를 내기 위해 코코넛을 조금 섞어 넣는 방법도 괜찮다. 올드 패션드에 리큐어를 쓸 때는 칵테일의 도수가 너무 높아지지 않도록 위스키의 양을 줄인다. 증류 스피릿류가 120㎖ 들어가게 될 경우 그 칵테일은 칵테일 한 잔의 보통 수준보다 알코올 도수가 두 배 높아진다.

자, 이제부터 가지고 있는 위스키, 비터스, 시럽을 꺼내 이 클래식 칵테일로 한판 실험을 벌여보자. 이어지는 레시피들도 모두, 내가 이런 요소들을 활용해 만든 올드 패션드의 새로운 변형이다. 좋아하는 음식과 풍미를 출발점으로 삼아 그 음식과 풍미에 위스키의 톡 쏘는 맛을 부여해 즐겨보길 추천한다. 예를 들어 인디애나 주 제퍼슨빌 소재의 쉼프스 제과에서 나오는 초콜릿 덮인 오렌지 크림 사탕을 정말 좋아하는 나는 올드 패션드의 초기 실험 때 위스키, 초콜릿 리큐어, 오렌지 비터스를 재료로 써서 이 사탕의 칵테일판 버전을 만들어보았다. 입맛 당기는 풍미를 선택해 나처럼 해보길 권한다. 사과 훈연 베이컨을 좋아한다면 애플 사이다 시럽과 훈연 비터스를 재료로 써서 바삭하게 구운 베이컨 조각으로 장식해보는 건 어떨까. 처음에는 좋아하는 디저트나 식사, 음식으로 짝을 맞춰 그런 요소들을 칵테일로 접목시킬 방법을 떠올려보자.

브랙퍼스트 올드 패션드
(89쪽 참조)

올드 패션드 주조 시의 강추와 비추

자신이 좋아하는 버번이나 위스키 이용하기 위스키는 쇼의 주인공이다. 저렴한 위스키를 쓰는 것은 괜찮지만 평소에 즐겨 마시는 것으로 고르길 추천한다.

희석은 덜 되었다 싶을 정도로 살짝만 얼음이 채워진 잔에 딱 맞게 희석된 칵테일을 부으면 몇 분 내에 맛이 싱거워질 수 있다. 나는 이 칵테일을 내갈 때 얼음을 채우기 때문에 희석을 덜 시켜서 30초가 아닌 20초 정도만 저어주길 선호한다. 마지막 모금을 머금을 때까지 여전히 칵테일다운 맛이 나야 하니까.

탄산수 섞지 않기 올드 패션드는 얼음을 채워 내가는 만큼 얼음이 녹으면서 계속 희석이 된다. 탄산수를 섞을 필요가 없다. 맛이 너무 독하다 싶더라도 그냥 1, 2분 기다리면서 빠르게 저어준 후 마시면 된다.

가니쉬에 인색하지 말 것 싱싱한 오렌지 필과 품질 좋은 체리를 쓰자. 많은 사람들이 신뢰하는 체리로는 룩사르도, 트래버스 시티, 바다 빙이 있다.

큼직한 각얼음을 쓸 것 투명하진 않더라도 크기가 커서 서서히 녹는 각얼음이나 아이스볼을 써야 올드 패션드를 최상의 상태로 더 오래 지킬 수 있다.

잔에서 직접 빌드하기 클래식 올드 패션드는 이것저것 꺼내 법석 피울 일 없이 온더록스 글라스로 바로 빌드할 수 있는 칵테일이다(나는 믹싱 글라스 사용을 더 선호하지만). 비터스, 시럽, 버번을 넣고 저은 후 얼음을 채워 차가워질 때까지 저어준 다음 가니쉬를 얹어 마시면 된다.

퍼펙트 올드 패션드
Perfect Old-Fashioned

이 변형은 나의 절대적 최애 레시피다. 황설탕 심플 시럽, 50도의 버번에 아로마틱 비터스와 오렌지 비터스를 조합해 넣는 방식이다. 나는 전통을 지켜 오렌지 필을 칵테일 위에 대고 짜준다. 이런 단순한 요소들의 결합이 위스키를 더 돋보이게 하면서 시트러스 필의 향을 받쳐줄 뿐만 아니라 황설탕이 위스키의 말린 과일 풍미를 받쳐주기도 한다.

올드 포레스터 시그니처 50도 버번 60㎖

황설탕 심플 시럽 15㎖

오렌지 비터스 1대시(나는 우드포드 리저브 오렌지 비터스를 쓴다)

앙고스투라 비터스 1대시

가니쉬: 오렌지 필

믹싱 글라스에 재료들을 넣고 얼음을 채운다. 20초 정도 저은 다음 큼직한 각얼음 하나를 넣은 온더록스 글라스에 스트레이너로 걸러 따른다. 오렌지 필을 칵테일 위에 대고 짜준 후 글라스에 넣는다.

켄터키 스몰더
Kentucky Smolder

위스키에 진심인 애주가들을 위한 일품 올드 패션드를 주조하려면 재능을 발휘해야 한다. 위스키가 다른 모든 요소보다 부각되어야 하고, 좋은 비터스를 골라 밸런스를 맞춰야 하며, 흥미를 잃지 않도록 살짝 호기심도 자극해야 한다. 이 레시피에서는 스모크 칠리 비터스가 훈연 풍미와 더불어 칠리 페퍼의 캡사이신 특유의 얼얼함까지 더해준다. 그리고 이 모든 풍미 사이에서도 버번이 여전히 빛을 발한다. 원래 이 고도수의 올드 패션드는 헤븐 힐 버번과 라이위스키의 블라인드 테이스팅이 열렸던 여성버번협회 '히 십스, 쉬 십스(He Sips, She Sips)' 행사에서 선보이기 위해 착안한 것이었다.

올드 포레스터 위스키 로우 1920이나 고도수(55도 이상) 버번 혹은 파이크스빌 라이위스키 60㎖

데메라라 설탕 심플 시럽 15㎖

헬라 비터스 스모크드 칠리 비터스 3대시

가니쉬: 까맣게 태운 시나몬 스틱

믹싱 글라스에 재료들을 넣고 얼음을 채운다. 20초 정도 저은 후 바로 얼린 신선한 얼음을 채운 온더록스 글라스에 스트레이너로 걸러 따른다. 까맣게 태운 시나몬 스틱으로 장식한다(불에 손가락이 데지 않도록 조심할 것).

켄터키 스몰더

바나나 브레드 올드 패션드

Banana Bread Old-Fashioned

 오븐에서 바나나 빵 굽는 냄새를 연상시키는, 위스키뿐만 아니라 바닐라와 캐러멜 향이 도드라지는 버번과도 잘 어울리는 칵테일로 은은한 견과류 풍미가 느껴지는 버번과 특히 꿀조합이다. 버번의 바나나 향을 더욱 살려주고 살짝 숨겨진 제과용 향신료 향을 드러냄으로써 완벽한 풍미 밸런스를 이루기도 한다.

올드 포레스터 시그니처 50도 버번(또는 올드 포레스터 43도) **60㎖**

바나나 심플 시럽 15㎖(레시피는 아래 참조)

피 브라더스 블랙월넛 비터스 2대시

가니쉬: 오렌지 필과 바닐라 빈 혹은 시나몬 스틱

믹싱 글라스에 재료들을 모두 넣고 얼음을 채운다. 충분히 차가워질 때까지 20초쯤 저어준다. 큼직한 각얼음 하나를 채워놓은 온더록스 글라스에 스트레이너로 걸러 따르고 가니쉬를 더한다.

바나나 심플 시럽

이 시럽을 위스키 사워, 스매시, 럼 칵테일, 뜨거운 차 등에 넣어보거나 커피 케이크나 뜨거운 비스킷에 부어보는 것도 추천한다.

아주 잘 익은 바나나 3개

설탕 1컵

물 1/3컵

작은 편수냄비에 재료들을 넣고 약불로 뭉근히 끓이며 중간중간 저어준다. 10~15분간 뭉근히 끓인 후, 혹은 바나나 풍미가 작렬하기 시작할 때쯤 불에서 내린다. 식힌 후 깨끗한 유리병에 여과해 담아 냉장고에 보관한다.

토스티드 스모어 올드 패션드

Toasted S'mores Old-Fashioned

 내공 쌓인 버번 애주가들이나 위스키 초짜들 모두에게 사랑받을 만한 레시피다. 구운 마시멜로와 초콜릿 향을 띠는 버번을 쓰며, 피트 훈연된 위스키나 메스칼로 캠프파이어 연기의 풍미를 살짝 더해준다. 특히 가니쉬로 들어가는 미니 스모어(52쪽 사진 참조) 덕분에 풍미가 폭발한다. 가산점을 얻고 싶다면 이 칵테일과 진짜배기 스모어로 풍미 궁합을 맞춰보아도 좋다.

버번 52.5㎖

크렘 드 카카오나 발로탕 초콜릿 위스키 7.5㎖

토스티드 마시멜로 심플 시럽 15㎖(레시피는 아래 참조)

비터멘스 쇼콜라틀 몰 초콜릿 비터스 16방울

피트 위스키나 스모키 메스칼 1바스푼

가니쉬: 미니 스모어

믹싱 글라스에 모든 재료를 넣는다. 얼음을 채우고 충분히 차가워질 때까지 20초 정도 저어준다. 큼지막한 각얼음 하나를 채운 온더록스 글라스에 스트레이너로 걸러 따르고 가니쉬를 더한다.

토스티드 마시멜로 심플 시럽

설탕 1컵

물 1컵

구운 마시멜로 12개

편수냄비에 물과 설탕을 넣는다. (까맣게 타지 않을 정도로 구운) 마시멜로도 넣어준다. 마시멜로와 설탕이 녹을 때까지 가열한다. 여전히 거품 같고 크림처럼 걸쭉해 보이더라도 완전히 액체가 될 때까지 기다렸다가 불을 끈 후 완전히 식힌다. 철재 체에 걸르고 스푼으로 시럽 위쪽의 거품을 걷어낸다. 거품을 그대로 두면 칵테일이 탁해질 수 있다. 2~3주간 냉장 보관하며 사용한다.

브랙퍼스트 올드 패션드

Breakfast Old-Fashioned

여성버번협회의 연례 심포지엄에서는 아침을 시음이나 칵테일로 연다. 그런데 마침 이 올드 패션드가 원래 모닝 칵테일이니 이 칵테일로 하루를 여는 것도 괜찮지 않을까? 미국 아침 식사의 전형적 풍미를 활용한 변형이라고 보면 된다(81쪽 사진 참조).

중간도수의 버번 60㎖

크리미하지 않은 커피 리큐어 15㎖(선택)

커피 심플 시럽 15㎖(레시피는 아래 참조)

메이플 시럽 1바스푼(되도록이면 통 숙성 제품으로)

오렌지 비터스 2대시

가니쉬: 메이플 시럽, 에스프레소 파우더나 곱게 간 커피 가루, 오렌지 필, 베이컨(선택)

온더록스 글라스 가장자리에 메이플 시럽을 빙 둘러 묻히고 에스프레소 파우더나 곱게 간 커피 가루를 뿌려 잔을 준비해놓은 후 한쪽으로 치워둔다. 믹싱 글라스에 재료들을 넣고 얼음을 채운다. 충분히 차가워질 때까지 20초가량 젓는다. 준비해둔 온더록스 글라스에 얼음을 채우고 스트레이너로 걸러 따른다. 베이컨을 좋아한다면 바삭하게 구운 베이컨 조각을 가니쉬로 더한다.

커피 심플 시럽

진한 커피나 콜드브루 커피 또는 에스프레소 1컵

설탕 1컵

콜드브루로 쓸 경우에는 커피를 따뜻하게 데운다. 커피와 설탕을 같이 넣고 설탕이 완전히 녹을 때까지 저어준다. 식혔다가 깨끗한 유리병에 담아 냉장고에 넣는다. 냉장 보관하며 4주 내에 사용한다.

코는 알고 있다

버번 애주가라면 알겠지만 스피릿을 평가하는 문제에 관한 한 코가 왕이다. 위스키나 리큐어를 고를 때는 코의 전문성을 활용하자. 버번에 다른 스피릿이나 믹서(칵테일에 사용되는 무알콜성 재료-옮긴이), 시럽을 조합시키기 전에 냄새부터 맡아보자. 샷 글라스에 버번을 샘플로 담아(아니면 병을 휘저어준 후 직접 병에 코를 대고) 그 버번과 함께 다른 잠재적 재료들의 향을 맡아보면 된다. 향이 서로 잘 맞다 싶으면 샘플 칵테일을 만들어 맛을 본다.

캐러멜 애플 올드 패션드

캐러멜 애플 올드 패션드

Caramel Apple Old-Fashioned

나는 1년 내내 어서 사과 철이 와서 인근 과수원에서 막 만든 햇 애플 사이다를 손에 쥘 순간을 손꼽아 기다린다. 어떤 해에는 애플 사이다 8컵을 끓여 1컵 분량으로 졸여, 이름하여 애플 사이다 당밀이라는 농축액을 만들기도 했다. 해놓고 맛을 보니 새콤하고도 달달한데다 걸쭉한 메이플 시럽 같은 점도까지 갖춘 것이 마법이라도 부린 듯했다. 이 농축액을 솔티드 캐러멜 시럽과 같이 버번에 섞어 넣으면 캐러멜 애플을 한입 베어 문 기분이 들기도 한다.

중간도수의 버번 60㎖

애플 사이다 당밀 7.5㎖(레시피는 아래 참조)

솔티드 캐러멜 시럽 7.5㎖

비터큐브 체리 바크 바닐라 비터스 2대시

헬라 비터스 진저 비터스 1대시

가니쉬: 사과를 둥글게 자른 애플 휠이나 부채꼴로 자른 애플 팬, 아니면 캐러멜 애플

믹싱 글라스에 재료들을 넣고 얼음을 채운다. 20초 정도 저어준다. 큼직한 각얼음 하나를 넣은 온더록스 글라스에 스트레이너로 걸러 따른다. 가니쉬로 애플 팬을 얹거나 애플 사이다 당밀을 조금 뿌리거나, 아니면 음식 짝꿍을 맞춰주는 동시에 장식 효과까지 노리는 차원에서 캐러멜 애플을 통째로 올린다.

애플 사이다 당밀

애플 사이다 당밀은 팬케이크와 비스킷부터 구운 고기, 생과일, 아이스크림에 이르기까지 어떤 음식에 얹든 군침이 돌게 한다. 한 번 만들면 금방 없어질 정도다. 단, 어떤 때는 아주 달콤하고 어떤 때는 그다지 달지 않게 나온다는 점도 알아둘 것. 이런 차이는 햇 애플 사이다에 사용된 사과에 따라 결정된다.

햇 애플 사이다 8컵(사과주스나 고도로 여과된 사과주로 대신할 수는 없다)

애플 사이다를 중불에 올려 1컵 분량이 될 때까지 졸인다. 처음에는 팔팔 끓이다 양이 줄어들면 불을 줄여 끓인다. 태우면 안 된다. 다 됐으면 식혔다가 깨끗한 유리병에 담아 냉장고에 넣고 최대 4주까지 보관하며 사용한다.

그랜마스 오트밀 쿠키 올드 패션드

Grandma's Oatmeal Cookie Old-Fashioned

 나는 예전에 초코칩인 줄 알고 집었다가 먹어보니 오트밀 건포도 쿠키였던 경험을 한 이후로 쿠키 앞에서는 선뜻 확신을 못 갖는다. 하지만 오트밀 쿠키가 버번 고유의 풍미(시나몬, 제과용 향신료, 바닐라, 말린 과일)를 많이 가지고 있다는 점에서 버번을 오트밀 쿠키로 우려보면 빛을 발하겠다는 감만큼은 확실히 들었다. 역시 그 감이 들어맞아서 우려낸 버번의 맛을 보자마자 메이플 시럽과 올드 패션드에 넣기로 결정했다.

오트밀 쿠키로 우린 버번 60㎖(레시피는 72쪽 참조)

통 숙성 메이플 시럽 7.5㎖

올드 포레스터 스모크드 시나몬 비터스 12방울

가니쉬: 시나몬 스틱, 살짝 적셔 먹을 오트밀 쿠키

믹싱 글라스에 얼음과 함께 재료들을 넣는다. 충분히 차가워질 때까지 20초간 젓는다. 큼지막한 각얼음 하나를 채운 온더록스 글라스에 스트레이너로 걸러 따른다. 시나몬 스틱으로 장식하고, 쿠키 반 조각(또는 통째로 1개나 3개)을 곁들여 서빙한다.

그랜마스 오트밀 쿠키 올드 패션드

블랙 새틴 올드 패션드

Black Satin Old-Fashioned

 켄터키의 블랙베리 철은 짧다. 겨우 몇 주 만에 끝난다. 내가 키우는 블랙베리 관목도 어느 날부 터인가 베리들이 익으면서 축축 늘어지는가 싶더니 올 때처럼 갑자기 작별을 고한다. 그래도 대 체로 블랙베리가 한창 열매를 맺는 시기가 바질 관목에서 처음 잎을 따는 시기와 겹치는 덕분에 이 만들기 쉬운 여름 칵테일로 둘 모두를 쏠쏠히 활용하게 된다. 바질의 감초 풍미는 하이 라이 버번(또는 라이위스키)과 잘 어울리지만 바질은 고도수 스피릿을 만나면 압도되기 십상이다. 블랙 베리와 바질이 빛을 발할 수 있도록 중간도수의 스피릿으로 고르는 것이 좋다.

중간도수 버번이나 라이위스키 60㎖

블랙베리-바질 심플 시럽 15㎖(레시피는 아래 참조)

비터큐브 체리 바크 바닐라 비터스 2대시

바질 잎 1~2장

가니쉬: 바질 잎과 생이나 냉동 블랙베리

바질 잎을 온더록스 글라스의 안쪽과 가장자리에 대고 문질러 향을 입힌다. 쓰고 난 잎은 버린다. 믹싱 글라스에 위 스키, 심플 시럽, 비터스를 넣고 얼음도 채워준다. 아주 차가워질 때까지 젓는다. 얼음을 채워 준비해둔 온더록스 글 라스에 스트레이너로 걸러 따른 후 가니쉬한다.

블랙베리-바질 심플 시럽

냉동 블랙베리 3컵

물 1/4컵

설탕 1과1/2컵

큰 가지 3개에서 딴 바질 잎

작은 편수냄비에 블랙베리, 물, 설탕을 모두 넣는다. 불에 올려 블랙베리가 녹아 물러지고 주스처럼 아주 걸쭉해질 때까지 중불로 끓인다. 블랙베리가 걸쭉해지며 졸아들 때 꾹꾹 눌러 즙을 빼낸다. 불을 줄여 10분간 뭉근히 끓인다. 바질 잎을 넣으면서 불을 끄고 완전히 식힌다. 블랙베리를 걸러내면서 꾹꾹 눌러 즙을 최대한 짜낸다. 유리병에 담아 1~2주간 냉장 보관하며 사용한다.

블랙 새틴 올드 패션드

라벤더-레몬 올드 패션드

라벤더-레몬 올드 패션드

Lavender-Lemon Old-Fashioned

심플 시럽을 레몬주스와 레몬 필로 우리면 시럽의 단맛에 새콤하고 싱싱한 레몬 오일 향이 더해진다. 여기에 라벤더 비터스가 화사한 꽃 향을 더하므로 살짝 꽃 향을 머금은 버번으로 고르는 것이 좋다.

중간도수 버번 60㎖

레몬 심플 시럽 15㎖(레시피는 아래 참조)

스크래피스 라벤더 비터스 12방울

가니쉬: 레몬 필과 라벤더 가지

믹싱 글라스에 재료들을 넣고 얼음을 채운다. 믹싱 글라스의 겉면이 아주 차가워질 때까지 20초 정도 젓는다. 얼음을 채운 온더록스 글라스에 스트레이너로 걸러 따른 후 가니쉬한다.

레몬 심플 시럽

이 시럽은 위스키 사워, 스매시, 진 칵테일, 하이볼, 톰 콜린스, 티 토디 등에 기막힌 풍미를 내준다.

갓 짜낸 레몬주스 3/4컵(착즙 전에 레몬 필부터 벗겨 따로 놔둔다)

설탕 3/4컵

따로 놔둔 레몬 필(심이 없게 벗겨낸 것)

작은 편수냄비에 레몬주스와 설탕을 넣고 중불에 올린다. 아주 약한 불에서 설탕이 녹고 시럽이 뭉근히 끓을 때까지 저어준다. 레몬 필을 넣고 저은 후 약불에 5분간 둔다. 불을 끄고 45분간 그대로 담가둔다. 레몬 필을 걸러낸다. 병에 담아 냉장고에 넣는다. 냉장고에 2~3주 정도 보관할 수 있다.

재료가 없어서 곤란하다면?

어떤 재료의 적절한 대용품을 찾기 위해서는 모든 잠재적 선택지의 양, 풍미, 단맛을 따져봐야 한다. 또 같은 계열의 풍미에서 벗어나지 말고 단맛에는 단맛으로, 쓴맛에는 쓴맛으로, 신맛에는 신맛으로 맞춘다. 예를 들어 플레이버 심플 시럽이 없지만 같은 계열 풍미를 가진 리큐어가 있다면 그 리큐어를 시험 삼아 써본다. 단, 이때는 전반적 알코올 함량에 유의한다. 리큐어의 풍미는 브랜드별로 크게 다를 수 있으니 먼저 맛을 본다. 특정 종류의 비터스를 넣어야 하는데 집에 없더라도 그 비터스를 아예 빼버릴 게 아니라 비슷한 비터스를 넣거나 플레이버 리큐어를 일반적인 아로마틱 비터스와 함께 넣으면 된다. 특정 리큐어가 없다면 같은 풍미를 가진 심플 시럽을 써본다. 신맛을 내줄 재료가 없을 때는 비슷한 신맛을 가진 시트러스나 발사믹 식초로 대체한다. 다만 오렌지는 레몬이나 라임을 대체하지 못한다. 오렌지는 충분히 시큼하지 못해 시트르산(구연산)을 더 넣어줘야 할 것이다.

크랜 오브 웁-애스 올드 패션드

Cran of Whoop-Ass Old-Fashioned

11월과 12월 무렵에는 언제나 크랜베리 소스가 조금 남게 된다. 이럴 때는 남은 소스를 머들러로 으깬 로즈메리, 뜨거운 버번, 약간의 진저 리큐어와 함께 활용하면 연말 축제일에 어울리는 재미 있는 칵테일을 만들 수 있다. 이때 쓸 크랜베리 소스의 양은 단맛의 정도에 따라 조절한다(캔 제품 크랜베리 소스로는 이 레시피를 시도하지 말도록). 이번 칵테일에서는 크랜베리 소스를 섞어줄 때 젓기 보다는 셰이킹을 활용한다. 스트레이너로 거른 후에도 빛깔이 약간 탁하긴 하지만 걱정할 문제는 아니다.

크랜베리 소스 수북하게 1큰술

뚝뚝 찢은 로즈메리 잔가지 1개

메이플 시럽 7.5㎖(되도록이면 통 숙성 제품으로)

진저 리큐어 15㎖

알코올 도수 50도의 버번 60㎖(약간 공격적이고 얼얼한 것으로)

진저브레드 비터스 3대시

가니쉬: 생 크랜베리를 함께 곁들인 로즈메리 꼬치

셰이킹 컵에 크랜베리 소스, 로즈메리, 메이플 시럽을 넣고 머들러로 잘 으깨 크랜베리 소스를 풀어주고 로즈메리의 향을 활성화시킨다. 여기에 진저 리큐어, 버번, 비터스, 얼음을 넣는다. 잘 흔들어준 후 이중 여과로 큼지막한 각얼음을 채운 온더록스 글라스에 따른다. 가니쉬로 마무리한다.

프린스 해리 올드 패션드

Prince Harry Old-Fashioned

원래는 여성버번협회에서 헤븐 힐 제품을 블라인드 테이스팅하기 위한 목적으로 착안되어 일라 이저 크레이그 스몰 배치의 향신료 향을 기리기 위해 만들어졌지만 제과용 향신료 향이 물씬 밴 버번이라면 어떤 버번도 사용할 수 있다.

일라이저 크레이그 스몰 배치 버번 45㎖

도멘 드 캔톤 진저 리큐어 15㎖

허니 시럽 15㎖

헬라 비터스 진저 비터스 3~4대시

가니쉬: 당절임 생강 슬라이스

믹싱 글라스에 재료들을 넣고 얼음을 채운다. 저은 후 얼음을 채운 온더록스 글라스에 스트레이너로 걸러 따른다. 가니쉬 후 서빙한다.

제 5 장

맨해튼

버번 애주가들을 위한 칵테일의 클래식

로즈메리 앤 매기 맨해튼

The Rosemary and Maggie Manhattan

여성버번협회 2021년 회장인 매기 킴벌은 친구 로즈메리와 완벽한 맨해튼을 개발하기 위한 실험에 나섰다. 두 사람은 시험 삼아 여러 종류의 베르무트, 비터스, 베이스 스피릿을 이렇게 저렇게 써보았다. 그렇게 숱한 실험적 칵테일을 만들어보며 많은 웃음을 터뜨린 끝에 결국 이 레시피가 나오게 되었다.

믹터스 배럴 스트렝스 라이위스키 45㎖

비르 그란 퀸퀴나 22.5㎖

앙고스투라 비터스나 우드포드 리저브 스파이스드 체리 비터스 2대시

가니쉬: 트래버스 시티 위스키 컴퍼니 칵테일 체리 1개

믹싱 글라스에 얼음과 함께 재료들을 넣고 젓는다. 쿠페 글라스에 스트레이너로 걸러 따른 후 가니쉬를 얹는다.

2021년 여성버번협회 회장 매기 킴벌의 레시피

여성버번협회 회원들은 버번을 스트레이트로 홀짝이지 않을 때는 흔히 맨해튼을 즐겨 마신다. 맛좋은 위스키 펀치를 날려주는 스피릿 포워드 칵테일인 맨해튼은 잘만 만들면 버번, 베르무트, 비터스가 하나의 심포니처럼 어우러져 볼을 핑크빛으로 물들이며 아주 기분 좋은 이야기를 풀어내게 만들기도 한다. 맨해튼에서는 버번이 쇼의 주인공이다. 위스키를 처음 마시는 사람들이 이 칵테일을 그토록 좋아하는 이유가 여기에 있지 않을까 싶다. 맨해튼은 여러 풍미들로 싸구려 위스키를 가려주는 칵테일이 아니라 함께 어우러지는 요소들을 예찬하는 칵테일이다.

맨해튼의 역사

대다수 클래식 칵테일이 그렇듯 맨해튼 역시 진실성이 굉장히 의심스러움에도 흥미를 돋우는 유래설이 하나 있다. 어디까지나 전해오는 이야기에 따르면, 윈스턴 처칠의 모친이 대통령 선거 후보 새뮤얼 틸던을 위해 뉴욕 시의 맨해튼 클럽에서 연 파티에서 맨해튼이 처음 선보여졌다고 한다. 그리고 파티가 대성황을 이루면서 사람들 사이에서 이 칵테일을 이 클럽의 이름을 따서 부르게 되었다고 한다. 안타깝게도 처칠 부인은 파티가 열렸다던 그날 옥스퍼드셔에서 출산 중이었고, 그에 따라 이 이야기는 하나의 속설로 간주되고 있다.

이 칵테일이 1880년대에 뉴욕의 맨해튼 클럽에서 탄생했다는 점만큼은 확실한 사실이지만 누가 만들었는지는 알 수 없다. 당시에는 유럽의 인기 주정강화 와인 베르무트가 미국으로까지 진출해 미 전역에서 팔리고 있었다. 칵테일을 섞어 마시던 미국인의 성향을 감안하면 위스키와 베르무트가 서로 섞이게 되는 일은 불가피한 수순이었다. 현재는 수많은 위스키 애주가들이 맨해튼의 주조에서 버번으로 돌아섰지만 최초창기 맨해튼에서는 대체로 라이위스키를 썼다. 라이위스키는 후추와 향신료의 풍미에 크리미한 마우스필로 스위트 베르무트 사이를 가르고 나오는 면에서는 버번보다 한 수 위에 있다. 요즘에는 버번과 라이위스키 모두를 써서 클래식 맨해튼을 주조하고 있고, 더 바람직한 스피릿을 놓고 칵테일광들 사이에서 종종 입씨름이 벌어지기도 한다. 하지만 결정은 각자의 자유다.

맨해튼의 세 가지 구성 요소

클래식 맨해튼은 재료가 딱 세 가지만 들어간다. 위스키, 베르무트, 비터스다. 그다지 복잡한 칵테일은 아니지만 이 세 요소가 수천 가지의 변주를 가능케 하는 문을 열어준다.

위스키 맨해튼은 위스키를 위해 만들어진 칵테일이며 상품 진열대 맨 아래 칸에 자리한 스피릿을 위한 칵테일이 아니다. 그러니 스트레이트나 온더록스로 즐겨 마시는 버번이나 라이를 쓰길 권한다. 맨해튼용으로 고를 만한 위스키는 중간도수 버번이나 믹터스, 우드포드 더블 오크드, 뉴 리프, 와일더니스 트레일처럼 풍미 가득한 위스키다. 라이위스키로 고를 경우에는 스파이시하고 톡 쏘는 풍미를 띠면서 이 풍미가 베르무트의 달콤함에 당당히 맞서는 특징을 가진 맨해튼으로 빚어진다.

베르무트 주정강화 와인을 독특하게 배합한 식물 재료로 우려내는 술이다. 와인과 배합 식물 모두가 베르무트의 다채로운 풍미를 끌어내는 주역이며 레시피는 철저히 비밀로 지켜진다. 맨해튼에서는 (종종 이탈리안 베르무트라고도 불리는) 스위트 혹은 레드 베르무트를 쓰지만 베르무트 중에는 덜 달고 색감도 더 옅은 드라이 스타일도 있다. 스위트와 드라이 스타일 외에 또 다른 스타일로 블랑코 혹은 화이트 베르무트도 있는데 당도는 스위트와 드라이 베르무트의 중간 정도다.

베르무트는 맨해튼에 단맛과 더불어 허브와 꽃 계열의 향, 약간의 새콤함을 더해준다. 내가 맨해튼에 가장 즐겨 쓰는 스위트 베르무트 두 가지는 카르파노 안티카 포뮬러(진한 바닐라, 오렌지, 대추야자 열매, 초콜릿의 풍미)와 코키 베르무트 디 토리노(코코아, 쌉쌀한 오렌지, 나무, 허브의 향)다. 둘 모두 아주 달달하면서 싱그러운 베르무트로, 여러 위스키에서 다양한 향과 풍미를 끌어내준다. 덜 달달한 베르무트를 쓰고 싶다면 돌린 루즈(시트러스, 말린 과일, 풀, 쌉쌀한 향)를 추천한다.

비터스 바텐더들은 예전부터 맨해튼에 앙고스투라 비터스를 쓰고 있지만 골라 쓸 비터스가 수백 가지나 있다. 나는 맨해튼을 만들 때 위스키에 따라 다른 비터스를 쓴다. 조니 드럼으로 믹싱할 때는 우드포드 리저브의 소르검(사탕수수) 앤 사사프라스 비터스를 넣어 이 위스키의 시나몬 향을 살려준다. 흙내음 그윽한 우드포드 리저브 더블 오크드를 쓸 때는 오렌지나 스파이스드 체리 비터스로 칵테일에 활기를 불어넣는다. 풍미의 대비를 연출하기 위해 칵테일에 넣는 스피릿과 서로 다르면서도 상보적인 스타일의 비터스를 쓰기도 한다. 예를 들어 캐러멜 향을 띠는 위스키에는 초콜릿 비터스를, 바나나나 사과 풍미가 느껴지는 위스키에는 견과류 비터스를 쓰는 식이다.

맨해튼은 만들기 어렵지 않지만 각 요소가 풍미를 터뜨리게 하려면 양질의 위스키와 베르무트를 써야 한다. 기본적인 맨해튼을 익히고 난 뒤에는 여러 가지의 다양한 리큐어나 아마로를 섞어 칵테일에 풍미의 층을 더해보는 식의 실험도 해보자. 그리고 맨해튼은 어떤 경우든 저어서 섞어야지 셰이킹해서는 안 된다는 사실도 유념해두자.

클래식 맨해튼

Classic Manhattan

버번 60㎖
좋은 품질의 스위트 베르무트 30㎖
앙고스투라 비터스 2대시

체리 비터스 1대시
가니쉬: 좋은 품질의 칵테일 체리

믹싱 글라스에 재료들을 넣는다. 얼음을 채우고 30초간 저어준다. 차갑게 해둔 쿠페 글라스에 스트레이너로 걸러 따른 후 가니쉬한다.

클래식 맨해튼

맨해튼에서 자신만의 변주 만들기

클래식 맨해튼은 바의 기본적 칵테일이지만 그 구성 요소의 단순성이 여러 가지의 맛 좋은 변형이 가능하도록 문을 열어준다. 블랙 맨해튼과 퍼펙트 맨해튼처럼 몇몇 변형은 그 자체로 표준으로 자리 잡기도 하고, 또 어떤 변형들은 그저 맨해튼의 기본적 풍미와 대비적 풍미에 대한 재미있는 변주인 경우도 있다. 맨해튼의 풍미를 이루는 각각의 요소를 가지고 실험을 벌이면 누구든 상상력을 발휘해 새로운 변형을 만들어볼 수 있다.

스피릿 베이스 가지고 놀아보기

버번과 라이위스키가 표준이긴 하지만 다른 스피릿을 섞지 말란 법은 없다. 스위트 매시(당화액에 순수 배양한 효모만을 사용하여 발효시키는 방법-옮긴이)로 만든 훌륭한 문샤인 위스키(문샤인은 '밀주'라는 뜻으로, 금주법 시대의 위스키 맛을 재현한 위스키에 이 명칭이 붙기도 한다-옮긴이)도 기막힌 맨해튼으로 거듭날 수 있다. 라이위스키와 버번을 조합해 베이스 스피릿으로 쓰거나 플레이버 위스키를 베이스로 섞어 써도 된다. 오렌지 리큐어나 쌉쌀한 아마로를 조금 넣어 감지될 정도로 밸런스를 완전히 바꿔볼 수도 있다. 단, 다음을 명심해야 한다. 맨해튼을 제대로 주조하려면 위스키 베이스의 고유 풍미를 바탕으로 삼을 것. 위스키를 숨기는 게 아니라 더욱 부각시켜야 훌륭한 맨해튼이다.

비터스 가지고 놀아보기

비터스는 풍미, 밸런스, 대비 효과, 복합미를 더해준다. 맨해튼을 만들 때는 그 칵테일에 이미 존재하는 풍미들을 더 살려주기 위해 비터스의 조합에 신경 쓰는 게 좋다. 버번에 시트러스 향이 있다면 시트러스나 과일 계열 비터스를 써본다거나, 그 칵테일 구성 요소에 견과류 맛과 단맛이 있으면 스파이시한 시나몬이나 진저 비터스를 섞는 식으로 하면 된다. 비터스에는 칵테일의 구조와 밸런스에 극적인 변화를 일으킬 만한 힘이 있다. 그런 만큼 일부러 시간을 내어 가지고 있는 비터스들의 맛을 봐둘 만하다(제2장 참조). 가장 쉬운 방법은 샷 글라스에 위

스키를 따라놓고 비터스 한두 방울을 섞어 둘이 잘 어우러지는지 확인하는 것이다. 제4장의 '칵테일 실험실'에서 올드 패션드로 했던 비터스 실험을 이번에는 맨해튼으로 바꿔 다시 해보는 것도 괜찮다.

스위트 베르무트 가지고 놀아보기

스위트 베르무트의 다양한 브랜드나 스타일을 써본다. 베르무트는 다양한 식물을 우려서 만들기 때문에 제품별로 큰 차이가 나기도 한다. 실험을 통해 마음에 드는 제품을 찾아보는 것이 좋다. 이탈리아의 스위트 베르무트를 유달리 좋아하는 편이라면 프랑스의 루즈 베르무트도 시험 삼아 써보길 권한다. 새로운 것을 시도하며 드라이 베르무트로도 맨해튼을 만들어보자. 어쩌면 스위트 베르무트의 대용품으로 푼테메스나 릴레 블랑을 좋아하게 될 수도 있다. 실험하는 셈치고, 스위트 베르무트를 아예 뺀 상태에서 비전통적인 풍미나 리큐어를 이 칵테일의 세 번째 요소로 삼아보는 건 어떨까?

비율 가지고 놀아보기

당신의 입맛에 딱 맞는 맨해튼을 찾기 위해 비율을 조절해보는 방법도 있다. 위스키를 조금 더 넣고 베르무트를 조금 덜 넣거나, 베르무트와 비터스를 조금씩 더 넣어보는 식이다. 베르무트를 조합해 써서 두 제품의 원료로 쓰인 식물의 풍미들을 섞어볼 수도 있다. 다음은 맨해튼에서 많이 시도되는 몇 가지 비율이다.

- 위스키 2 : 베르무트 1
- 위스키 2.5 : 베르무트 0.5
- 위스키 2 : 베르무트 0.75

주변에 알고 지내는 사람들 중에 맨해튼 덕후들이 있다면 한 달에 한 번씩 모임을 가져 맨해튼, 네그로니, 불바디에 등의 클래식 베르무트 칵테일로 다양한 베르무트를 맛보길 권한다.

칵테일 실험실

베르무트와 리큐어 실험

최고의 칵테일은 실험을 통해 탄생하므로 이제 칵테일 실험실 가운을 걸쳐보자! 이번에 필요한 준비물은 믹싱 글라스, 스터러, 스트레이너와 함께 라이, 버번, 스위트 베르무트, 드라이 베르무트, 아마로, 비터스다. 지금부터 네 가지 변형 맨해튼을 만들어볼 텐데, 가능한 한 과학적 실험이 되도록 구성했다. 모든 변형에 똑같은 위스키와 비터스를 써서 각 변형에서의 맛의 차이를 느껴보도록 하자.

1. 스플릿 베이스의 맨해튼을 만든다. 앞에서 보았던 클래식 맨해튼의 제조 방법에 따라 라이 30㎖, 버번 30㎖, 스위트 베르무트 30㎖, 앙고스투라 비터스 3대시를 넣고 섞는다. 서빙 글라스에 스트레이너로 걸러 따르고 가니쉬한다. 스플릿 베이스 맨해튼에서는 라이의 후추와 향신료 풍미가 나면서 버번의 단맛과 좋은 밸런스를 이루게 된다. 맛을 보면 자주 즐겨 마시게 될지도 모른다.

2. 퍼펙트 맨해튼을 만든다. 칵테일에서 'perfect'라는 말은 어떤 한 요소가 반반으로 나뉘는 것을 뜻한다. 이 경우에는 스위트 베르무트와 드라이 베르무트를 반반씩 쓰면 된다. 이번 변형은 맨해튼이 너무 달게 느껴지는 버번 애주가들의 입맛에 딱 맞는 맨해튼이다. 클래식 맨해튼의 제조 방법에 따라 버번 60㎖, 스위트 베르무트 15㎖, 드라이 베르무트 15㎖, 앙고스투라 비터스 3대시를 넣고 섞는다. 서빙 글라스에 스트레이너로 걸러 따른 후 가니쉬한다.

3. 리버스 맨해튼을 만든다. 이 변형은 위스키와 베르무트의 비율을 반대로 한 것이다. 도수가 낮은 편이고 식물의 풍미가 더 진해 진이나 와인 베이스의 칵테일을 즐기는 사람들에게 완벽한 변형이다. 클래식 맨해튼의 제조 방법에 따라 스위트 베르무트 60㎖, 버번 30㎖, 앙고스투라 비터스 3대시를 넣고 섞는다. 서빙 글라스에 스트레이너로 걸러 따른 후 가니쉬한다.

4. 블랙 맨해튼을 만든다. 이 변형에서는 스위트 베르무트 대신 아마로를 쓴다. 아마로는 우려내 만드는 쌉쌀한 리큐어로, 소화가 잘 되도록 돕는 식후주로 애용되고 있다. 달콤쌉싸름한 아마로는 위스키에서 완전히 다른 향미를 끌어낸다. 클래식 맨해튼의 제조 방법에 따라 버번 60㎖, 아마로 30㎖, 앙고스투라 비터스 2대시를 넣고 섞는다. 서빙 글라스에 스트레이너로 걸러 따른 후 가니쉬한다.

네 가지 변형을 다 맛보고 나서 서로 비교하고 대조해본다. 어떤 것이 마음에 들고 어떤 것이 마음에 들지 않는지 관심을 기울여보자. 그보다 더 중요하게 살펴볼 점도 있다. 별로 마음에 안 드는 경우의 이유다. 꽃 풍미가 너무 강해서? 도수가 너무 높아서? 베르무트의 신맛이 너무 세서? 이렇게 해보면 자신이 좋아하는 향, 풍미, 피니시의 성향을 발견하고 가다듬는 데 도움이 된다.

맨해튼 주조 시의 강추와 비추

좋아하는 버번이나 위스키를 쓸 것 위스키는 쇼의 주인공이다. 저렴한 위스키를 사용하는 것은 괜찮지만 즐겨 마시는 것으로 선택한다.

리큐어와 다른 와인 베이스의 제품도 시험 삼아 써볼 것 베르무트 대신에 리큐어나 포트, 셰리와인을 써서 맨해튼을 만들어본다. 위스키의 양을 줄이고 다른 풍미를 더 넣어본다. 초콜릿이나 견과류, 체리 리큐어 15㎖가 이 칵테일의 분위기와 밸런스에 변화를 줄 수도 있다.

베르무트는 냉장 보관할 것 이렇게 해야 그 병을 다 비울 때까지 신선도가 유지된다.

비터스 선택을 위한 향 맡아보기 쓰려는 베이스 스피릿에 어떤 비터스가 어울릴지 잘 모르겠다면 위스키와 베르무트 옆에 선택 후보감인 비터스들을 놓고 향을 맡아본다. 서로 섞인 향이 좋으면 아마 근사한 칵테일로 조합될 것이다. 하지만 서로 충돌하거나 맞서면 그냥 다른 비터스로 넘어간다.

가니쉬에 인색하지 말 것 싱싱한 오렌지 필과 좋은 품질의 체리를 쓴다. 많은 사람들로부터 신뢰를 받는 체리로는 룩사르도나 바다 빙이 있다. 오렌지 필은 잔에 넣기 전에 꼭 칵테일 위에 대고 오일을 짜준다.

잔은 차갑게 해둘 것 칵테일을 만드는 동안 쿠페 글라스를 냉동실에 넣어두거나 글라스 안에 얼음을 채워둔다. 맨해튼은 얼음 없이 내가는 만큼 잔을 차갑게 해둬야 칵테일이 오랫동안 차갑게 유지된다.

에스프레소 맨해튼

Espresso Manhattan

바닐라와 캐러멜 향이 진한 위스키를 써서 상상 속의 고도수 라테 맛을 모의 실험해보자. 이 레시피에서 권하는 비터스를 구하기 어렵다면 완벽한 밸런스를 찾을 때까지 무엇이든 구할 수 있는 커피와 초콜릿 비터스들을 시험 삼아 써보길 권한다.

중간도수의 버번 45㎖

커피 리큐어 15㎖(참고로 나는 페트론 XO 카페를 쓴다)

스위트 베르무트 15㎖

에스프레소나 콜드브루, 아니면 무엇이든 차갑고 진한 커피 15㎖

크루드 빅 베어 커피 앤 코코아 비터스 5방울

비터 트루스 초콜릿 비터스 1대시

가니쉬: 커피 원두와 오렌지 필

믹싱 글라스에 재료들을 넣는다. 얼음을 채운 후 재료들이 차가워지고 잘 섞일 때까지 30초 정도 저어준다. 차갑게 해둔 쿠페 글라스에 스트레이너로 걸러 따른다. 커피 통원두 몇 개와 오렌지 필로 장식한다(50쪽 사진 참조).

로잘린스 리버프

Rosaline's Rebuff

이 칵테일을 만들게 된 것은 BARDS(Bourbon and Rye Drinkers Society)라는 위스키 모임을 위해서 였고, 셰익스피어의 『로미오와 줄리엣』 속 다음 대사에 영감을 얻어 착안한 것이었다. "이름이 무엇이든 어떠리? 우리가 장미라고 부르는 꽃은 다른 어떤 이름으로 불리어도 똑같이 향기로울 텐데." 로잘린은 이 이야기가 시작하기 전에 로미오가 푹 빠져 있던 여인이다. 로잘린이 퇴짜 놓지 (rebuff) 않았다면 로미오와 줄리엣의 러브 스토리는 펼쳐지지도 않았을 것이다. 나는 사랑에는 쌉쌀함도 수반된다는 점을 강조하고 싶었고, 그러자면 달콤함보다는 (사랑과 운명의) 밸런스를 더 부각시켜야 했다. 아페롤, 샹보르, 우린 베르무트 모두가 이 칵테일에 장미의 색감을 내준다.

리튼하우스 라이 혹은
하이 라이 버번 30㎖

장미로 우린 드라이
베르무트 22.5㎖(레시피는
오른쪽 참조)

아페롤 22.5㎖

샹보르 블랙라즈베리
리큐어 15㎖

장미수 3~5방울

가니쉬: 생 라즈베리나
식용 장미 꽃잎

믹싱 글라스에 재료들과 얼음을 넣고 30초간, 혹은 차가워질 때까지 젓는다. 차갑게 해둔 쿠페 글라스에 스트레이너로 걸러 따른 후 가니쉬한다.

장미로 우린 드라이 베르무트

드라이 베르무트 1컵

식품 등급의 유기농 말린 장미 꽃잎 1과1/2큰술

베르무트와 장미 꽃잎을 같이 넣고 베르무트에 우려지길 원하는 장미 풍미의 정도에 맞춰 1~2일간 우린다.

블랙 리코리스 맨해튼

Black Licorice Manhattan

감초나 팔각을 좋아하는 이들을 위한 칵테일. 감초 향이 아주 향긋하고 현기증이 날 정도로 진한 시트러스 향과 초콜릿 특유의 흙내음이 특징이다. 나에겐 만들 때마다 한 잔 더 만들 걸, 하는 아쉬움이 들게 하는 칵테일이다. 전통적인 맨해튼은 아니지만 내가 가장 좋아하는 버번 스타일에서 끌려 하는 매력 포인트인 시트러스, 초콜릿, 감초의 풍미가 밸런스 있게 어우러진다.

저도수에서 중간도수 대의 버번 45㎖

올레오 사카럼 15㎖

발로탕 초콜릿 위스키 22.5㎖(크림 베이스의 초콜릿 리큐어는 비추다)

코퍼 앤 킹스 압생트 7.5㎖

우드포드 리저브 오렌지 비터스 10방울

비터 트루스 초콜릿 비터스 2대시

가니쉬: 팔각이나 초콜릿 셰이빙(칼로 긁어낸 초콜릿-옮긴이)을 함께 장식한 오렌지 휠

믹싱 글라스에 재료들을 넣고 얼음을 채운다. 30초간 젓는다. 차갑게 해둔 쿠페 글라스에 스트레이너로 걸러 따른 후 가니쉬한다.

블랙 리코리스 맨해튼

미드나잇 아워

Midnight Hour

 이번에는 내 블랙 맨해튼 변형판으로 조금 어두운 분위기를 내보자. 이 미드나잇 아워는 쌉쌀한 이탈리아의 디제스티프(식후주)인 아마로에 가을 느낌의 비터스를 더해서 만드는 아주 기분 좋은 짙은 색 칵테일로, 가을을 마무리하기에 좋다.

버번이나 라이위스키(47.5~52.5도) 60㎖

카르파노 안티카 스위트 베르무트 7.5㎖

아마로 아베르나 22.5㎖

우드포드 리저브 소르검 앤 사사프라스 비터스 8방울

비터멘스 엘레카몰 티키 비터스 4방울

가니쉬: 레몬 필과 칵테일 체리

믹싱 글라스에 재료들을 넣고 얼음을 채운다. 차가워질 때까지 30초가량 젓는다. 차갑게 해둔 쿠페 글라스나 마티니 글라스에 스트레이너로 걸러 따른 후 가니쉬한다.

드링크 라이크 어 걸

Drink Like a Girl

내가 처음 마시던 순간 별천지를 맛본 듯했던 칵테일. 캐러멜과 초콜릿 향이 입천장으로 솟구치는 동시에 잘 빚어진 버번의 탄탄한 토대가 그 밑을 받쳐준다. 이 달콤한 식후주는 만들기에 부담 없고 마시기에는 훨씬 더 부담이 없다. 캐러멜 리큐어가 필요하지만 반드시 크리미하지 않은 제품으로 골라야 한다(베일리스나 크림 리큐어는 비추).

중간도수 버번(나는 50도짜리를 쓴다) 45mℓ

스트룹와플 캐러멜 리큐어나 크리미하지 않은 다른 캐러멜 리큐어 15mℓ

초콜릿 위스키나 크렘 드 카카오 15mℓ

초콜릿 비터스 2대시

아로마틱 비터스 2대시

소금 한 꼬집

가니쉬: 씨솔트 캐러멜

글라스를 차갑게 칠링해둔다. 씨솔트 캐러멜을 짜내 글라스 가장자리에 걸쳐 길쭉하게 늘어뜨린다. 글라스를 한쪽으로 치워둔다. 믹싱 글라스에 재료들과 얼음을 넣고 30초간, 혹은 충분히 차가워질 때까지 저어준다. 준비해둔 글라스에 스트레이너로 걸러 따른다.

플뢰르–드–리스 맨해튼

Fleur-de-Lis Manhattan

 라즈베리, 버번, 초콜릿, 견과류 풍미가 뛰어나 정상급 맨해튼으로 꼽기에 손색이 없는 칵테일이다. 이 변형 맨해튼은 허세를 부리지 않는 수수한 매력을 띠면서 달콤한 맛을 선사해, 디저트를 대신해 먹기에도 무난하다.

50도의 버번 45㎖

발로탕 버번 볼 위스키 22.5㎖

샹보르 블랙라즈베리 리큐어 22.5㎖

스크래피스 카다멈 비터스 3방울

스크래피스 초콜릿 비터스 2대시

가니쉬: 강판에 간 초콜릿, 식용 꽃, 아트이터블즈 초콜릿 트러플 중 하나

믹싱 글라스에 재료들을 넣고 얼음을 채운 후 30초간, 혹은 충분히 차가워질 때까지 젓는다. 차갑게 해놓은 쿠페 글라스에 스트레이너로 걸러 따르고 가니쉬한다.

플뢰르-드-리스 맨해튼

캐스크 앤 유 셸 리시브

캐스크 앤 유 셸 리시브

Cask and You Shall Receive, 배럴 프루프 맨해튼

버번과 메이플 시럽의 단맛에 밸런스를 잡기 위해 비터스를 듬뿍 뿌리는 대신 커피로 우린 베르무트를 넣어 밸런스도 잡고 구성 요소들 간의 조화도 끌어내는 칵테일. 배럴 프루프 위스키를 선호하는 버번 애주가들을 위한 맞춤 칵테일이다.

배럴 프루프 버번(52.5~55도, 혹은 그 이상) 60㎖ 　　　스크래피스 카다멈 비터스 4방울

커피로 우린 스위트 베르무트 22.5㎖(레시피는 아래 참조) 　　　오렌지 비터스 8방울

메이플 시럽 1/2바스푼 　　　가니쉬: 오렌지 필

믹싱 글라스에 재료들을 넣고 얼음을 채운 후 충분히 차가워질 때까지 30초 정도 젓는다. 차갑게 해둔 쿠페 글라스에 스트레이너로 걸러 따른 후 가니쉬한다.

커피로 우린 스위트 베르무트

이 담금주는 네그로니와 불바디에도 굉장히 잘 어울리고, 간단한 브런치 스프리츠의 재료로도 좋다.

다크 로스팅한 커피 원두 3큰술 　　　스위트 베르무트 120㎖

깨끗한 유리병에 커피 원두와 베르무트를 넣는다. 8시간 이상, 최대 24시간까지만 담가놓는다. 더 오래 담가두면 맛이 더 써진다. 깨끗한 병에 여과해 담아 냉장고에 넣어두고 3~4주 내에 모두 사용한다.

코코아 맨해튼

Cocoa Manhattan

버번과 초콜릿은 찰떡궁합이다. 이 레시피는 (베르무트 대신) 초콜릿 리큐어와 쌉쌀한 아마로를 조합해 씀으로써 맨해튼에 초콜릿 풍미의 반전을 선사하는 변형이다.

저도수부터 중간도수 대의 버번 60㎖

발로탕 초콜릿 위스키나 그 외의 다크 초콜릿 리큐어 15㎖(크리미하지 않은 것으로)

멜레티 아마로 15㎖

초콜릿 비터스 3대시

우드포드 리저브 스파이스드 체리 비터스 3대시

가니쉬: 코코아, 강판에 간 초콜릿

쿠페 글라스를 차갑게 해서 코코아를 펴놓은 곳에 잔을 뒤집어 가장자리에 묻힌다. 믹싱 글라스에 재료들을 넣고 얼음을 채워 충분히 차가워질 때까지 30초 정도 젓는다. 차갑게 해둔 쿠페 글라스에 스트레이너로 걸러 따른 후 강판으로 간 초콜릿으로 가니쉬한다.

유 원 어 피치 오브 미?

You Want a Peach of Me?

새콤함과 달콤함을 모두 갖추고 있는 복숭아를 재료로 써서 버번을 더욱 살려주는 칵테일이다. 여기에 약간의 아페롤이 들어가 시큼쌉싸름한 시트러스 오일과 함께 단맛의 밸런스를 잡아준다.

50도의 버번 45㎖(부드럽고 공격적이지 않은 것으로)

지파르 페슈 드 비뉴 피치 리큐어 30㎖

아페롤 15㎖

허브세인트나 압생트 2방울(선택)

가니쉬: 오렌지 필과 생 복숭아

믹싱 글라스에 재료들을 넣고 얼음을 채운다. 충분히 차가워질 때까지 30초 정도 젓는다. 차갑게 해둔 쿠페 글라스에 스트레이너로 걸러 따른다. 오렌지 필을 잔 위에 대고 짜준 후 가장자리에도 문질러준 다음 버린다. 생 복숭아 슬라이스로 장식한다.

이브스 픽

Eve's Pick

하나도 아닌 두 가지(사과로 우린 드라이 베르무트와 차이 티로 우린 스위트 베르무트) 담금주가 들어간 이 퍼펙트 맨해튼으로 가을 사과와 향신료 풍미에 푹 젖어보길. 쌀쌀한 가을 저녁을 연상시키는 운치가 있다.

버번 60㎖

사과로 우린 드라이 베르무트 15㎖(레시피는 아래 참조)

차이 티로 우린 스위트 베르무트 15㎖(레시피는 아래 참조)

바 킵 애플 비터스 2대시

비터큐브 체리 바크 바닐라 비터스 2대시

가니쉬: 사과 슬라이스(말린 사과와 생 사과 모두 가능)

믹싱 글라스에 재료들을 넣고 얼음을 채운다. 충분히 차가워질 때까지 젓는다. 차갑게 해둔 쿠페 글라스에 스트레이너로 걸러 따른 후 가니쉬한다.

차이 티로 우린 스위트 베르무트

깨끗한 병에 차이 티백 1개, 스위트 베르무트 1컵을 넣고 1시간 동안 우린다. 티백을 빼고 우려낸 베르무트는 냉장고에 넣어 보관한다.

사과로 우린 드라이 베르무트

병에 사과 1~2개를 잘게 썰어 넣고 그 위에 드라이 베르무트를 붓는다. 냉장고에 넣고 24~36시간 우린다. 깨끗한 병에 여과해 담아 냉장 보관하면서 맨해튼과 마티니 주조용으로 사용한다.

다크 쿼터

Dark Quarter

 사제락과 맨해튼에게 사생아가 있다면 이 칵테일이 그 첫 사생아라 할 만하다. 풍부하고 복합적인 풍미의 칵테일로 감초 리큐어, 톡 쏘는 라이위스키, 아마로의 흙내음 도는 커피와 초콜릿 향이 한데 어우러지며 향신료 풍미를 극대화시킨다. 여기에 메이플 시럽의 달콤함이 살짝 가미되어 밸런스를 잡아주면서 더 걸쭉한 마우스필을 선사한다.

라이위스키(또는 하이 라이 버번) 60㎖

통 숙성 메이플 시럽 7.5㎖

포로 아마로 22.5㎖

허브세인트나 압생트 7.5㎖

가니쉬: 팔각과 당절임 생강

믹싱 글라스에 재료들을 넣고 얼음을 채운다. 30초간, 혹은 충분히 차가워질 때까지 젓는다. 차갑게 해둔 쿠페 글라스에 스트레이너로 걸러 따른 후 가니쉬한다.

자신만의 칵테일을 구상하는 노하우(쉬운 방법)

특정 풍미에 궁합을 맞추거나 새로 만들고 싶은 맛이 있을 때 내가 자주 쓰는 방법이다. 제10장에서 소개할 바나나 포스터 맨해튼도 이 방법을 활용해 만들었다.

1. 풍미를 정한다. 좋아하는 음식이나 위스키, 인상 깊게 먹었던 음식이나 유년기의 향수 어린 풍미 등 무엇이든 조합시켜볼 만한 풍미를 모티브로 삼으면 된다. [이런 차원에서 내가 고른 풍미가 바나나 포스터(버터, 흑설탕, 계피, 다크 럼, 바나나 리큐어로 만든 소스에 바나나와 바닐라 아이스크림으로 만든 디저트-옮긴이)였다.]

2. 올드 패션드, 토디, 맨해튼, 위스키 사워, 줄렙 등등 이 가운데 원형으로 삼을 칵테일을 정한다. 풍미를 칵테일에 조화시키거나 반대로 칵테일을 풍미에 조화시킨다. (나는 맨해튼으로 정했는데, 퇴폐적인 운치가 있고 얼음을 담아 내가지 않아 희석되지 않는 점 때문이었다.)

3. 클래식 칵테일의 구성 요소 일부를 더하고 싶은 풍미 프로필과 맞바꾼다. (나는 베르무트를 빼고 바나나 리큐어, 캐러멜 리큐어, 초콜릿, 견과류 비터스를 넣었다.)

4. 시음을 해본 후 아쉬운 부분을 개선한다.

다크 쿼터

레거시 앤 리멤브런스

Legacy and Remembrance

원래는 엉클 니어리스트 1856 프리미엄 위스키(살구와 견과류 향을 띠는 테네시 위스키)를 위해 구상 한 칵테일이었지만 밸런스 좋고 과일 풍미 있는 위스키라면 아무 위스키나 써도 된다. 이 칵테일 에서는 세이지가 감칠맛과 쌀쌀함을 끌어내준다. 또 아마로 노니노가 달콤쌉싸름한 견과류 향을 더해 미각이 과일 계열 풍미에 보다 잘 집중하도록 해준다.

엉클 니어리스트 1856 프리미엄 위스키(50도) 45㎖

살구 리큐어 15㎖(지파르 아브리코 뒤 루시옹 추천)

아마로 노니노 15㎖

비터큐브 체리 바크 바닐라 비터스 3대시

가니쉬: 세이지 잎과 말린 살구

세이지 잎으로 쿠페 글라스나 마티니 글라스의 안쪽 면을 문질러 향기를 입힌 후 냉동실에 넣어둔다. 믹싱 글라스에 재료들을 넣고 얼음을 채운다. 충분히 차가워질 때까지 젓는다. 칠링해둔 잔에 스트레이너로 걸러 따른 후 말린 살구 와 새 세이지 잎으로 가니쉬한다.

제 6 장

위스키 사워

버번과 시트러스, 신스틸러

카레 유어 페이버

Curry Your Favor

입상의 영예를 안은 레시피로, 살구와 레몬의 풍미에 카레로 우린 심플 시럽으로 향신료 풍미를 조합한 점이 돋보인다. 정말 천재적이다!

놉 크릭 스몰 배치 버번 60㎖

갓 짜낸 레몬주스 30㎖

마드라스 카레로 우린 심플 시럽 15㎖

당절임 살구 1/4작은술

가니쉬: 당절임 살구와 카레 가루, 레몬 휠

쿠페 글라스 가장자리에 당절임 살구와 카레 가루를 리밍한다. 잔을 한쪽에 치워둔다. 얼음을 채운 칵테일 셰이커에 재료들을 담고 셰이킹한다. 준비해둔 잔에 스트레이너로 걸러 따른 후 가니쉬로 레몬 휠을 띄운다.

2019년 '낫 유어 핑크 드링크' 전문가 부문 우승자 제시카 사마라의 레시피

여름철 단골 칵테일인 위스키 사워는 시큼한 시트러스, 달콤한 심플 시럽, 위스키의 얼얼함이 조화를 이루어 입맛을 돋워준다. 이 클래식 사워는 변주의 폭이 무궁무진하다. 나는 초대 손님들을 위스키 애주가로 개종시키지 못해 안달하는 사람인데, 이 칵테일은 맛 좋은 술로 위스키의 여운을 전해주는 장기를 구사한다.

바다에서 태어난 위스키 사워

대다수 클래식 위스키 칵테일이 그렇듯 사워도 긴 역사를 가지고 있다. 사워가 바다 항해 중에 처음 탄생하게 된 데는 시트러스가 수개월간의 항해 중 괴혈병의 고통에 굴복하지 않도록 막아주었던 배경이 자리해 있다. 럼을 물로 희석해 시트러스를 섞고 약간의 설탕을 넣어 마시면 맛이 더 좋아졌고, 선원들은 (맥주와 와인은 오랜 항해 도중 상하기 일쑤라) 활용하기 용이한 술인 럼을 이렇게 섞어 마시며 그로그주(酒)라고 불렀다. 칵테일을 일일 보충제로 섭취하는 것이 문제시되지도 않았다.

시간이 서서히 지나는 사이에 선원들은 이 약용 술에 맛을 들이게 되어 항구에서도 자주 찾았다. 그런데 미국의 항구에서는 위스키가 보다 쉽게 구할 수 있는 술이라 럼 대신 위스키가 들어갔다. 문헌상에 위스키 사워가 처음 언급된 것은 1862년에 출간된 제리 토머스의 『바텐더스 가이드』에서였다. 백설탕 가루를 넣고 녹인 탄산수, 레몬 1/2개에서 짜낸 주스, 버번이나 라이위스키 60㎖에 간 얼음을 같이 넣고 흔든 후 클라렛 글라스에 여과해 따라 즐기는 술로 소개되어 있었다.

위스키 사워의 세 가지 구성 요소

위스키 사워는 위스키, 설탕, 시트러스라는 단 세 가지 요소로 마법을 펼친다. 제조법을 기억하기도 쉬워 위스키, 설탕, 시트러스(신맛)를 2:1:1로 섞으면 된다. 이 비율은 사용 재료의 풍미에 따라 언제든 조금씩 바뀔 수 있지만 출발 기준으로 삼기에 좋다.

위스키 버번의 바닐라, 오크, 캐러멜 향은 비율을 잘 맞추면 위스키 사워의 또 하나의 재료인 설탕과 잘 어우러져 달콤하고 부드러운 칵테일로 만들어진다. 특히 중간 도수에서 고도수 대의 버번은 설탕과 시트러스를 뚫고 솟구쳐 나와 자신의 존재감을 드러내며 기분 좋은 여운을 끌어낸다. 저도수(40~45도) 버번을 써도 괜찮지만 이때는 버번이 압도당하지 않도록 비율을 조절해야 한다. 꽃이나 과일의 미묘한 향으로 칵테일을 만들 때는 가벼운 스타일의 위스키가 잘 어울린다. 초콜릿, 제과용 향신료, 오크, 가죽처럼 비교적 공격적인 풍미들은 그 풍미가 도드라지게 살리려면 중간도수의 버번을 써야 한다. 적어도 칵테일에서 위스키의 맛을 느끼고 싶은 이들이라면 그래야 한다. 위스키 사워에서의 또 하나의 선택지로는 라이도 있다. 칵테일의 베이스에 후추와 향신료 풍미를 부여해 풍미와 시트러스 특색이 더 강한 사워를 만들기에는 라이가 더 좋은 선택지다.

설탕 기록상 가장 오래된 위스키 사워들은 칵테일 주조 전에 먼저 잔 안에서 가루나 알갱이 형태의 설탕을 녹여 심플 시럽을 만들었다. 현재는 허니 시럽, 메이플 시럽, 당밀, 심플 시럽 등등 골라 쓸 수 있는 감미료가 수백 가지에 달한다. 나는 위스키 사워를 만들 때는 지속적인 단맛과 마우스필을 위해 심플 시럽을 선호한다. 심플 시럽은 무엇이든 괜찮지만 과일과 향신료로 우린 시럽을 넣으면 단맛과 풍미 모두를 더해준다. 심플 시럽 대신 데메라라, 메이플, 허니 시럽을 쓰면 풍미가 크게 달라지면서 위스키의 다른 향들이 부각된다. 설탕을 완전히 대체하거나 부분적으로 대체하기 위해 달콤한 풍미의 리큐어를 넣을 수도 있다. 다만, 칵테일의 마우스필이 전반적으로 줄면서 너무 묽은 맛이 날 수도 있다.

시트러스 음식과 풍미의 좋은 궁합에서는 단맛과 신맛이 서로 밸런스를 이룬다. 음식이나 술이 너무 달 경우 신맛을 더하면 밸런스가 잡히고, 너무 실 경우 단맛을 더해도 마찬가지다. 일부 위스키 사워에는 라임도 잘 맞지만 버번의 풍미 프로필에는 대체로 레몬이 더 잘 어울린다. 오렌지주스는 그 자체로 너무 달고 위스키 사워의 풍미에 밸런스를 잡아줄 만큼의 신맛이 없지만 레몬주

보스턴 사워
(132쪽 참조)

스는 밸런스 좋은 칵테일을 만들기에 좋은 짝이다.

비터스(선택) 위스키 사워에서는 비터스가 필수 재료가 아니지만 향과 풍미를 더욱 살려주기도 한다. 아로마틱이나 향신료, 과일 계열 비터스를 조금 넣으면 밋밋한 사워로 그쳤을 만한 칵테일에 흥미로움을 더할 수 있다. 특히 위스키 베이스에 같은 계열의 향이 있으면 더 흥미로움을 돋워준다. 올드 패션드와 맨해튼처럼 이 칵테일에서도 비터스가 완성도를 높이고 조화를 끌어내준다.

위스키 사워의 세 가지 스타일

위스키 사워는 예전부터 세 가지 스타일로 구분되었다. 클래식 사워, 보스턴 혹은 콘티넨털 사워, 뉴욕 사워로 각 스타일별로 풍미 조합과 밸런스가 다르다. 클래식 위스키 사워는 위스키, 설탕, 시트러스에 경우에 따라 비터스도 넣는 스타일이며 셰이커로 주조해 얼음을 채운 온더록스 글라스에 담아 서빙한다. 이상적인 구조감으로 세 요소 간의 밸런스가 잡히는 상큼한 칵테일이다. 가니쉬로는 레몬 휠과 칵테일 체리를 조합해 얹는 것이 보통이다.

　콘티넨털 사워로도 불리는 보스턴 사워는 달걀흰자나 아쿠아파바(병아리콩, 렌틸콩 등을 삶을 때 나오는 콩물로 점성이 있어서 달걀흰자처럼 약 5분간 휘저으면 머랭 같은 질감으로 변한다-옮긴이)를 넣어 크리미한 마우스필을 내고 멋진 거품을 띄운다. 바에서는 보스턴 사워를 차갑게 해둔 칵테일 글라스에 담아 가니쉬로 생 허브 가지를 얹거나 비터스 방울로 모양을 내서 서빙한다. 달걀흰자, 아쿠아파바 등으로 거품을 내면 위스키 사워의 마우스필과 풍미 밸런스에 극적인 변화가 연출되어 위스키의 얼얼함과 혀가 오그라들 정도의 신맛이 부드럽게 잡힌다. 또 발포 성분은 머랭을 칠 때처럼 휘저어주면 공기 입자를 붙잡는다. 그 결과 칵테일이 입안에서 더 크리미하고 부드러운 풍성한 느낌을 일으키고 거품 자체가 비터스나 꽃이나 생 허브 가니쉬를 위한 근사한 캔버스가 되어주기도 한다.

　뉴욕 사워는 위에 레드 와인을 띄워 서빙하는 칵테일이다. 클래식 레시피에서는 드라이 레드 와인을 쓰지만 더 달콤한 레드 와인이나, 타닌의 떫은맛이 더 많거나 적은 와인을 고르면 칵테일의 전반적인 맛과 향이 달라진다. 카베르네 소비뇽이나 말벡, 메를로, 시라를 쓰면 칵테일에 떫은맛과 드라이한 신맛이 살짝 더해지면서 눈을 즐겁게 하는 붉은빛이 번지기도 한다.

안전을 위한 팁: 달걀흰자 때문에 꺼리지 말길. 나 역시 살모넬라균이 걱정되어 수년 동안 달걀흰자로 위스키 사워를 만들지 않았던 적이 있다. 그러다 잘 만든 맛 좋은 위스키 사워 단 한 모금에 마음이 바뀌었다. 안전을 기하는 차원에서 저온살균 달걀, 상자에 담겨 나오는 저온살균 달걀흰자, 아쿠아파바 같은 비건 대체식품, 칵테일 포머 등을 쓰면 된다.

클래식 위스키 사워

Classic Whiskey Sour

버번 60㎖

갓 짜낸 레몬주스 22.5㎖

심플 시럽 22.5㎖

비터스 1~2대시(선택. 나는 아로마틱 비터스와 블랙월넛 비터스를 쓴다)

가니쉬: 레몬 휠과 칵테일 체리

칵테일 셰이커에 재료들을 담는다. 얼음을 채워 넣고 10~12초간 마구 흔들어준다. 얼음을 채운 온더록스 글라스에 스트레이너로 걸러 따른 후 가니쉬한다.

보스턴 사워

Boston Sour

버번 60㎖

갓 짜낸 레몬주스 22.5㎖

심플 시럽 22.5㎖

달걀흰자나 아쿠아파바 22.5㎖

가니쉬: 아로마틱 비터스

큼직한 각얼음 1~2개를 채운 칵테일 셰이커에 재료들을 넣는다. 30~60초간 마구 흔들어준다. 차갑게 해둔 쿠페 글라스에 이중 여과로 걸러 따른다. 거품 위로 비터스 몇 방울을 떨어뜨려 가니쉬한다.

뉴욕 사워

New York Sour

뉴욕 사워는 클래식 위스키 사워나 보스턴 사워를 베이스로 삼아 주조할 수도 있다는 점도 알아두자.

라이위스키 60㎖

갓 짜낸 레몬주스 22.5㎖

심플 시럽 22.5㎖

아로마틱 비터스 3대시

드라이 레드 와인 15㎖

가니쉬: 레몬 트위스트나 칵테일 체리

칵테일 셰이커에 위스키, 레몬주스, 심플 시럽, 비터스를 같이 넣고 얼음을 채운다. 아주 차가워져 셰이커 바깥 면이 잡고 있기 힘들 지경이 될 때까지 (10~12초간) 셰이킹한다. 얼음을 채운 온더록스 글라스에 스트레이너로 걸러 따른다. 바스푼 뒷면을 이용해 칵테일 윗면으로 레드 와인을 띄워준다. 가니쉬한다.

환상적인 거품을 내는 노하우

보스턴 사워에 거품을 멋지게 얹기 위해 온갖 방법이 동원되지만 나는 한 손에 쥐어지는 전기 라테 거품기를 비장의 무기로 사용한다. 칵테일 셰이커에 모든 재료와 얼음을 같이 넣은 다음 10~15초간 셰이킹한다. 다른 셰이커나 믹싱 글라스에 이중 여과해 따른다. 거품을 내기 위해 라테 거품기를 20초간 돌려준다. 이때 마지막 5~10초간은 거품기를 45도로 기울여 칵테일 표면에 댄다. 다시 말해 거품기를 음료에 1인치 정도만 담가 위쪽 층에 공기를 쐬주는 것이다. 이제 차갑게 해둔 쿠페 글라스에 따르고 원하는 대로 가니쉬하면 완성이다.

뉴욕 사워

위스키 사워에서 자신만의 변주 만들기

클래식 위스키 사워는 풍미와 구성 요소들을 이리저리 조절해가며 변형판을 끝도 없이 만들어볼 수 있다. 예를 들어 블랙베리 심플 시럽, 약간의 블랙베리 리큐어, 블랙월넛 비터스로 블랙베리 코블러(과일 파이)가 연상되는 칵테일로 변신시켜보는 식이다(이번 장의 뒷부분에 나오는 선셋 사워 레시피 참조).

시트러스 가지고 놀아보기

레몬주스는 위스키 사워의 사워(신맛) 요소에서 가장 보편적으로 쓰이지만 라임주스, 자몽주스, 오렌지주스를 (레몬주스와 섞어서) 써도 된다. 심지어 칵테일 슈럽(생과일, 설탕, 식초로 만든 시럽)이나 플레이버 식초도 괜찮다. 오렌지와 레몬, 레몬과 라임 등 2개의 시트러스를 조합해 다른 요소들(시럽과 위스키)과 잘 어우러지게 맞춰보는 것도 괜찮다. 그러면 캔이나 병 주스로는 대체할 수 없는 싱그러움이 더해진다.

시럽 가지고 놀아보기

시럽은 위스키 사워에 빛을 발하는 존재다. 우려낸 인퓨즈 시럽은 (우려낸 재료가 과일이나 향신료, 그 외 어떤 재료든 간에) 위스키의 향이나 풍미와 조화를 이룰 수도 있고, 대비 효과를 낼 수도 있다. 한 예로 바닐라 심플 시럽과 제과용 향신료 풍미의 버번을 같이 쓰면 천국 같은 사워가 탄생한다. 시럽의 일부, 혹은 위스키의 일부 대신 리큐어를 넣어볼 수도 있다. 피치 심플 시럽을 약간의 견과류 리큐어, 과일 계열 비터스와 같이 쓰면 여름에 홀짝이기에 제격인 칵테일이 나오기도 한다. 오렌지, 체리, 과일, 향신료, 쓴맛의 아마로 같은 리큐어를 써서 기막힌 풍미 프로필을 조합할 수도 있다. 칵테일에서 시럽은 신맛과 쓴맛 요소 모두의 밸런스를 잡아주어 플레이버 시럽이나 인퓨즈 시럽을 더하면 베이스 스피릿과 다른 칵테일 요소들 사이의 풍미 차이에 다리를 놓을 수 있다.

비율 가지고 놀아보기

클래식 위스키 사워의 비율은 2:1:1이지만 개인적으로는 위스키, 단맛, 신맛의 비율을 2:3/4:3/4에 가깝게 맞추길 좋아한다. 시트러스 주스의 신맛 특징에 따라 단맛을 조금 늘리거나 줄여야 할 경우도 있다. 예를 들어 공격적일 만큼 쌉쌀함이 도는 자몽주스를 쓸 때는 단맛의 요소를 조절해 선호하는 풍미 비율을 맞추면 된다. 비터스는 단맛과 신맛 모두의 밸런스를 잡아주므로 아마로 같이 쓴맛이 강한 요소가 들어갈 경우 시트러스나 단맛을 늘려야 할 수도 있다.

스피릿 가지고 놀아보기

일품 위스키 사워는 위스키 풍미가 도드라지게 살아 있으면서 단맛과 신맛의 요소들이 밸런스를 이룬다. 버번광들이야 따지고 말 것도 없이 스피릿의 선택지에서 버번을 최우선으로 삼겠지만 위스키 사워에서는 어떤 위스키든 쓸 수 있다. 시트러스와 단맛의 풍미가 아주 강하다면 다른 두드러지는 요소들에 맞설 만한 알싸함과 풍미를 지닌 중간도

> **마실 사람의 취향 알기:** 당신의 입맛에 기분 좋게 딱 맞추는 것은 절반의 성공에 불과하다. 다른 사람들을 위해 칵테일을 만들 때는 사워에서 그 사람들이 단맛과 신맛 중 어느 쪽을 더 좋아하는지 살피자. 예를 들어 나는 기분 좋게 톡 쏠 정도의 신맛이나 쓴맛이 있는 사워를 좋아하지만 남편이나 가족을 위해 이 칵테일을 믹싱할 때는 조금 더 달달하면서 신맛이 강타하지 않을 정도로 만든다.

수의 라이위스키가 적당하다. 이런 경우에는 라이와 버번을 스플릿 베이스로 쓰거나 아예 라이를 단독 베이스로 바꾸면 위스키가 확실한 주인공으로 자리 잡게 된다. 위스키 사워에 리큐어 등 다른 스피릿을 섞을 때는 위스키의 양을 줄이는 것도 고려해본다. 칵테일에 들어가는 스피릿의 양이 통상적으로 45~90㎖ 정도인 점을 감안하자.

위스키 사워 주조 시의 강추와 비추

어떤 경우든 갓 짜낸 시트러스 주스를 쓸 것 크래프트 칵테일 바의 위스키 사워가 그렇게 맛있는 이유는 갓 짜낸 주스를 사용하기 때문이다. 상온 보관이 가능한 레몬주스는 쉽게 구할 수 있지만 시판 제품은 갓 짜낸 주스의 싱싱함이나 펀치를 따라오지 못한다. 갓 짜낸 주스를 쓰기 위해 언제든 레몬과 라임 몇 개씩은 챙겨두길.

지나친 셰이킹은 금물 셰이킹은 10~12초간만 짧고 강하게(단, 보스턴 사워 주조 시에는 예외) 한다. 셰이킹을 너무 오래하면 칵테일이 지나치게 희석될 소지가 있다. 보스턴 사워를 만들 때는 위에 거품이 멋지게 뜨도록 더 오래 흔들되(아니면 손잡이형 전기 라테 거품기를 쓰는 방법도 있다) 크고 단단한 각얼음을 넣어 셰이커 안에서 깨지지 않게 해야 한다.

시험 삼아 리큐어 써보기 과일과 꽃 계열 리큐어는 위스키 사워에서 시트러스 성분과 만나 기막힌 맛을 낸다. 당신이 좋아하는 시트러스 풍미의 음료와 음식을 떠올려본 후 같은 계열의 리큐어와 짝을 맞춰보자. 복숭아, 살구, 견과류, 초콜릿류의 리큐어 모두 사워에 잘 어울린다. 보스턴이나 뉴욕 사워에 쓴맛의 리큐어도 써볼 만하다.

달걀흰자에 겁먹지 말 것 살모넬라균이 걱정이라면 저온살균 달걀, 상자에 담아 파는 달걀흰자, 아쿠아파바, 칵테일 포머 중 하나를 활용하면 된다. 이 선택지 모두 풍성한 거품을 내주어 시트러스와 스피릿의 풍미를 부드럽게 해준다.

손잡이형 라테 거품기에 투자하기 보스턴 사워에서는 이런 거품기가 게임 체인저다. 거품기로 20초간 돌려주면 풍성한 거품이 가니쉬와 비터스를 위한 베이스를 깔아주어 그 어떤 바텐더라도 부러워할 만한 사워가 만들어질 것이다.

가니쉬 즐기기 일반적으로 생 레몬 휠이나 칵테일 체리가 쓰이지만 상상력을 발휘해보자. 꼬치에 생 베리를 꽂아 건과류를 뿌리거나 허브 가지나 꽃을 얹어 사워를 꽃단장시켜 흥을 돋워도 좋을 것이다.

잔 차갑게 해두기 먼저 잔을 차갑게 칠링해두어 마시는 동안 칵테일이 차가운 온도를 유지하게 한다.

칵테일 실험실: 위스키 사워 실험

이번 실험에서는 똑같은 버번, 비율, 비터스로 세 가지 스타일의 위스키 사워를 하나씩 믹싱해보자. 구분상으로 론 세 변형 모두 위스키 사워지만 질감, 풍미, 밸런스에서 저마다 큰 차이가 난다. 이번 실험을 통해 입에 딱 맞는 사워를 만들어보며 당신에게 맞는 스타일, 강도, 마우스필, 풍미 밸런스의 취향을 판단해볼 수도 있다.

1. 중간도수의 버번, 갓 짜낸 레몬주스, 당신이 가장 좋아하는 아로마틱 비터스로 클래식 위스키 사워를 만든다. 이때는 앞에서 보았던 클래식 위스키 사워 레피시의 제조 방법에 따라 만든 후 얼음을 채운 온더록스 글라스에 담아 가니쉬한다.

2. 중간도수의 버번, 갓 짜낸 레몬주스, 거품 재료로 보스턴 사워를 만든다. 거품 재료는 달걀흰자가 가장 좋지만 취향에 따라 아쿠아파바나 다른 거품 재료를 써도 된다. 앞에서 보았던 보스턴 사워 제조 방법대로 만든 후 차갑게 해둔 쿠페 글라스에 따른 후 가니쉬한다.

3. 중간도수의 버번, 갓 짜낸 레몬주스에 드라이 레드 와인을 띄워 뉴욕 사워를 만든다. 앞에서 본 뉴욕 사워 제조 방법대로 만들어 얼음을 채운 온더록스 글라스에 레드 와인을 멋지게 띄워 완성한 후 가니쉬한다.

4. 각각의 변형 사워를 맛보며 대조해본다. 보스턴 사워와 다른 두 사워의 마우스필이 어떻게 다르고, 레드 와인 플로팅이 뉴욕 사워의 향과 풍미에 어떤 영향을 주는지 등에 주목한다. 각 변형별로 위스키의 존재감이 얼마나 드러나는지도 살펴본다. 보스턴 사워나 뉴욕 사워의 경우 위스키가 앞으로 두드러져 나오게 하려면 고도수의 버번이 필요할 것 같은가? 만들려는 사워의 종류에 따라 단맛이나 신맛의 요소를 조절해야 할 것 같은가?

선셋 사워

Sunset Sour

 이 화사한 버번 타입 사워에서는 블랙베리 리큐어가 약간 들어가 심플 시럽의 블랙베리 코블러 향을 떠받쳐주고 블랙월넛 비터스가 견과류 풍미를 더해 풍미의 밸런스를 잡아준다. 가니쉬로 블랙베리만 얹어도 맛만큼이나 놀라운 자태를 뽐낸다.

50도의 버번 45㎖

블랙베리 리큐어 15㎖

레몬주스 22.5㎖

블랙베리 심플 시럽 22.5㎖(레시피는 아래 참조)

달걀흰자나 아쿠아파바 22.5㎖(선택)

피 브라더스 블랙월넛 비터스 2대시

가니쉬: 생이나 냉동 블랙베리와 레몬 슬라이스

칵테일 셰이커에 재료들을 넣고 얼음을 채운다. 10~12초간 마구 흔들어준다. 차갑게 해둔 쿠페 글라스에 걸러 따르거나, 달걀흰자나 아쿠아파바를 쓸 경우 다른 셰이커에 걸러 따른 후 손잡이형 라테 거품기로 20초간 거품을 낸다. 차갑게 해둔 쿠페 글라스에 따른 후 가니쉬한다.

블랙베리 심플 시럽

냉동 블랙베리 2컵

물 1/2컵

설탕 1컵

작은 편수냄비에 재료들을 넣고 블랙베리가 흐물흐물 녹아 주스처럼 될 때까지 익힌다. 일단 블랙베리가 살짝 익으면 즙이 빠져나오게 꾹꾹 눌러준다. 설탕이 녹고 블랙베리가 보라색으로 변할 때까지 저어준다. 식힌 후 과육을 걸러낸다. 완성된 시럽은 냉장 보관하고 걸러낸 블랙베리 건더기는 아이스크림에 얹어 먹는 용도로 사용한다.

선셋 사워

투 피그 투 페일 메이플-페어 사워

Too Fig to Fail Maple-Pear Sour

만들기 쉬운 보스턴 타입 사워로 배 브랜디, 통 숙성 메이플 시럽, 소르검 앤 사사프라스 비터스로 근사한 가을의 풍미를 살려내는 것이 포인트다.

중간도수에서 고도수 대의 버번 45㎖

배 리큐어나 브랜디 15㎖

통 숙성 메이플 시럽 15㎖

레몬주스 30㎖

1개 분량의 달걀흰자나 아쿠아파바 22.5㎖

우드포드 리저브 소르검 앤 사사프라스 비터스 5방울

가니쉬: 다크 비터스

칵테일 셰이커에 재료들을 넣고 얼음을 채운다. 10~12초간 마구 흔들어준다. 다른 셰이커에 스트레이너로 걸러 따른 후 20초간 손잡이형 라테 거품기를 돌려준다. 차갑게 해둔 쿠페 글라스에 따르고 칵테일 픽으로 거품 위에 비터스를 방울방울 떨어뜨려 장식을 넣는다.

슈거 베이비 사워

Sugar Baby Sour

이 칵테일이 있으면 여름철 원기 회복이 바로 한 모금 거리에 있다. 슈거 베이비는 내가 좋아하는 수박 품종인데, 이 칵테일은 끝내주는 수박 민트 샐러드의 맛을 내보려 구상한 것이었다. 비터스와 선택 가능한 재료인 말린 후추 열매 팅크가 약간의 감칠맛과 놀라운 여운을 더하는 것이 특징이다.

버번 60㎖

레몬주스 30㎖

수박 심플 시럽 30㎖(레시피는 아래 참조)

달걀흰자나 아쿠아파바 15㎖(선택)

크루드 리초 비터스(로즈메리, 자몽, 말린 후추 열매) 6방울

말린 후추 열매 팅크 1바스푼(선택)

스팽킹한 민트 잎 5장

가니쉬: 생 수박과 스팽킹한 민트 잎(선택)

칵테일 셰이커에 재료들을 넣고 얼음도 담는다. 아주 차가워질 때까지 10~12초간 흔들어준다. 달걀흰자나 아쿠아파바를 쓸 경우 다른 셰이커에 스트레이너로 걸러 따른 후 손잡이형 라테 거품기를 20초간 돌린다. 차갑게 해둔 쿠페 글라스에 따른 후 가니쉬한다.

수박 심플 시럽

깍둑썰기한 수박 약 454g

설탕 약 227g

수박과 설탕을 지퍼백에 넣고 손으로 섞어준다. 냉장고에 24시간 넣어둔다. 수박 덩어리를 걸러낸 후 시럽을 유리병에 담아 2~3주간 냉장 보관하며 사용한다.

슈거 베이비 사워

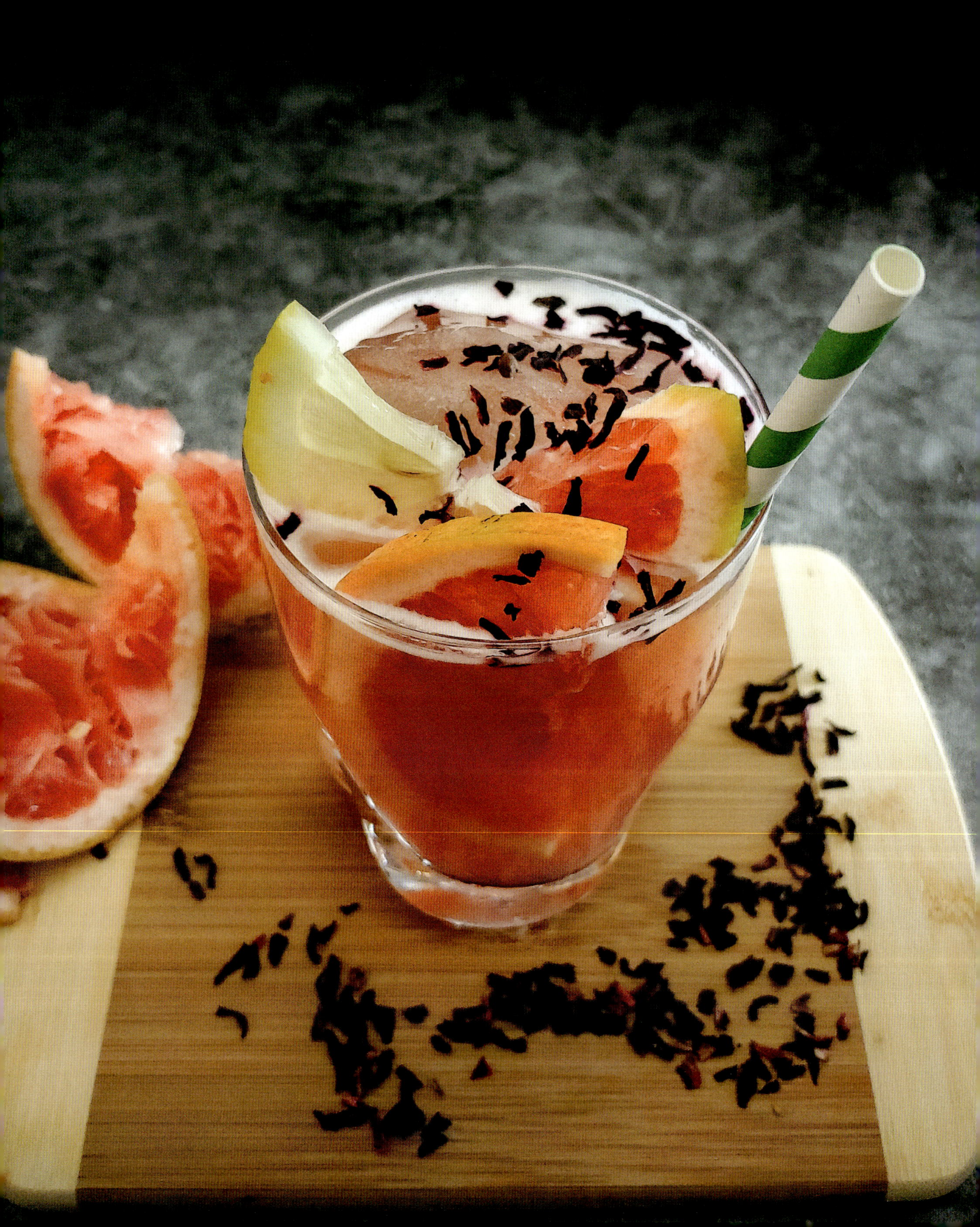

타티 팬츠

Tarty Pants

이 칵테일은 코로나19 초기에 켄터키에 봉쇄 조치가 취해진 직후 만들어서 원래 이름은 팬츠 옵셔널(Pants Optional, 코로나가 확산되며 재택근무를 하게 된 사람들이 화상 회의를 할 때 상의만 챙겨 입었던 현상을 가리켜 '바지는 선택 사항'이라고 빗댄 것-옮긴이)이었다. 자몽의 쌉쌀한 향이 캄파리로 더 증폭되고 라벤더의 꽃 향이 버번의 달달함과 어우러지는 특징을 띤다(심플 시럽을 만들 라벤더가 없다면 허니 시럽도 훌륭한 대용품이다). 따뜻한 오후, 특히 자몽이 제철인 시기에 새콤쌉싸름한 술이 당길 때 제격인 칵테일이다.

중간도수의 버번 60㎖

갓 짜낸 자몽주스 30㎖

갓 짜낸 레몬주스 15㎖

라벤더 심플 시럽(레시피는 아래 참조)이나 허니 시럽 30㎖

캄파리 15㎖

가니쉬: 자몽이나 레몬 슬라이스, 라벤더 가지, 말린 히비스커스 중 선택

칵테일 셰이커에 재료들을 넣고 얼음을 채운다. 10~12초간 셰이킹한다. 얼음을 채운 온더록스 글라스에 스트레이너로 걸러 따르고 가니쉬한다.

라벤더 심플 시럽

말린 라벤더 2큰술

물 1컵

설탕 1컵

물을 끓여 라벤더 위에 붓고 10분간 담가놓는다. 식힌 후 여과한다. 설탕을 넣고 저어 섞어준다. 2~3주간 냉장 보관하며 사용한다.

라벤더-초콜릿 사워

Lavender-Chocolate Sour

 간혹 첫 모금 머금는 순간 놀라움을 선사하는 칵테일이 있다. 다크 초콜릿의 향과 싱싱한 레몬 풍미가 라벤더와 어우러져 흥미롭고도 복합적인 칵테일로 거듭나는 라벤더 초콜릿 사워는 꽃, 흙 내음, 달콤한 풍미가 층을 이루어 여름만이 아니라 1년 내내 마실 만한 매력을 지닌 위스키 사워다. 샌프란시스코의 시음 행사에 갔다가 라벤더 초콜릿과 시큼한 화이트 와인의 페어링을 접한 후 영감을 얻었다.

중간도수의 버번 60㎖

라벤더 심플 시럽 15㎖(레시피는 143쪽 참조)

크렘 드 카카오나 크리미하지 않은 초콜릿 리큐어 22.5㎖

레몬주스 22.5㎖

아쿠아파바나 달걀흰자 22.5㎖

초콜릿 비터스 3대시

가니쉬: 레몬 필과 라벤더 가지

칵테일 셰이커에 재료들을 넣는다. 얼음을 채워 넣고 아주 차가워질 때까지 10~12초간 흔들어준다. 다른 셰이커나 믹싱 글라스에 스트레이너로 걸러 담은 후 손잡이형 라테 거품기로 20초간 휘저어준다. 차갑게 해둔 쿠페 글라스에 따른 후 가니쉬한다.

망친 칵테일 수습 노하우

이런 일은 언제나 일어날 수 있는데, 때때로 칵테일이 제대로 완성되지 않을 때가 있다. 하지만 패닉에 빠지진 말길. 여기에 빠르게 손을 써볼 방법 두 가지가 있다. 풍미가 좋지 않으면 밸런스를 잡아줄 만한 요소를 조금 (7.5~15㎖) 더 넣어보자. 너무 달면 신맛이나 쓴맛을 더 첨가하고, 너무 쓰거나 너무 시큼하면 단맛을 더 보태준다. 늘 통하는 방법은 아니지만 칵테일을 하수구로 흘려보내기 전에 시도해볼 만은 하다.

라벤더-초콜릿 사워

김미 더 피치!

김미 더 피치!

Gimme the Peach!

여름하면 상큼하고 과즙 풍부한 조지아 복숭아를 빼놓을 수 없다. 그리고 나에겐 살짝 스모키함이 감도는 이 사워의 풍미 조합이 여름의 온갖 것을 연상시킨다. 그 위에 라즈베리 아이스바를 얹어 메스칼의 스모키함이 흠뻑 스며든 아이스바를 마지막에 먹어보길 추천한다.

복숭아로 우린 버번 60㎖(우리는 것은 선택 사항이며 레시피는 아래 참조)

복숭아-수박 퓌레 60㎖(레시피는 아래 참조)

레몬주스 30㎖

심플 시럽 15㎖

피 브라더스 피치 비터스 3대시

살짝 훈연 처리된 메스칼 7.5~15㎖(선택 사항이긴 하지만 강추)

가니쉬: 라즈베리 아이스바와 민트 가지

칵테일 셰이커에 재료들을 넣는다. 얼음도 담은 후 10~12초간 마구 흔들어준다. 얼음을 채운 온더록스 글라스에 이중 여과로 따른 후 가니쉬한다.

복숭아로 우린 버번

1ℓ들이 병에 껍질을 까서 얇게 썬 복숭아 2컵을 넣는다. 복숭아를 다 덮고도 0.5인치 정도 올라올 만큼 버번을 채운다. 2주간 우린 후 여과해 최대 6개월까지 냉장 보관한다.

복숭아-수박 퓌레

얇게 썬 생 복숭아 1컵

수박 1컵

레몬주스 15㎖

블렌더에 복숭아와 수박을 넣고 강으로 돌려 갈아준다. 색감이 더 살아나도록 레몬주스를 섞는다. 생 복숭아로 만들면 어쩔 수 없이 서서히 갈변이 진행되므로 1~2일 안에 사용한다.

캔 유 피그 잇?

Can You Fig It?

 훈연 꿀과 무화과가 들어가는 사워로, 크림 같은 마우스필과 화사한 핑크빛 오렌지 색감이 돈보인다. 비장의 재료인 스모크 칠리 비터스가 훈연 풍미와 얼얼함을 살짝 더한다. 단, 무화과의 씨때문에 스트레이너 여과 시에 다른 칵테일에 비해 속도가 더디다. 느긋한 마음으로 해보면 시간을 들인 가치를 느낄 것이다.

4등분한 무화과 3조각	헬라 비터스 스모크드 칠리 비터스 3대시
폴 트리플 심플 시럽 15㎖(레시피는 아래 참조)	짜낸 레몬주스 15㎖
저도수나 중간도수의 버번 60㎖	가니쉬: 무화과

믹싱 컵에 무화과와 심플 시럽을 넣고 머들러로 으깬다. 버번, 비터스, 레몬주스와 함께 얼음도 넣어준다. 10~12초간 셰이킹한다. 차갑게 해둔 쿠페 글라스에 이중 여과로 따른 후 가니쉬한다.

폴 트리플 심플 시럽

설탕 1컵	물 1컵
황설탕 1/4컵	껍질 벗겨 잘게 다진 생강 1/4컵
꿀 1/4컵	

작은 편수냄비에 재료들을 넣고 15분간 뭉근히 끓인다. 불을 끄고 시럽에 생강을 넣어 60분간 담가둔다. 깨끗한 병에 여과해 담고 냉장 보관한다. 보통은 최소 3주는 가며, 보드카를 섞어 넣을 경우 더 오래 보관할 수 있다.

캔 유 피그 잇?

위스키 티키 사워

Whiskey Tiki Sour

위스키 사워를 오르쟈(아몬드 시럽), 열대 스타일의 비터스, 열대 풍미를 더해
줄 파인애플주스로 꽃단장시켜 위스키 사워와 열대 술의 사랑스러운 혼종을
만들어보자.

50도의 버번이나 라이 60㎖

오르쟈(대용품은 '참고 사항' 참조) **22.5㎖**

파인애플주스 30㎖

레몬주스 15㎖

비터멘스 엘레카물 티키 비터스 20방울

가니쉬: 생이나 말린 파인애플, 민트, 체리

칵테일 셰이커에 재료들을 넣는다. 얼음을 채우고 10~12초간 셰이킹한다. 멋을 내고 싶은
스타일에 따라 쿠페 글라스나 온더록스 글라스를 선택한 후 얼음을 채워 스트레이너로 걸러
따른다. 마침 제철이라면 파인애플과 민트를 가니쉬로 얹고 기호에 따라 체리 1~2개로 가니
쉬를 더해도 좋다.

참고 사항: 오르쟈가 없으면 심플 시럽 15㎖, 아마레토 1바스푼, 오렌지 큐라소나 다른 오렌
지 리큐어 1바스푼을 넣는다.

"사실, 남편에게 받았던 최고의 밸런타인
데이 선물 중 하나는 열두 다발의 '로즈'였
다. 포 로지스 옐로 라벨 싱글 배럴 스몰
배치 열두 병."

- 칼라 칼튼(여성버번협회 전 이사회 임원)

에브리바디 헤이츠 바이올렛

Everybody Hates Violet

 근사한 보랏빛 색감에 단맛, 향신료, 쓴맛이 기분 좋은 밸런스를 이루는 블루베리-시나몬 사워다. 톡 쏘는 라이위스키에 블루베리-시나몬 심플 시럽과 허브 풍미의 아마로가 만나 가을 풍미의 사워로 거듭난다.

라이위스키나 하이 라이 버번 45㎖   스크래피스 카다멈 비터스 8방울

레몬주스 22.5㎖   1개 분량의 달걀흰자

블루베리-시나몬 심플 시럽 22.5㎖(레시피는 아래 참조)   가니쉬: 시나몬 스틱에 꽂은 블루베리 꼬치

카다마로 혹은 다른 허브 풍미의 아마로 15㎖

칵테일 셰이커에 재료들을 넣는다. 얼음을 넣고 10~12초간 셰이킹한다. 믹싱 글라스에 스트레이너로 걸러 따라놓고 걸쭉해지면서 거품이 생길 때까지 손잡이형 라테 거품기로 20초간 휘저어준다. 차갑게 해둔 쿠페 글라스나 와인 고블릿에 따른 후 가니쉬한다.

블루베리-시나몬 심플 시럽

블루베리 2컵   물 1/2컵

설탕 1과1/2컵   시나몬 스틱 4개

블루베리가 부서져 터지기 시작할 때까지 재료들을 뭉근히 끓인 다음 불을 끄고 시럽을 식혀둔다. 고운 철재 체로 걸러 깨끗한 병에 담고 2~4주간 냉장고에 보관하며 사용한다.

에브리바디 헤이츠 바이올렛

디스 원 고우즈 투 일레븐

This One Goes to Eleven

파인애플 세라노(멕시코의 매운 고추-옮긴이) 비터스와 가니쉬로 들어가는 칠리 페퍼 조각으로 얼얼함과 함께 스파이시하게 톡 쏘는 자극을 선사하는 칵테일. 여름 술로 제격인 이 칵테일은 홀짝이다 멈추면 바로 입안이 타는 듯 얼얼하므로 멈추지 말고 마시길. 레몬 심플 시럽에 갓 짜낸 레몬주스까지 들어가 유난히 새콤한 맛을 낸다는 점도 알아둘 것. 레몬주스의 양은 입맛에 맞춰 조절하기 바란다.

중간도수의 버번 60㎖

갓 짜낸 레몬주스 15㎖

레몬 심플 시럽 30㎖(레시피는 97쪽 참조)

오렌지 리큐어 15㎖(나는 솔레르노 블러드 오렌지 리큐어를 쓴다)

치나 혹은 개인적으로 좋아하는 아마로 7.5㎖

파인애플 세라노 비터스나 적당한 정도로 스파이시한 다른 비터스 2~3대시

가니쉬: 칠리 페퍼 조각을 뿌린 레몬 휠

칵테일 셰이커에 재료들을 넣는다. 얼음을 채운 후 10~12초간 셰이킹한다. 차갑게 해둔 쿠페 글라스에 이중 여과로 따른 후 가니쉬한다.

만다린 오렌지-피그 사워

Mandarin Orange–Fig Sour

 나는 신선한 과일을 구할 수 없는 한겨울에는 사워에 단맛을 내기 위해 당절임이나 잼을 쓰면서 따뜻한 날씨와 향기로운 날들이 돌아오길 손꼽아 기다린다. 무화과와 귤 조합의 이 칵테일이 아주 맛이 좋아 3일 연속으로 만들어 먹은 적도 있다. 네이블 오렌지를 쓰지 말고, 귤은 껍질째 쓴다. 껍질째 머들러로 으깨면 쌉쌀한 귤의 오일이 칵테일에 더해져 무화과 당절임과 메이플 시럽의 밸런스를 맞추기에 정말 요긴하다.

무화과 당절임 1과1/2큰술	차이 심플 시럽이나 메이플 시럽 7.5㎖
껍질을 까지 않고 잘게 썬 귤 1개	중간도수의 라이나 버번 60㎖
크루드 비터스 시코펀트 피그 앤 오렌지 비터스 2대시	1개 분량의 달걀흰자(선택)
올드 포레스터 스모크드 시나몬 비터스 1대시	가니쉬: 귤 휠과 말린 무화과
레몬주스 15㎖	

칵테일 셰이커에 무화과 당절임, 귤, 비터스, 레몬주스, 시럽을 넣고 귤껍질에서 향기가 피어날 때까지 머들러로 으깬다. 위스키, 달걀흰자, 얼음을 넣고 10초 정도 셰이킹한다. 다른 셰이커나 믹싱 글라스에 이중 여과로 따른 후 손잡이형 라테 거품기로 20초간 휘저어 거품을 낸다. 차갑게 해둔 쿠페 글라스에 따른 후 가니쉬한다.

새로운 칵테일을 만들 때마다 참고하고 또 참고하는 책 한 권을 꼽으라면 앤드류 도넨버그와 캐런 페이지가 함께 쓴 『풍미 바이블: 요리 창작의 필수 가이드(The Flavor Bible: The Essential Guide to Culinary Creativity)』다. 두 저자는 음식, 향신료, 풍미들을 쭉 나열해놓고 각 항목별로 잘 어울리는 다른 음식들을 알려준다. 그것도 사과에서 베이컨과 카레, 크림에 이르기까지 다양하게. 한마디로 서로 잘 맞는 색다른 음식 궁합에 대한 정보를 얻기에 아주 유용하다.

피치-로즈메리 사워

Peach-Rosemary Sour

복숭아와 버번이 만나면 기분 좋은 칵테일이 된다. 특히 우수한 품질의 피치 리큐어를 쓰면 한결 더하다. 이 칵테일에서는 새콤달콤한 복숭아 풍미가 향기로운 로즈메리와 이루는 대비 효과도 선사해준다.

저도수에서 중간도수 대의 버번 45㎖

지파르 페슈 드 비뉴 피치 리큐어 15㎖

갓 짜낸 레몬주스 22.5㎖

피치-로즈메리 심플 시럽 22.5㎖(레시피는 아래 참조)

크루드 비터스 리초(복숭아, 목련, 말린 후추 열매) 8방울

달걀흰자나 아쿠아파바 22.5㎖

가니쉬: 로즈메리 가지, 생 복숭아 슬라이스, 레몬 휠 중 선택

칵테일 셰이커에 재료들을 넣는다. 얼음을 채우고 아주 차가워질 때까지 10~12초간 셰이킹한다. 다른 셰이커나 믹싱 글라스에 스트레이너로 걸러 따른 다음 손잡이형 라테 거품기를 20초간 돌려준다. 차갑게 해둔 쿠페 글라스에 붓고 가니쉬한다(54쪽 사진 참조).

피치-로즈메리 심플 시럽

사워부터 줄렙과 올드 패션드에 이르기까지 온갖 칵테일에 어울리는 일품 심플 시럽이다.

생이나 냉동의 복숭아 슬라이스 2컵

설탕 1컵

물 1/2컵

큼직한 로즈메리 가지 2개

작은 편수냄비에 재료들을 넣는다. 불에 올려 약불로 끓이다 뭉근히 끓어오르면 10분 정도 또는 복숭아에서 즙이 빠져나오며 흐물흐물해질 때까지 익힌다. 불에서 내려 30분가량 식힌다. 로즈메리를 빼고 여과한다. 3~4주간 냉장 보관하며 사용한다.

제 7 장

하이볼, 뮬, 발포 칵테일

길쭉한 '톨 글라스'에 담겨 상쾌함을 선사하는 버번

아메리칸 46

American 46

프렌치 75의 선거철판 변주라 할 만한 칵테일로, 워싱턴 DC의 리퍼블릭 리스토러티브 디스틸러리에서 만든 버러 버번을 사용한다. 이 증류소로 말하자면 미국 내에서 크라우드펀딩으로 설립된 여성 소유의 최대 규모 증류소다. 심플 시럽 대신 허니 시럽을 쓰는 덕분에 꿀과 버번이 한데 어우러져, 칵테일 위로 토핑해주는 드라이한 기포에 달콤함을 부여한다. 레몬 제스트(겉껍질)를 칵테일 위에 대고 짜주면 레몬 오일과 꿀이 드라이한 샴페인과 이루는 풍미의 대비가 뛰어나다.

버러 버번 60㎖   스파클링 와인 60~120㎖

허니 시럽 22.5㎖   가니쉬: 레몬 제스트

갓 짜낸 레몬주스 22.5㎖

셰이커에 얼음과 함께 버번, 시럽, 레몬주스를 넣고 10~12초간 흔들어준다. 플루트형 샴페인 글라스에 스트레이너로 걸러 따른다. 기분에 따라 적당량의 스파클링 와인을 그 위로 토핑한 후 가니쉬한다.

리퍼블릭 리스토러티브 디스틸러리의 의견에 따라 여성버번협회 워싱턴 DC 지부에서 만든 레시피

칵테일을 통틀어 하이볼이 가장 간단하다. 그저 위스키와 탄산수만 있으면 끝이다. 초창기판에서는 탄산 재료로 플레인 탄산수를 써야 했지만 현재는 진저에일이나 수백 종에 이르는 플레이버 탄산음료 중에 골라서 쓸 수 있다. 플레인 탄산수나 광천수가 버번에 빛을 발해준다면, 플레이버 탄산수로는 위스키의 향에 짝을 지어줄 수 있다. 체리 향을 띠는 올드 포레스터 1920을 따른 후 그 위로 체리 석류 펠레그리노 탄산수를 부어 하이볼을 만드는 식이다.

하이볼의 후손인 뮬은 스피릿, 시트러스(보통 라임), 진저비어로 구성된다. 베이스 스피릿을 위스키로 쓰면 라임 주스와 진저비어의 톡 쏘는 맛으로 더 복합적인 칵테일이 된다. 흔히 켄터키 뮬로 통하는, 버번 베이스의 뮬은 여름날 뜨거운 오후에 잘 맞는 상쾌한 칵테일이다. 이번 장에서 켄터키 뮬, 탄산음료와 섞는 그 외의 버번 칵테일, 샴페인 칵테일들을 하나로 묶은 이유도 모두가 하이볼과 비슷하기 때문이다.

두 가지 재료를 섞어 만드는 칵테일의 원조

하이볼이 기록상 최초로 등장한 시기는 20세기로 넘어가기 직전이었다. 1890년대 말, 크리스 롤러가 『믹시콜로지스트(The Mixicologist)』에서 '하이볼'을 에일 글라스에 얼음, 광천수를 넣고 브랜디나 위스키 1/2지거(45㎖)를 띄워 나오는 술로 설명했는데 이 하이볼은 영국에서 미국으로 건너왔을 것으로 추정된다. 당시에 영국은 탄산수와 브랜디로 만드는 술의 인기가 치솟고 있었다. 1800년대에 스카치위스키가 부상했던 점을 감안하면 시험 삼아 탄산수에 위스키를 섞어 마셨던 최초의 사람들이 스

코틀랜드인이었을 가능성이 있다. 탄산음료와 얼음이 점점 더 구하기 쉬워지면서 이 둘이 칵테일에서 유용하게 활용되기도 했다.

클래식 하이볼은 '빌트' 방식의 칵테일이었다. 다시 말해 서빙되는 잔에 재료를 직접 넣어 만들었다. 하이볼은 탄산 재료를 넣은 뒤에는 잔을 빙 돌릴 때마다 기포가 보글보글 계속 올라올 수 있도록 한 번만 저어줘야 한다.

두 가지 (또는 세 가지) 재료로 만드는 하이볼

하이볼의 묘미는 간단함이다. 두 가지 핵심 재료(위스키와 탄산수) 외에 시트러스나 플레이버 리큐어, 시럽 등을 더 넣어보며 탄산이 들어간 차가운 톨 드링크(롱 드링크라고도 하며, 용량에 따라 양이 많은 편인 칵테일을 분류할 때 쓰는 용어다-옮긴이)에 잘 맞는 풍미를 이리저리 시험해보기에 무난하다. 하이볼을 만들 때 중요하게 살펴야 할 또 한 가지는 질감이다. 차가운 탄산음료가 혀에 닿을 때의 느낌을 생각해야 한다. 탄산음료는 입안에서 톡톡 터져, 실크처럼 부드러운 맨해튼과는 다른 느낌을 준다. 탄산음료의 기포는 마우스필의 질감을 무작위로 바꾸어놓는다.

위스키 주재료가 두 가지뿐인 만큼 위스키는 중요한 요소다. 나는 하이볼에 중간도수나 고도수의 버번을 쓰는데, 이 칵테일의 양 때문이기도 하고 입안에 한 모금씩 머금을 때마다 매 순간 위스키 맛을 느끼고 싶어서이기도 하다. 위스키의 화함이 가벼운 편을 선호하는 사람들에게 하이볼을 만들어줄 때는 버번의 도수를 낮추고 덜

공격적인 풍미 프로필을 가진 스타일로 고른다(휘티드 버번을 적극 추천한다).

탄산수 고품질 브랜드의 진저에일과 진저비어로 고르고 피버 트리, Q 믹서, 레가타 크래프트 믹서 같은 칵테일 믹서 전문 업체의 제품도 찾아본다. 비용이 살짝 더 들긴 하겠지만 칵테일 전용 믹서를 쓰면 칵테일 재료들이 설탕이 든 탄산수에도 압도당할 염려가 없다. 또 칵테일의 전반적 당도를 높이지 않으면서도 풍미를 더하려면 무가당 광천수나 탄산수를 쓰는 것이 좋다.

시트러스 뮬이나 하이볼의 변형을 만들 때는 언제든 갓 짜낸 시트러스 주스를 쓴다. 단, 시트러스 필을 쓸 경우 칵테일을 마실 때 시트러스의 향이 더 두드러진다는 점도 알아두자. 하이볼에서는 레몬을 더 많이 쓰는 편이고, 라임은 예전부터 켄터키 뮬과 짝꿍으로 쓰이고 있다.

위스키 하이볼

Whiskey Highball

버번 60㎖   가니쉬: 레몬 웨지나 트위스트
탄산수나 진저에일 120~180㎖

차갑게 해둔 하이볼 글라스에 얼음을 채우고 버번과 탄산수를 부어 넣는다. 바스푼으로 빠르게 한 번 빙 돌려준 후 가니쉬한다.

켄터키 뮬

Kentucky Mule

저도수에서 중간도수 대의 버번 60㎖   토핑용 진저비어
갓 짜낸 라임주스 15㎖   가니쉬: 라임 휠과 민트 가지

구리 뮬 머그에 버번과 라임주스를 넣는다. 잠깐만 저어준 후, 크랙트 아이스(덩어리 얼음을 송곳으로 잘게 깬 얼음-옮긴이)나 펠릿 아이스(얼음가루를 압축해 만드는 손톱 크기의 얼음. 음료를 빠르게 흡수하면서 더 금방 녹는다-옮긴이)를 채운 후 가니쉬한다.

프랙티스 왓 유 피치 하이볼
(166쪽 참조)

하이볼이나 켄터키 뮬에서 자신만의 변주 만들기

전통적인 하이볼은 두 가지 재료만 들어가지만 이번 장에서는 기포가 쏴 올라오는 그 외의 다른 칵테일들도 다루고 있으니 클래식 칵테일로 자신만의 변형을 만들어 볼 때 조절 가능한 변수들이 그 두 가지 외에도 조금 더 있다.

냄새 맡아보기: 믹서에 맞는 위스키 짝을 찾을 때는 잔에 탄산수를 조금 따라 후보 위스키들과 같이 향을 맡아보는 방법이 있다. 두 향이 서로 잘 맞으면 풍미도 잘 맞을 가능성이 있다.

위스키 가지고 놀아보기

좋은 위스키는 하이볼로 만들면 예외 없이 기막힌 맛을 낸다. 시험 삼아 다양한 위스키와 스피릿을 조합해 풍미 베이스를 만들어보자. 스플릿 베이스는 버번과 라이를 섞는 식으로 간단하게 만들 수도 있고, 위스키의 일부분을 럼이나 셰리, 숙성 테킬라로 대체하는 식으로 더 복잡하게 만들 수도 있다. 이번 실험에선 피트 위스키나 메스칼로 훈연 풍미를 조금 더해보는 것도 좋다. 하이볼은 양이 많은 칵테일에 속하기 때문이다. 양이 많은 만큼 훈연 풍미가 희석되어 얼굴에 펀치를 날리는 느낌보다는 기미만 슬쩍 내비치고 만다는 이야기다.

탄산수 가지고 놀아보기

켄터키 뮬에서 진저비어를 토닉 워터로 바꾸면 뜨거운 여름날에 마시기에 맛깔스럽고 상쾌한 버번 토닉이 나온다. 수박, 체리, 귤, 석류 같은 맛이 가미된 플레이버 탄산수로도 실험을 해보자. 먼저 탄산수부터 정한 다음 거기에 어울릴 만한 위스키를 골라볼 수도 있다.

스피릿과 시럽으로 풍미 더하기

기본적인 하이볼에 복합미를 더하기 위해 약간의 시트러스, 플레이버 리큐어, 심플 시럽 등을 써본다. 풍미에 층을 더해 보다 복합적이고 밸런스 잡힌 칵테일을 만들어보자. 예를 들어 겨울에 어울릴 법한 하이볼을 만들기 위해 고도수의 공격적인 스타일의 위스키에 차이 티 심플 시럽과 시나몬 비터스를 조합하고 그 위로 진저에일을 뿌려주는 식이다. 아니면 생 레몬이나 파인애플 약간, 오렌지 리큐어, 생 라즈베리 가니쉬 등을 활용한 여름철 풍미로 칵테일에 약간의 변화를 주는 것도 괜찮다. 하이볼에 쌉쌀한 이탈리아 리큐어를 더해도 복합미가 끌어올려진다. 얼음이 녹으면서 칵테일이 점차 희석되면 다른 풍미들이 전면에 나오게 된다. 하이볼은 아마로를 더하고 그 위로 기포 음료를 뿌려주면 기분 좋은 스프리츠의 맛에 더 가까워진다.

비율 가지고 놀아보기

하이볼 레시피들은 믹서와 위스키의 비율이 2:1에서 4:1까지 있다. 따라 한 하이볼 레시피로 원하는 위스키 밸런스가 나오지 않을 때는 입맛에 맞춰 비율을 높이거나 낮춘다.

뮬을 만들면서 시트러스 가지고 놀아보기

켄터키 뮬에서는 전통적으로 라임을 쓰지만 시험 삼아 레몬, 심지어 자몽까지 대신 써볼 수 있다. 레몬을 쓰면 견과류나 향신료 계열 리큐어를 써볼 만한 여지가 생긴다. 자몽을 쓸 경우에는 리큐어나 달콤쌉쌀한 아마로에서 단맛을 조금 더해 자몽의 쓴맛을 줄일 수 있다. 하이볼에서는 얼음을 채우면 레몬과 자몽 두 풍미 모두 기분 좋게 변한다. 단, 시트러스는 어떤 경우든 바로 짜서 써야 한다는 점을 명심하자.

스파클링 칵테일을 만들면서 기포 가지고 놀아보기

버번에 수백 가지 풍미 프로필이 있듯 스파클링 와인도 다르지 않다. 샴페인, 프로세코, 카바 등 그 유형이 아주 많다. 어떤 하이볼이든 탄산수 대신 스파클링 와인으로 짝을 맞춰 와인 풍미의 톡 쏘는 자극을 더해볼 수 있다.

세븐 앤 세븐, 럼 앤 코크, 톰 콜린스, 존 콜린스, 미모사, 팔로마, 진토닉, 스프리츠 등은 모두 하이볼의 확대가

하이볼 칵테일 실험실의 세팅

족에 속한다. 이 칵테일들 모두 스피릿과 탄산음료로 만드는 단순성이 공통점이다. 그리고 하이볼을 이리저리 가지고 놀아보기에 가장 쉬운 방법 한 가지는 만들면서 맛을 보는 것이다.

위스키 하이볼 주조 시의 강추와 비추

잔은 미리 차갑게 해둘 것 일품 하이볼 주조의 열쇠는 아주 차가운 잔과 아주 차가운 탄산수다. 이 둘이 어우러져야 탄산의 발포를 늦춰 첫 모금부터 마지막 모금까지 기포가 보글보글 올라오게 해준다.

과한 스터링은 금지 바스푼으로 잔 가장자리를 따라 빠르게 한 번 휙 돌려주는 것으로 믹싱을 시작하면 그 뒷일은 기포들이 발생해 표면으로 올라가며 알아서 마무리해준다.

큼직한 얼음 쓰기 펠릿 아이스나 크랙트 아이스, 냉장고 얼음 대신 큼직한 각얼음 몇 개만 넣어주면 기포도 계속 올라오고 얼음이 녹으면서 일어나는 희석 효과도 줄어든다.

가니쉬 실험 잔에 과일, 생 허브, 향신료 등을 시험 삼아 넣어본다. 이렇게 해보면 시각적 흥미를 끄는 동시에 하이볼의 향과 맛에도 변화를 줄 수 있다.

두 가지 재료에만 얽매이지 말 것 하이볼에 더 많은 풍미와 향을 내기 위해 약간의 시트러스나 리큐어, 심플 시럽, 심지어 비터스까지도 섞어보자. 추가 재료를 하나 이상 쓸 때는 탄산수 외의 모든 재료들은 먼저 믹싱해서 하이볼 글라스에 부어주는 것이 좋다. 그래야 탄산수를 넣은 후에 과하게 저어줄 일이 없다.

프랙티스 왓 유 피치 하이볼

Practice What You Peach Highball

 한여름에 딱 맞는 하이볼. 피치 리큐어, 스파이시 비터스, 가니쉬의 은은한 향으로 기본 하이볼을 한 차원 끌어올린 맛. 보다 드라이한 맛을 좋아한다면 진저에일 대신 플레인 광천수를 사용한다.

버번이나 라이 60㎖

지파르 크렘 드 페슈 드 비뉴 15㎖

크루드 비터스 린제이(피칸, 목련, 하바네로) 8방울

냉동 복숭아(선택)

진저에일, 플레인 광천수 또는 탄산수 120㎖

가니쉬: 바질이나 민트 가지, 생 복숭아 슬라이스

하이볼 글라스에 위스키, 피치 리큐어, 비터스를 넣고 짧게 저어준다. 얼음과 냉동 복숭아를 넣는다(냉동 복숭아를 쓸 경우에는 각얼음 사이에 띄엄띄엄 넣는다). 그 위로 진저에일을 뿌리고 마지막으로 한 번만 저어준다. 민트나 바질을 살짝 스팽킹한 후 복숭아 슬라이스와 함께 잔 안에 넣어준다.

칵테일 실험실: 버번 하이볼 실험

하이볼은 잔에서 바로 만드는 칵테일이라 실험하기가 편하다. 이번 실험에서는 먼저 기본 하이볼 두 가지를 만들고 난 뒤 재료를 추가하며 풍미가 더해짐에 따라 칵테일이 어떻게 달라지는지 맛을 보면서 확인해보자. 예를 들어 위스키가 시큼한 재료나 비터스와 어떤 상호작용을 일으키는지 주의 깊게 느껴보면 된다.

1. 차갑게 해둔 하이볼 글라스에 버번 60㎖, 얼음, 차가운 탄산수를 넣는다. 몇 가지 재료를 추가하게 될 것을 감안해 잔에는 여유 공간을 남겨둔다. 칵테일을 빠르게 한 번 저은 후 한두 모금 맛보며 위스키와 탄산수 두 가지만 넣었을 때의 풍미에 주목해본다.

2. 레몬주스 15㎖를 섞고 빠르게 한 번 저은 후 또 한 모금 맛본다. 시트러스의 추가로 버번의 맛과 칵테일의 밸런스가 어떻게 달라졌는지에 주목한다. 아마 이 시점에선 너무 시큼할 수도 있다.

3. 플레이버 심플 시럽 15㎖를 넣는다. 이때는 블랙베리, 복숭아, 라벤더 계열의 심플 시럽처럼 꽃이나 과일 풍미가 살짝 도는 시럽으로 고른다. 시럽을 넣으면 레몬주스의 새콤함에 밸런스를 잡아줄 뿐만 아니라 버번의 과일 향과 결합해 희석이 되어도 그 향이 더 부각되게 해준다. 이제 이 칵테일은 존 콜린스에 더 가까운 칵테일이 되었다.

4. 차갑게 해둔 깨끗한 하이볼 글라스에 버번 60㎖, 얼음, 진저에일을 넣는다. 이번에도 잔에 여유 공간을 남겨둔다. 칵테일을 빠르게 한 번 저은 후 맛을 본다. 이 칵테일이 탄산수를 섞은 칵테일과 어떤 풍미 차이가 나는지 주목해본다. 내 경우에는 진저에일이나 진저비어로 만든 하이볼에서 제과용 향신료 풍미가 더 많이 느껴지는 편이다.

5. 리큐어 15㎖를 섞어준다. 오렌지나 견과류 계열의 리큐어를 추천한다. 리큐어는 칵테일에 단맛과 알코올을 더해준다. 칵테일의 맛을 보며 리큐어로 어떤 풍미가 더해졌는지 주의 깊게 느껴본다.

6. 쌉쌀한 아마로 15~30㎖를 넣는다. 아베르나, 캄파리, 몬테네그로 모두 아주 좋은 후보감이다. 쓴맛의 리큐어는 다른 리큐어와 진저에일 모두의 단맛에 밸런스를 잡아준다. 비터스를 넣으면 위스키의 풍미가 더 두드러지고 리큐어와 탄산수에서 비교적 억제되어 있는 풍미도 조금 더 발산된다.

버번-캄파리 하이볼

Bourbon-Campari Highball

뛰어난 아마로와 버번의 조합을 워낙 좋아하는 내가 비터스와 버번의 뛰어난 어우러짐을 칭송하는 마음을 담아 만들어본 칵테일이다. 이 고도수 하이볼에서는 이탈리아의 클래식 칵테일 스프리츠를 참고해 약간의 캄파리와 카다마로를 쓰기도 한다.

50도 이상의 버번 45㎖(위스키 특유의 톡 쏘는 맛이 부족하다면 15㎖를 더 넣거나 더 높은 도수의 위스키를 쓸 것)

캄파리 15㎖

카다마로 2바스푼

피버 트리 스파이스드 오렌지 진저에일 120~180㎖

가니쉬: 오렌지 필이나 휠

하이볼 글라스에 얼음을 채우고 버번, 캄파리, 카다마로를 부어 넣는다. 빠르게 한 번 저어준다. 그 위로 진저에일을 토핑하고 한 번 더 휙 저은 후 가니쉬를 더한다.

사진에 담을 만한 인상적인 가니쉬 구상하기

칵테일 실험 작품을 멋지게 장식해 친구들과 팔로워들의 탄성을 듣고 싶다면 여기에 소개하는 몇 가지 팁에 주목해보자.

· 밝은색이나 대비되는 색의 가니쉬 더하기

· 가니쉬의 모양을 잔과 조화시키기. 하이볼 글라스를 예로 들자면 길쭉한 시트러스 트위스트, 긴 허브 가지나 파인애플 잎으로 높이를 강조하는 식이다. 쿠페 글라스라면 트위스트나 단 한 장의 잎으로 장식하거나 베리류나 체리를 꼬치에 꽂아 얹는 등으로 잔의 볼 모양에 따라 연출한다.

· 빛의 방향 활용하기. 창가나 어두운 방에서 빛이 머리 위가 아닌 왼쪽이나 오른쪽으로 비치도록 위치를 잡아 사진을 찍는다. 외부의 빛은 차단한다.

라벤더-시트러스 하이볼

Lavender-Citrus Highball

초록색 위스키 칵테일은 나에겐 언제나 충격적으로 와닿지만 이 풍미 조합은 정말 대박이다. 라벤더와 시트러스가 만나면 예외 없이 뛰어난 위스키 칵테일이 나올뿐더러, 여기에 블루 큐라소가 더해지면서 흥겨운 느낌과 활기찬 녹색까지 선사해준다.

버번 45㎖(위스키의 톡 쏘는 맛이 더 나길 원하면 60㎖를 넣어도 된다)

라벤더 심플 시럽 15㎖(레시피는 143쪽 참조)

블루 큐라소(색감이 덜 요란한 하이볼을 만들고 싶다면 무색의 다른 오렌지 리큐어를 사용한다) 7.5㎖

산펠레그리노 아란시아타 오렌지 스파클링 워터 120~180㎖

가니쉬: 오렌지꽃과 라벤더 가지

하이볼 글라스에 버번, 라벤더 심플 시럽, 블루 큐라소를 넣고 몇 번만 가볍게 저어준다. 얼음을 채우고 그 위로 오렌지 스파클링 워터를 붓고 한 번 더 저어준 후 가니쉬한다.

프루프스 업 파미그래닛 하이볼

Proof's Up Pomegranate Highball

이 드라이한 하이볼은 단맛을 양보해, 체리 향 띠는 뛰어난 버번의 풍미를 돋워주는 스타일이다(나는 올드 포레스터 1920을 쓴다). 드라이하면서 상쾌한 칵테일로 단맛을 즐기지 않는 위스키 애주가에게 이상적이다.

체리 향을 띠는 중간도수에서 고도수 대의 버번 45㎖

파미그래닛(석류)주스 30㎖

체리 비터스 3대시

파미그래닛 체리 펠레그리노 120~180㎖

가니쉬: 석류 씨나 칵테일 체리

차갑게 해둔 하이볼 글라스에 버번, 석류주스, 비터스를 넣는다. 잠깐 저은 후 얼음을 넣고 펠레그리노를 토핑한 다음 한 번 더 젓고 가니쉬한다.

블랙베리-카다멈 뮬

전문가의 팁

나는 뮬의 사진을 찍을 때는 대체로
그 예쁜 색을 강조하려고 유리잔에
담지만 그래도 이 칵테일의 정신에
충실하기 위해 구리 머그잔을 쓰길
권한다. 유리잔에 담아도 풍미를 해
치진 않지만 이런 금속 머그잔을 써
야 칵테일의 온도가 차갑게 유지되
고 기포도 잘 생긴다.

블랙베리-카다멈 뮬

Blackberry-Cardamom Mule

블랙베리와 생강은 원래도 찰떡궁합이지만 여기에 약간의 라임주스와 카다
멈을 함께 조합하면 복합적이면서도 만들기 쉬운 칵테일이 된다. 그러데이션
을 이룬 색감으로 마시는 동안 보는 재미를 선사하기도 한다. 나는 캐러멜 향
이 주된 풍미인 버번보다 견과류 풍미의 버번을 사용한다. 또 믹싱 글라스에
재료들을 믹싱하지만 머그잔에 바로 만들어도 괜찮다.

저도수나 중간도수의 버번 45㎖	스크래피스 카다멈 비터스 1~2대시
갓 짜낸 라임주스 15㎖	진저비어 120~180㎖
블랙베리 심플 시럽 15㎖(레시피는 138쪽 참조)	가니쉬: 생이나 냉동 블랙베리, 라임 휠, 당절임 생강(선택)

믹싱 글라스에 버번, 라임주스, 심플 시럽, 비터스를 넣는다. 얼음을 채우고 10초간 젓는다.
으깬 얼음이나 펠릿 아이스로 채운 구리 뮬 머그에 스트레이너로 걸러 따른다. 그 위로 진저
비어를 토핑한 후 가니쉬한다.

> "디스틸러로서나 위스키 애주가로서의
> 측면에서 보면 여성도 긴 역사를 가지고
> 있다. 특정 성별이어야만 버번이나 다른
> 위스키를 제대로 즐길 수 있는 것은 아니
> 다. 그것이 와인이든 맥주든 위스키든 간
> 에 뛰어난 풍미와 잘 빚어진 멋진 술은 누
> 구나 알아보게 되어 있다."
>
> – 수잔 리글러(2015~2017 여성버번협회 회장)

워터멜론 뮬

Watermelon Mule

이 화사하고 맛 좋은 켄터키 뮬의 변형과 함께라면 여름이 흥겨워진다. 수영장에서 오후를 보내
며 그 맛을 즐겨보길 권한다.

버번 60㎖	진저비어 120~180㎖
갓 짜낸 라임주스 15㎖	깍둑썰기한 냉동 수박(선택)
수박 심플 시럽 15㎖(레시피는 140쪽 참조)	가니쉬: 깍둑썰기한 수박, 생 민트

구리 뮬 머그에 버번, 라임주스, 심플 시럽을 먼저 넣는다. 잠깐 저은 후 으깬 얼음이나 펠릿 아이스를 넣고 그 위로
진저비어를 토핑한다. 풍미를 더하기 위해 깍둑썰기한 냉동 수박으로 얼음의 일부를 대체한다. 가니쉬한다.

히비스커스-진저 하이볼

Hibiscus-Ginger Highball

 레몬 향 머금은 생강 풍미의 펀치를 날려주는 붉은빛의 매력적인 하이볼. 해변에서의 오후나 해먹에 편히 누워 긴장을 풀 때 제격이다.

리튼하우스 라이(또는 브랜드에 상관없이 고도수의 라이) 60㎖

히비스커스-진저 심플 시럽 15㎖(레시피는 아래 참조)

메이어 레몬 비터스 8방울

헬라 비터스 진저 비터스 2대시

히비스커스-레몬그라스 스파클링 음료 60~120㎖

가니쉬: 당절임 생강, 말린 가당 히비스커스꽃

하이볼 글라스에 라이, 심플 시럽, 비터스를 먼저 넣고 저어준다. 잔에 얼음을 섞어 넣고 그 위로 스파클링 음료를 부은 후 마지막으로 한 번 저어주고 가니쉬한다.

히비스커스-진저 심플 시럽

말린 히비스커스꽃 1/2큰술

물 1컵

설탕 1컵

생강 뿌리 3.8cm, 껍질을 벗기고 잘게 다져서 준비

끓인 물에 말린 히비스커스꽃을 넣고 8분간 담가놓는다. 여과해 작은 편수냄비로 옮긴다. 설탕과 생강 뿌리를 넣는다. 끓어오르면 5분 정도 뭉근히 끓인다. 불을 끄고 60분간 그대로 담가둔다. 여과 후 냉장고에 넣어 2~4주간 냉장 보관하며 사용한다.

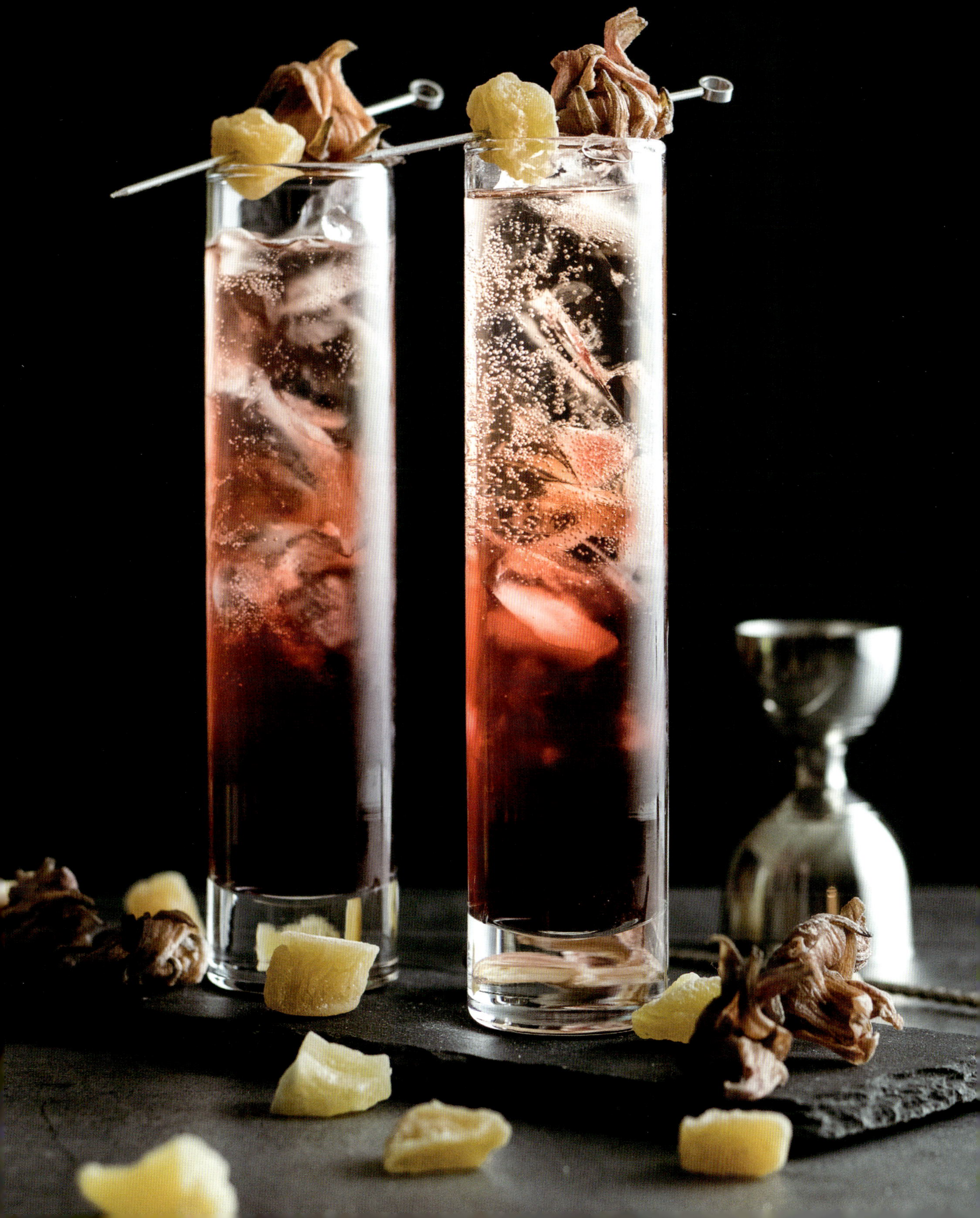

기포와 버번

이런 류의 칵테일이 정식 칵테일로 분류되진 않더라도, 버번과 기포가 만나면 기분 좋게 톡 쏘는 맛을 가진 상쾌하고 감각적인 칵테일이 나온다. 뉴욕 사워에 와인을 띄워주면 풍미와 향기 성분들이 더해지며, 이 점에서는 샴페인이나 스파클링 와인도 다르지 않다. 나는 칵테일 위에 프로세코나 스파클링 와인을 토핑하는 것을 적극 지지하는 편이다. 그 풍미의 변화가 정말 좋다. 하이볼 유형의 레시피에서는 어떤 경우든 탄산수 대신 스파클링 와인을 써도 무난하다.

올드 패션드 버블스

Old-Fashioned Bubbles

 올드 패션드 레시피를 기본으로 삼아 스파클링 와인 띄우기를 추가한, 쉬운 레시피다. 여기에서 는 내가 올드 패션드를 만들 때 가장 즐겨 쓰는 레시피를 소개하지만 다른 레시피도 무엇이든 괜 찮다. 어떤 레시피대로 하든 재료들을 반으로 줄이고 맨 위에 샴페인을 따라주기만 하면 된다.

저도수에서 중간도수 대의 버번 30㎖   오렌지 비터스 1대시

황설탕 심플 시럽 7.5㎖   샴페인이나 스파클링 와인

아로마틱 비터스 1대시   가니쉬: 칵테일 체리, 오렌지 필

믹싱 글라스에 버번, 심플 시럽, 비터스를 넣는다. 얼음을 채우고 차가워질 때까지 30초가량 젓는다. 플루트형 샴페인 글라스에 스트레이너로 걸러 따르고 그 위로 스파클링 와인을 토핑한 후 가니쉬한다.

어떤 칵테일이든 스파클링 와인 토핑 으로 풍미를 끌어올릴 수 있다. 심지어 지극히 단순한 맛조차 더 복합적으로 돋워줘 매력을 배가시킨다. 보통 용량 의 칵테일 하나를 차갑게 해둔 쿠페 글 라스 2개에 나누어 담고 그 칵테일의 풍미 요소와 어울리는 스파클링 와인 을 위에 부어보기만 해도 알 수 있다.

콜 투 포스트
Call to Post

루이빌의 처칠 다운 경마장에서 매 경주 전에 소집 나팔소리가 들려오는 순간, 켄터키 주 사람이라면 누구나 등줄기를 타고 흥분의 소름이 퍼진다. 5월의 첫 주말이라면 그 흥분은 더하다. 히비스커스 심플 시럽의 짙붉은 색조를 보면 경마장에서의 그 멋부린 드레스와 모자 차림의 여성들이 떠오른다.

버번 30㎖

히비스커스 심플 시럽 15㎖(레시피는 아래 참조)

솔레르노 블러드 오렌지 리큐어 7.5㎖

샴페인

가니쉬: 꼭지를 제거한 체리

믹싱 글라스에 버번, 심플 시럽, 리큐어를 넣는다. 얼음을 채우고 충분히 차가워질 때까지 20초가량 젓는다. 플루트형 샴페인 글라스에 스트레이너로 걸러 따르고 그 위로 샴페인을 토핑한 후 가니쉬한다.

히비스커스 심플 시럽

말린 히비스커스꽃 1/2큰술

물 1컵

설탕 1컵

끓인 물에 말린 히비스커스꽃을 넣고 8분간 담가놓는다. 여과 후 설탕을 넣고 녹을 때까지 저어준다. 깨끗한 유리병에 담아 2~4주간 냉장 보관하며 사용한다.

웬 데어 아 나인

When There Are Nine

 루스 베이더 긴즈버그(미국의 전 연방대법원 대법관)는 언제쯤 연방대법원에 여성이 충분해지겠느냐는 질문을 받았을 때 두고두고 회자될 명언을 남겼다. "9명이요(When there are nine)."(연방대법원은 대법원장과 8명의 대법관 총 9명으로 구성된다-옮긴이) 이 칵테일은 내가 그녀에게 경의를 표하는 의미에서 만든 스파클링 와인 칵테일로, 과일 풍미가 경쾌하게 다가오는 동시에 새콤함과 알싸함까지 겸비하고 있다. 루스 베이더 긴즈버그도 인정해줄 만한 칵테일이라고 자부한다.

패션프루트주스 30㎖

로완스 크릭 버번 45㎖

진저 리큐어 15㎖

심플 시럽 15㎖

카다마로(또는 어떤 브랜드든 제과용 향신료 향을 띠는 아마로) 1바스푼

올드 포레스터 허밍버드 비터스 1/2스포이트

스파클링 와인

가니쉬: 당절임 생강

믹싱 글라스에 패션프루트주스, 버번, 진저 리큐어, 심플 시럽, 아마로, 비터스를 넣는다. 얼음을 채우고 충분히 차가워질 때까지 젓는다. 플루트형 샴페인 글라스나 쿠페 글라스에 스트레이너로 걸러 따르고 그 위로 스파클링 와인을 토핑한 후에 가니쉬한다.

제 8 장

줄렙

경마장의 칵테일, 그 이상

프로즌 민트 줄렙

Frozen Mint Julep

수잔 리글러와 조이 페린의 『켄터키 버번 칵테일 북』에서 기준을 세워놓은 칵테일. 여성버번협회의 '낫 유어 핑크 드링크' 대회 개최 초반기에 조이는 이 레시피대로 출품해 심사위원들의 평가를 받기도 했다. 그녀가 개발한 이 냉동판 변형의 민트 줄렙은 만들기 쉽고 많은 인원에게 대접하기에도 좋다(이 레시피를 따르면 버번 1컵으로 프로즌 민트 줄렙 서너 잔을 만들 수 있다).

켄터키 버번 1컵	**민트 잎 1/4컵**
켄터키 민트 심플 시럽 1/2컵(레시피는 아래 참조)	**가니쉬: 생 민트 가지**

블렌더에 재료들을 담는다. 얼음을 가득 채운 후 갈아준다. 컵이나 글라스에 나눠 부은 후 가니쉬한다.

켄터키 민트 심플 시럽

물 1컵	**사탕수수 설탕 1컵**
켄터키 커널 민트 잎 1컵	

물을 끓인 후 민트 잎을 넣고 2분간 끓인다. 설탕을 넣고 1분 더 끓인다. 뚜껑을 덮어 불에서 내린다. 담가놓고 최소 6시간 혹은 밤새 그대로 둔다. 여과 후 병에 담아 냉장고에 넣는다. 한 번 만들어두면 대략 1주일 정도 간다.

켄터키 버번 명예의 전당 헌액자이자 여성버번협회 설립 멤버 조이 페린의 레시피

줄렙은 스피릿과 설탕을 재료로 만들어 으깬 얼음을 넣고 생 허브를 가니쉬로 얹어 서빙하는 칵테일로, 그 변형이 무한대에 이른다. 신비로운 역사를 가진 유명 칵테일이지만 수많은 버번 애주가들에게 민트 줄렙은 별 감흥을 일으키지 않는다. 하지만 재료와 구성에 조금만 관심을 기울이면 여름철 최애 칵테일로 변신할 수도 있다.

켄터키 주 사람들은 민트 줄렙을 보면 절로 켄터키 더비의 즐거운 기억을 연상시킨다. 손에는 성에 낀 줄렙을 든 채로, 말들이 우레와 같은 말발굽 소리를 내며 결승선을 향해 내달리는 모습을 지켜보던 그때가 아른거린다. 나는 작은 텃밭에 민트를 키워 민트 두세 종 중에 골라 쓰고 있는데 운이 좋게도 5월 첫째 주쯤인 켄터키 더비 개막 무렵이면 민트 잎이 풍성하게 달린다.

버번 칵테일을 통틀어 민트 줄렙만큼 음료를 넘어선 그 이상의 의미를 갖는 것도 없다. 한마디로 민트 줄렙은 경험이다. 성에가 끼어 가장자리 부분은 너무 차가워 잡기도 힘든 잔부터, 칵테일 위로 함께 어우러져 피어오르는 민트와 버번의 향, 홀짝일 때마다 코를 간질이는 풍성한 민트 가니쉬의 간질임, 입안에 머금을 때의 그 얼음처럼 차가운 온도까지 푸짐한 경험을 선사한다. 그 맛과 향과 감촉이 다른 칵테일들은 꿈만 꿀 수 있는 감각 기억을 만들어준다.

민트 줄렙의 역사

줄렙의 역사는 다른 칵테일들의 역사보다 훨씬 더 오래전으로 거슬러 올라간다. 'julep'의 어원은 페르시아어 'gulab'과 아랍어 'julab'이다. 두 단어 모두 장미수로 만든 달콤한 음료를 뜻하는 말이다. 이 무역로를 통해 음료가 중세 유럽으로 전해졌고 유럽에서는 수백 년에 걸쳐 'julep'이 시럽으로 단맛을 내 더 맛있게 만든 약이나 팅크제를 가리키는 말로 통용되었다. 그러다 미국에서 민트 줄렙이 만들어질 무렵에는 이 명칭이 건강에 좋다는 핑계로 하루를 시작하며 마시는 독한 위스키를 농담조로 일컫는 말로 쓰였던 듯하다.

줄렙의 생명은 뭐니 뭐니 해도 얼음에 있다! 따라서 현대판 줄렙은 산업혁명으로 얼음의 채취·수송·보관이 상업화된 1800년대 초에 들어서야 출현했다. 당시에 상류층에서 가장 많이 즐긴 스피릿이 브랜디나 럼이었던 점으로 미루어 초창기의 민트 줄렙은 브랜디나 럼을 썼을 것이다. 그러다 이후에야 버번이 줄렙 주조의 표준이 되었다.

민트 줄렙이 남부에서 대중화된 점을 근거로 농장의 노예들이 처음 민트 줄렙을 만들었다는 것이 통설로 퍼져 있다. 실제로 1800년대에 미국에서 가장 유명한 줄렙 제조자들 중에는 노예 신분에서 해방된 카토 알렉산더라는 아프리카계 미국인이 있었다. 아프리카계 미국인 바텐더로, 웨스트버지니아 주 스위트 스프링스 휴양지에서 일하며 손님들에게 줄렙을 만들어준 존 대브니도 유명했다. 두 사람 모두 남부에서의 줄렙 대중화를 말할 때 중요한 인물로 꼽힌다.

줄렙의 네 가지 요소

위스키, 설탕, 얼음, 허브. 이 네 가지만 있으면 줄렙을 만들 수 있다. 간단한 칵테일이지만 모든 요소에서 얼마나 품질 좋은 재료를 골라 쓰느냐에 따라 결과물의 차이가 크게 달라진다.

위스키 전통적으로 버번을 쓰고 있고 다른 스피릿을 베이스로 쓸 수도 있지만 내 경우에는 줄렙 실험을 벌일 때는 언제나 베이스로 버번이나 라이를 넣는다. 으깬 얼음을 담아 서빙하는 칵테일이라 금방 희석되기 때문에 중간도수부터 고도수 대의 위스키로 고른다.

설탕 민트 줄렙을 잔에서 바로 만들며 알갱이나 가루 형태의 설탕을 넣는 사람들도 있지만 나는 심플 시럽을 선호한다. 시럽을 쓰면 머들링 중에 민트 잎이 가루로 부서지는 정도가 설탕보다 훨씬 덜하고 다른 재료들과도 더 잘 조화를 이루며 섞인다.

얼음 다른 대다수 칵테일과는 달리 줄렙에서는 특정 얼음을 써야 한다. 으깬 얼음이나 펠릿 아이스를 쓰지 않으면 잔 바깥 면에 번들번들한 성에 효과를 내지 못한다.

클래식 민트 줄렙

Classic Mint Julep

버번 60㎖	민트 잎 10장
심플 시럽 15㎖	가니쉬: 생 민트 가지

민트 잎 1장으로 줄렙 컵 안쪽을 문지르며 특히 컵 가장자리 쪽을 잘 문질러준다. 심플 시럽과 남은 민트 잎을 넣고 가볍게 머들링한다. 버번을 넣는다. 얼음을 채우고 한두 번 저어 섞는다. 공간이 있으면 그 위로 얼음을 더 넣어준다. 민트 가지를 가니쉬로 곁들이고 바로 그 옆에 빨대를 놓는다.

다시 말해 줄렙의 백미를 놓친다는 이야기다.

허브 예전부터 줄렙은 민트 가지에서 싱그러움을 끌어내지만 가니쉬로는 어떤 생 허브도 다 쓸 수 있다. 바질, 그중에서도 특히 시나몬 바질이나 레몬 바질이 줄렙과 환상의 짝이 될 만하다. 겨울에 즐기는 줄렙에는 로즈메리나 세이지를 써도 괜찮고 타임 가지도 아주 좋은 향을 낸다. 단, 어떤 허브를 가니쉬로 쓰든 싱싱하고 향긋해야 하며 스팽킹도 해줘야 한다.

민트 줄렙에서 자신만의 변주 만들기

민트 줄렙의 매력 한 가지는 이런저런 방법으로 흥미롭고 맛깔스러운 변화를 주기가 아주 쉽다는 점이다. 가니쉬와 심플 시럽을 창의적으로 조합시켜보면 대담한 풍미 표현을 담아낼 수 있고, 칵테일에서 잘 드러나지 않는 편인 풍미와 향을 부각시킬 수도 있다.

스피릿 베이스 가지고 놀아보기

중간도수에서 고도수 대의 버번이나 위스키로 고른다. 나는 50도의 보틀드 인 본드 버번을 즐겨 쓰는데, 으깬 얼음에 희석되어도 위스키의 존재감이 살아 있기 때문이다. 하지만 럼, 브랜디, 라이, 심지어 플레이버 위스키로도 흥미로운 결과를 끌어낼 수 있다.

감미료 가지고 놀아보기

심플 시럽이나 데메라라 시럽보다는 과일 시럽이나 우려낸 시럽을 써서 풍미의 층을 내본다. 한 예로 내 최애 칵테일에 속하는 블랙베리-바질 줄렙도 블랙베리 심플 시럽 약간과 생 바질 가지를 써서 만든다. 가을에 맞는 줄렙을 만들 때는 바닐라나 시나몬-메이플 시럽에 가니쉬로 민트와 부채꼴로 모양 잡은 생 사과 슬라이스를 조합해보는 것도 괜찮다.

허브 가지고 놀아보기

줄렙은 다른 클래식 버번 칵테일들에 비해 가니쉬의 의존도가 높다. 줄렙의 경험은 홀짝일 때 허브에서 보내오는 향의 신호에 의존하는 만큼 가니쉬가 필수다. 허브에 변화를 주는 것은 조합을 테스트하기에 빠르고도 쉬운 방법이기도 하다. 줄렙에서는 전통적으로 가니쉬로 민트를 쓰지만 민트 대신 바질을 써보는 것도 재미있다. 특히 한여름철에는 생 바질을 어디에서나 구할 수 있는데다

민트 줄렙

전문가의 팁

허브 가니쉬의 잎이나 가지를 줄렙 컵 안쪽 면에 대고 문지르며 특히 컵 가장자리 쪽에 신경 써서 문질러주자. 이렇게 하면 컵 안쪽과 가장자리에 향기로운 오일이 전해져 칵테일을 홀짝일 때 허브의 존재감이 더 돋보이게 된다.

그 취하도록 진한 향이 베리류나 핵과류, 위스키와 궁합을 이루면 기분 좋은 펀치를 날려준다. 라벤더, 비밤, 로즈버드, 재스민, 캐모마일, 레몬밤 같은 꽃 허브류도 줄렙의 가니쉬로 써볼 만하다. 세이지, 로즈메리, 회향풀, 타임, 마조람, 타라곤, 고수 잎, 딜 같은 향기로운 허브류는 경우에 따라 풀이나 허브 풍미의 위스키, 과일이나 베리 시럽과 꿀조합을 이룬다. 나는 정원에서 무엇이든 한창 무성한 허브를 골라 그 가니쉬를 베이스로 삼아 칵테일을 만들 때도 있다. 허브와 위스키의 궁합을 테스트하려면 시음 글라스에 그 위스키를 따라놓고 허브와 나란히 향을 맡아보며 향이 서로를 보완해주는지 판단해보길 권한다.

비터스나 리큐어 가지고 놀아보기

비터스와 리큐어는 줄렙의 전통적인 재료는 아니지만 둘 다 줄렙에서의 쓰임새가 좋다. 비터스는 지나치게 달콤한 풍미 프로필을 가진 줄렙의 밸런스를 잡아주는 면에서, 리큐어는 줄렙의 풍미 조합을 넓혀주는 면에서 유용하다. 나는 줄렙에 초콜릿 풍미를 아주 즐겨 쓴다. 초콜릿-민트 줄렙은 좋아하는 쿠키가 연상되는 맛을 내주고 (레시피는 201쪽 참조) 초콜릿과 피넛버터가 만나면 맛깔스러운 줄렙이 나올 수도 있다. 나는 버번의 풍미를 돋우기 위해 가끔씩 줄렙에 복숭아, 살구, 바나나, 생강 계열 리큐어를 섞어 넣는다.

민트 줄렙 주조 시의 강추와 비추

금속재 줄렙 컵 사용하기 일부 사진에서는 색감을 보

칵테일 실험실: 향기로운 허브와 시럽을 활용한 줄렙 실험

이번 칵테일 실험에서는 당신의 입맛에 잘 맞는 줄렙 변형을 만드는 데 도움을 주는 차원에서 허브와 시럽의 몇 가지 기본적인 궁합을 보여주려 한다. 이번 실험은 다섯 가지 줄렙을 만들도록 짜여 있고 필요한 준비물은 메이플 시럽, 허니 시럽, 생 허브 3종(민트, 바질, 로즈메리)이다(시험해보고 싶은 다른 시럽들이 있다면 바꿔도 좋다).

1. **민트-허니 줄렙**: 먼저 민트 잎을 줄렙 컵 안쪽에 문질러놓는다. 그런 다음 허니 시럽 15㎖와 민트 잎 8장을 넣고 머들링해주고 버번 60㎖, 으깬 얼음, 민트 가지 1개를 넣는다.

2. **민트-메이플 줄렙**: 먼저 민트 잎을 줄렙 컵 안쪽에 문질러놓는다. 그런 다음 메이플 시럽 7.5㎖와 민트 잎 8장을 넣고 머들링한 후 버번 60㎖, 으깬 얼음, 민트 가지 1개를 넣는다. 메이플 시럽을 썼을 때와 허니 시럽을 썼을 때의 풍미 차이에 집중해본다. 둘 중 더 마음에 드는 쪽이 있는가?

3. **허니-바질 줄렙**: 먼저 바질 잎으로 줄렙 컵 안쪽을 문질러놓는다. 그런 다음 허니 시럽 15㎖와 바질 잎 6장을 넣고 머들링한 후 버번 60㎖, 으깬 얼음, 바질 가지 1개를 넣는다.

4. **허니-로즈메리 줄렙**: 먼저 로즈메리 가지로 줄렙 컵 안쪽을 문질러놓는다. 그런 다음 허니 시럽 15㎖와 큼직한 로즈메리 가지 1개를 넣고 머들링한 후 버번 60㎖, 으깬 얼음, 로즈메리 가지 1개를 넣는다. 두 가지 허브 가니쉬의 풍미를 비교해본다. 한 허브가 다른 허브보다 더 맛이 좋은가? 재료로 쓰고 있는 버번과의 궁합에서 어느 허브가 더 잘 맞는가?

5. **와일드 카드 줄렙**: 당신만의 독창적인 시럽과 허브의 조합을 착안해 다른 변형들을 만들어본다.

위의 여러 줄렙을 맛보며 가니쉬의 차이가 줄렙의 향뿐만 아니라 맛에까지 어떤 영향을 미치는지 주목해보자. 이런 영향이 일어나는 이유는 풍미 인식의 대부분이 코에서 이루어지기 때문이다. 이번 실험에서 확실히 확인한 것처럼 향이 맛을 견인한다.

여주려 줄렙을 유리잔에 담긴 했지만 마실 목적으로 줄렙을 내갈 때는 꼭 금속재 줄렙 컵을 고른다.

으깬 얼음이나 펠릿 얼음 쓰기 으깬 얼음, 알코올, 금속재 컵이 만나면 줄렙 컵의 바깥 면에 차가운 성에가 맺힌다. 각얼음으로는 이런 성에가 생기지 않는다.

빨대를 잊지 말 것 홀짝일 때마다 싱싱한 허브의 향도 같이 느낄 수 있도록 가니쉬 바로 옆에 빨대를 꽂는다.

으깬 얼음에 구멍을 내 가니쉬 꽂기 민트 가지로는 얼음에 구멍을 낼 수 없다면 빨대를 이용해 가니쉬와 빨대를 같이 꽂아도 될 만큼 큰 구멍을 낸다.

가니쉬에 인색하지 말 것 생 허브로 민트나 바질을 쓰든 로즈메리나 타임을 쓰든 아낌없이 쓴다. 허브 가니쉬에서 피어나오는 향은 한 모금씩 머금을 때마다 싱그러운 향을 불어넣어준다.

허브에 스팽킹해주기 줄렙 컵에 허브 가니쉬를 꽂기 전에 손등에 허브를 올려놓고 찰싹 때려준다. 이렇게 가볍게 찧어주면 가니쉬의 향이 한결 진해진다.

허브를 너무 으깨지 말 것 민트나 바질처럼 여린 허브를 다룰 때는 가볍게 머들링해준다. 머들링을 세게 하면 쓴맛이 나올 뿐만 아니라 칵테일에 작은 부스러기들이 떠다니게 된다.

덜 희석시키기 으깬 얼음이나 펠릿 얼음이 들어가는 점을 감안해 믹싱 글라스를 쓰거나 줄렙 컵에 바로 만들 때 살짝 덜 희석시킨다.

던 앳 더 다운스

Dawn at the Downs

커피, 메이플, 오렌지 풍미가 어우러져 더비 데이는 물론 그 어떤 날이든 하루를 시작하기에 그만인 아침용 칵테일. 여기에 베이컨을 살짝 더하고 싶다면 안 될 것도 없다! 8인분을 만들고 싶으면 괄호 속의 컵 단위로 용량을 바꾸면 된다.

커피 리큐어 15mℓ(1/2컵)

오렌지 리큐어 7.5mℓ(1/4컵)

메이플 시럽 15mℓ(1/2컵)

민트 잎 8장

버번 60mℓ(2컵)

가니쉬: 생 민트 가지

민트 잎 1장으로 줄렙 컵의 안쪽과 가장자리를 문질러준다. 리큐어, 메이플 시럽, 남은 민트 잎을 넣고 가볍게 머들링한다. 버번을 넣고 빠르게 휙 휘저어 섞는다. 으깬 얼음을 채운 후 가니쉬와 빨대를 꽂을 작은 구멍을 낸다. 민트 가지를 스팽킹한 후 가니쉬로 곁들인다.

트리플 크라운 파이 줄렙

Triple Crown Pie Julep

더비 파티에서 사랑받는 디저트는 버번을 섞어 만든 초콜릿 피칸 파이다. 이 줄렙은 금속 컵에 담 긴 켄터키 인기 파이라 할 만하다.

중간도수의 버번 45㎖

리불렛 피칸 리큐어 22.5㎖

발로탕 초콜릿 위스키나 크렘 드 카카오 22.5㎖

초콜릿 비터스 3대시

가니쉬: 생 민트 가지

줄렙 컵에 으깬 얼음을 채운다. 믹싱 글라스나 칵테일 셰이커에 재료들을 넣고 얼음을 채워 10~15초간 젓는다. 줄렙 컵에 스트레이너로 걸러 따른다. 민트 가지를 스팽킹한 후 빨대 옆으로 쓱 넣어준다.

블랙베리-바질 줄렙

Blackberry-Basil Julep

블랙베리는 달콤하면서도 새콤해 그 풍성한 수확량을 활용해 블랙베리로 심플 시럽을 만들면 올 드 패션드에서 사워와 줄렙에 이르는 온갖 칵테일에 풍미를 더하는 용도로 마음껏 활용할 수 있 다. 감초 맛에 더 가까운 풍미를 내려면 시럽에 스위트 바질 대신 타이 바질을 넣으면 된다. 블랙 베리가 없다면? 딸기나 블루베리, 라즈베리를 추천한다. 셋 다 바질로 우려주면 기막힌 풍미가 나 온다.

버번 60㎖

블랙베리-바질 심플 시럽 15㎖(레시피는 94쪽 참조)

블랙베리 리큐어 15㎖

바질 잎 4장

가니쉬: 생 바질이나 레몬 버베나 가지

믹싱 글라스에 재료들을 넣고 바질을 살짝만 으깨준다. 얼음을 섞어 넣고 충분히 차가워질 때까지 20초가량 젓는다. 으깬 얼음을 채운 줄렙 컵에 스트레이너로 걸러 따르고 가니쉬를 더한다.

더 킹스 줄렙

The King's Julep

여기에서 'king'은 로큰롤의 제왕 엘비스 프레슬리를 가리킨다. 이 줄렙은 엘비스가 즐겨 먹던 피넛버터 바나나 샌드위치에 바치는 오마주다. 버번에 막 입문했고 클래식 버전에 아주 창의적 해석을 시도해보고 싶은 사람에게 제격인 줄렙이다.

버번 45㎖

피넛버터 위스키 22.5㎖

지파르 바나네 뒤 브레질 바나나 리큐어[리세스 줄렙을 만들려면 초콜릿 리큐어로 바꿔도 된다(초콜릿 브랜드 리세스는 2007년 엘비스 프레슬리의 피넛버터 바나나 샌드위치 사랑을 기리는 의미에서 피넛버터 컵의 특별판을 출시한 바 있다-옮긴이).] 22.5㎖

비터큐브 체리 바크 바닐라 비터스 2대시

가니쉬: 피넛버터 바나나 꼬치, 생 민트 가지

믹싱 글라스에 재료들과 얼음을 넣는다. 차가워질 때까지 10~15초간 젓는다. 으깬 얼음을 채운 줄렙 컵에 스트레이너로 걸러 따른다. 빨대, 민트 가지, 피넛버터를 바른 바나나 꼬치를 곁들인다.

피치, 플리즈 줄렙

Peach, Please Julep

복숭아는 바닐라 아이스크림 위에 생으로 얹어 나오든 따끈따끈한 코블러 속에 구워져 나오든 언제나 버번과 잘 어울리는 단짝이다. 이 줄렙 레시피에서는 복숭아에 바질을 조합시켰지만 민트도 바질 못지않게 좋은 조합이다.

"여성들이 이 업계의 한 일원으로 뛰어든 지 200년이 넘었음에도 이전에는 공로를 인정받지 못했는데 이제는 상황이 우리에게 우호적으로 변하고 있다."

- 페기 노 스티븐스(여성버번협회 설립자)

버번 60㎖

피치 심플 시럽 15㎖(레시피는 오른쪽 참조)

피치 리큐어 15㎖

바질 잎 5장

가니쉬: 생 바질 가지

바질 잎 1장으로 줄렙 컵의 안쪽과 가장자리를 문질러 준 후 컵에 으깬 얼음을 채운다. 믹싱 글라스에 심플 시럽, 피치 리큐어, 남은 바질 잎을 넣고 가볍게 머들링한다. 여기에 버번을 섞어 넣고 얼음을 채운다. 충분히 차가워질 때까지 10~15초간 젓는다. 줄렙 컵에 스트레이너로 걸러 따른다. 바질 가니쉬를 스팽킹한 후 빨대 바로 옆에 놓는다.

피치 심플 시럽

껍질을 벗겨 잘게 썬 복숭아 2컵

설탕 2컵

비닐 지퍼백에 복숭아와 설탕을 넣고 잘 섞일 때까지 머들링해준다. 복숭아에서 과즙이 거의 빠져나오고 설탕이 거의 녹을 때까지 지퍼백을 냉장고에 밤새(또는 최대 24시간까지) 넣어둔다. 깨끗한 유리병에 여과해 담아 3~4주간 냉장 보관하며 사용한다.

진저-차이 줄렙

Ginger-Chai Julep

향신료 풍미가 조금 더 있는 줄렙을 찾는 이들의 갈증을 채워줄 만한 맛 좋고 상쾌한 버전의 줄렙. 더불어 가을의 풍미가 담겨 있어 쌀쌀한 가을 저녁에 내기에 이상적이다.

중간도수의 버번 45㎖

진저 리큐어 15㎖

차이 심플 시럽 15㎖(레시피는 아래 참조)

민트 잎 8~10장

가니쉬: 생 민트 가지 2개, 시나몬 스틱, 팔각

민트 잎 1장으로 줄렙 컵 안쪽과 가장자리를 문질러준 후 으깬 얼음을 채운다. 믹싱 글라스에 버번, 진저 리큐어, 심플 시럽, 남은 민트 잎을 넣고 가볍게 머들링한다. 얼음을 섞어 넣고 10~15초간 젓는다. 줄렙 컵에 스트레이너로 걸러 따른다. 민트 가지를 스팽킹한 후 가니쉬로 곁들인다.

차이 심플 시럽

(티백 2~3개로) 진하게 우린 차이 티 1컵

설탕 1컵

병에 따뜻한 차이 티와 설탕을 넣고 녹을 때까지 흔들어준다. 냉장고에 보관한다.

전문가의 팁

대부분의 버번은 캐러멜, 바닐라, 오크의 향이 허브 향보다 더 잘 감지된다. 하지만 코가 향을 더 잘 맡게 훈련시킬 방법이 하나 있다. 정원이나 농산물 직판장에서 생 허브를 따오거나 구해 줄렙에 쓸 버번을 고를 때 활용하는 방법이다. 허브 가지를 버번 시음 용기의 주둥이 가까이에 대고 향을 맡아보면 된다. 가끔씩 민트나 세이지, 레몬밤의 냄새를 맡는 것도 버번에서 그런 향을 감별하는 데 도움이 된다.

스타라이트 스트로베리 줄렙

스타라이트 스트로베리 줄렙

Starlight Strawberry Julep

인디애나 주 스타라이트의 과수원 허버스는 내가 싱싱한 딸기를 구하러 다니는 곳인데, 운 좋게
도 더비 데이 무렵에 가면 이 과수원에 딸기가 주렁주렁 열려 있다. 이 줄렙에서는 심플 시럽의
재료나 가니쉬로 라벤더 대신 민트나 바질을 써도 괜찮다.

중간도수의 버번 60㎖

큼직한 딸기 1개를 잘게 썬 것

생 라벤더 가지 1개

스크래피스 라벤더 비터스 8방울

스트로베리-라벤더 심플 시럽 30㎖(레시피는 아래 참조)

가니쉬: 생 라벤더 가지, 생 딸기

믹싱 글라스에 딸기, 라벤더, 비터스를 먼저 넣고 잠깐 머들링한다. 버번과 심플 시럽을 섞어 넣는다. 얼음을 넣고 15
초간 젓는다. 으깬 얼음을 채운 줄렙 컵에 스트레이너로 걸러 따른 후 가니쉬한다.

스트로베리-라벤더 심플 시럽

퓌레로 만들어 여과한 딸기 1과1/2컵

설탕 1컵

물 1/2컵

말린 라벤더 1큰술

물, 설탕, 딸기 퓌레를 넣고 설탕이 녹을 때까지 약불에서 2~3분간 뭉근히 끓인다. 라벤더를 넣고 불을 끈 후 20~30
분간 그대로 담가둔다. 시럽을 여과해 완전히 식힌 후 사용한다. 깨끗한 유리병에 담아 냉장 보관하며 2~3주간 사용
한다.

캐러멜 브륄레 줄렙

Caramel Brûlée Julep

 가염 캐러멜과 버번은 나의 최애 조합이다. 버번은 캐러멜, 바닐라, 황설탕과 대체로 잘 어우러져 이 칵테일 레시피에도 기분 좋은 요소를 강조하기 위해 바닐라 심플 시럽과 휘핑크림 토핑을 살짝 더해주었다. 이 줄렙은 칵테일보다 디저트에 가까워 순수주의파라면 기겁할지도 모르겠다(하지만 내면의 아이는 은밀한 만족을 느낄지도). 버번 중심주의 취향이라면 캐러멜 대비 버번의 비율이 더 높은 편을 선호할 수도 있으니 필요하면 조절한다.

알코올 도수 50도의 버번 60㎖

가염 캐러멜 시럽 15㎖(커피용 시럽 추천)

바닐라 심플 시럽 7.5㎖(레시피는 아래 참조)

초콜릿 비터스 2대시

가니쉬: 생 민트 가지, 휘핑크림, 가염 캐러멜, 코셔 소금(거친 소금)

믹싱 글라스에 재료들을 넣고 얼음을 채운다. 재료들이 잘 섞이되 살짝 덜 희석되도록 15초 정도 젓는다. 줄렙 컵에 스트레이너로 걸러 따르고 으깬 얼음을 채운 후 휘핑크림과 약간의 가염 캐러멜로 토핑해주고, 코셔 소금을 조금 뿌리고 스팽킹한 민트 가지도 얹어준다.

바닐라 심플 시럽

일반적인 제조법대로(제2장 참조) 심플 시럽을 만들되 바닐라 빈을 갈라 그 안의 콩과 깍지를 모두 넣어준다. 1시간 동안 담가둔다. 이 시럽은 올드 패션드와 위스키 사워에 넣어도 잘 어울린다.

칵테일 TMI

줄렙용 종이 빨대가 개발되었다. 스톤스 페이턴트 페이퍼 줄렙 스트로라는 제품인데 '매 잔마다 하나씩 필요한 빨대'라는 문구가 달려 있다. 이전의 빨대는 건초 같은 천연 재료를 써서 줄렙에 그 풍미가 덧입혀졌다. 그리고 보면 스톤은 줄렙을 아주 좋아했던 사람 같다.

디저트 로즈 줄렙

디저트 로즈 줄렙

Desert Rose Julep

줄렙이 가당 장미수처럼 페르시아에서 기원한 점을 감안해 그 시간과 장소의 풍미를 끌어내본 칵테일이다. 핵과류는 어떤 경우든 버번과 잘 어우러지므로 여기에서도 꿀과 장미 풍미의 짝으로 살구를 골랐다.

로즈-허니 심플 시럽 15㎖(레시피는 아래 참조)	버번 45㎖
장미수 2대시(선택)	지파르 애프리코트 리큐어 15㎖
민트 잎 8~10장	가니쉬: 생 민트 가지, 말린 살구, 유기농 식용 장미 꽃잎

믹싱 글라스에 먼저 심플 시럽과 장미수를 넣는다. 민트 잎을 반으로 찢어 시럽에 섞고 가볍게 머들링한다. 버번과 애프리코트 리큐어를 섞어 넣는다. 얼음을 채운 후 차가워지면서 잘 섞이되 덜 희석되도록 15초 정도 젓는다. 으깬 얼음을 채운 줄렙 컵에 스트레이너로 걸러 따른 후 가니쉬한다.

로즈-허니 심플 시럽

말린 장미 봉오리 2큰술	꿀 3/4컵
물 1컵	

차를 우릴 때처럼 장미 봉오리를 끓는 물에 넣고 8분간 끓인다(참고로 나는 티포트에 끓인다). 계량컵에 1/2컵을 여과해 담고 아직 뜨거울 때 꿀을 넣고 잘 저어 섞어준다. 완전히 식혀 깨끗한 병에 담아 냉장 보관한다.

초콜릿-민트 줄렙

Chocolate-Mint Julep

내가 가장 좋아하는 조합 중 하나가 초콜릿과 민트다. 이 레시피는 쉽고 재미있는 칵테일로 둘의 조합을 예찬하는 취지로 만들어본 것이다. 맛을 보면 봄에 걸스카우트 쿠키(걸스카우트에서 기금 모금을 위해 판매하는 쿠키-옮긴이)에서 느낄 수 있을 만한 풍미 조합이 느껴진다.

저도수에서 중간도수 대의 버번 45㎖	민트 잎 8~10장
발로탕 초콜릿 민트 위스키 45㎖	가니쉬: 생 민트 가지, 초콜릿 민트 쿠키
스크래피스 초콜릿 비터스 15방울	

민트 잎 1~2장으로 줄렙 컵 안쪽을 문질러준 후 버린다. 믹싱 글라스에 버번, 위스키, 비터스, 남은 민트 잎을 넣고 잠깐 머들링한다. 얼음을 섞어 넣고 충분히 차가워질 때까지 15~20초간 젓는다. 으깬 얼음을 채워 준비해둔 줄렙 컵에 스트레이너로 걸러 따른 후 가니쉬를 더하고 종이 빨대를 꽂는다.

제 9 장

그 외의 버번 및
위스키 클래식 칵테일

버번 슬링

Bourbon Sling

리뷰 레스토랑 앤 라운지 바비 리데노어의 매력적인 이 버번 슬링은 마티니 글라스에 담겨 나오는 버번, 레몬, 오렌지 풍미의 조합이 일품이다.

바질 헤이든 버번 60㎖	심플 시럽 30㎖
쿠엥트로 30㎖	가니쉬: 마라스키노 체리
레몬 1개에서 갓 짜낸 레몬주스	

셰이커의 3/4을 얼음으로 채운다. 재료들을 넣고 20회 마구 흔들어준다. 마티니 글라스에 스트레이너로 걸러 따른 후 가니쉬한다.

2013년 '낫 유어 핑크 드링크' 전문가 부문 우승자 바비 리데노어의 레시피

클래식 위스키 칵테일들은 모양과 용량이 매우 다채로워 각 칵테일별로 장 하나씩을 할애할 수 있을 정도지만 여기에서는 지면의 한계상 사제락, 위스키 스매시, 불바디에, 핫 토디의 여러 변형을 묶어 소개하려 한다. 하나같이 버번 덕후들에게 최애로 꼽히는 칵테일들이다.

사제락

전해오는 이야기에 따르면 사제락은 1800년대 중반 뉴올리언스의 사제락 커피하우스에서 태어났고, 이름의 유래는 당시 뉴올리언스의 인기 스피릿이던 프랑스 브랜디 사제락 드 포지 에 필스다. 그러다 유럽에서 포도 마름병으로 포도 수확량이 급감했을 때 미국인들이 스피릿을 라이위스키로 바꾸면서 현대판 변형(심플 시럽, 페이쇼드 비터스, 칵테일 잔 헹굼용 압생트를 재료로 써서 만드는 클래식 라이위스키 칵테일)이 나오게 된 것이다. (심지어 어떤 설에서는 약재상인 앙투안 페이쇼가 자신의 약용 비터스 판매를 높이기 위해 이 칵테일을 만들었다는 주장을 내놓고 있기도 하다. 이후 페이쇼가 가게를 토머스 핸디에게 팔면서 핸디가 그 레시피를 가져다 만들어 병에 담아 팔며 유명해지게 되었다고 한다.)

하지만 칵테일 부문의 일부 역사가들은 이런 유래에 이의를 제기하며 사제락이 더 이후인 1890년대에 미국의 다른 지역에서 인기를 끌던 임프루브드 위스키 칵테일의 일종으로 개발되었고, 기록으로도 남아 있다는 견해를 내놓고 있다. 실제로 사제락 칵테일과 관련된 기록상의 최초 증거는 1899년에 일간지 〈알파 타우 오메가〉에서 이전 해의 어떤 모임에 대해 다룬 글이다. 1900년 무렵, 이 칵테일은 사제락 하우스라는 바와 연관 깊은 칵테일이 되며 미국 내에서 최고의 칵테일 대열에 올라섰다. (사제락이라는 이름이 붙든 아니든) 이 칵테일에 들어가는 재료들 상의 기원은 19세기 중반으로 거슬러 갈 만한 가능성도 있지만 사제락의 이름과 인기는 세기의 전환기에 구축되었을 가능성이 확실히 높다.

사제락은 보통 차갑게 칠링하고 압생트로 헹궈낸(rinsed) 온더록스 글라스에 즙을 짜낸 레몬 필을 넣어 깔끔하게 나온다. 압생트의 양을 조절하는 가장 쉬운 방법은, 완성된 칵테일을 잔에 붓기 전에 압생트를 작은 분무기에 담아 잔 안쪽에 뿌려주는 것이다.

사촌 격인 올드 패션드처럼 사제락 역시 여러 가지 리큐어, 비터스, 스피릿 담금주를 섞어 조금씩 변화를 줄 수 있다. 구성 요소가 단 네 가지(라이위스키, 심플 시럽, 비터스, 헹굼용 압생트)여서 심플 시럽과 비터스를 바꾸는 것만으로도 아주 쉽게 변형을 만들 수 있다. 보편적으로 활용되는 변형 레시피는 라이와 코냑의 스플릿 베이스를 쓰거나 압생트 대신 페르넷 같은 다른 아로마틱 리큐어를 쓰는 식이다.

클래식 사제락

Classic Sazerac

라이위스키(또는 하이 라이 버번) 60㎖

심플 시럽 15㎖

페이쇼드 비터스 3대시

압생트 7.5㎖(헹굼용)

가니쉬: 레몬 필

차갑게 해둔 온더록스 글라스를 압생트로 헹구거나 압생트를 분무기에 넣어 뿌려준 후 한쪽에 놔둔다. 믹싱 글라스에 위스키, 심플 시럽, 비터스를 얼음과 함께 넣는다. 충분히 차가워질 때까지 30초가량 젓는다. 준비해둔 온더록스 글라스에 스트레이너로 걸러 따른 후 그 위로 레몬 필을 짜준다.

초콜릿 사제락

Chocolate Sazerac

초콜릿과 감초가 섞인 맛을 좋아한다면 클래식 사제락을 새롭게 해석한 이 칵테일도 좋아할 만하다. 압생트의 상쾌함에 초콜릿의 달콤쌉싸름한 풍미가 어우러져 놀라움과 즐거움을 느끼게 될 것이다. 물론 압생트 애호가에게 해당되는 이야기겠지만. 크리미한 초콜릿 리큐어의 사용은 피하길 권한다.

라이위스키(또는 하이 라이 버번) 60㎖

심플 시럽 7.5㎖

크렘 드 카카오(또는 발로탕 초콜릿 위스키) 7.5㎖

페이쇼드 비터스 2대시

스크래피스 초콜릿 비터스 2대시

압생트 헹굼 또는 분무

가니쉬: 오렌지 필

온더록스 글라스를 압생트로 헹군 다음 냉동실에 넣어둔다. 믹싱 글라스에 위스키, 심플 시럽, 크렘 드 카카오, 비터스를 넣고 얼음도 담는다. 충분히 차가워질 때까지 30초 정도 젓는다. 차갑게 해둔 온더록스 글라스에 스트레이너로 걸러 따른다. 칵테일 위로 오렌지 필을 짜준 후 원하는 모양대로 가장자리에 걸쳐준다.

사제락 슬러시

Sazerac Slushie

압생트를 섞은 냉동 칵테일로, 혀에 시원한 상쾌함을 일으킨다. 미리 만들어두었다 냉동실에서 바로 꺼내 맛있게 서빙하기에 편하다. 칵테일이 얼 수 있을 정도로 알코올 도수를 낮추기 위해 레모네이드를 많이 넣어야 한다.

50도의 라이나 하이 라이 버번 60㎖

심플 시럽 22.5㎖

페이쇼드 비터스 6대시

레모네이드 210㎖

압생트(50도) 7.5~15㎖

가니쉬: 장미 모양으로 말은 레몬 필이나 레몬 휠, 생 민트 가지, 페이쇼드 비터스나 압생트 분무(선택)

작은 용기에 재료들을 섞어 최소 8시간 동안 냉동실에 넣어두되 가급적 밤새 놔두길 권한다. 내가도 될 만한 상태가 되면 냉동실에서 꺼내 칵테일을 살짝 조각내 으스러뜨린 후 그 위로 비터스를 뿌려준다. 차갑게 해둔 잔에 담고 가니쉬해서 서빙한다.

초콜릿 사제락

사제락 슬러시 8~10잔 기준의 분량

위스키 2컵

심플 시럽 3/4컵

페이쇼드 비터스 20~30대시

레모네이드 7컵

압생트 1/4~1/3컵

한 잔용 제조법(206쪽 참조)에 따르되 꼭 냉동실에 밤새 놔두길.

위스키 스매시

클래식 위스키 스매시는 줄렙과 위스키 사워의 사생아 격으로 위스키에 더해 머들링한 과일, 시트러스, 허브, 설탕, 그리고 (종종) 비터스까지 섞는 칵테일이다. 경우에 따라 머들링한 과일까지 포함해 다 같이 온더록스 글라스에 따르기도 하고, 얼음을 채운 온더록스 글라스에 스트레이너로 걸러 따라 더 세련되게 내가기도 한다. 어떤 식으로 내가든 그 맛이 기가 막히다.

　스매시의 변형을 주조할 때는 생 허브와 생과일 여러 가지를 잘 맞춰보며 복숭아-바질, 살구-레몬 타임, 라즈베리-민트처럼 재미있는 조합을 만드는 것이 좋다(제철 허브와 과일 조합을 강추한다). 농산물 직판장을 쭉 돌아보는 것도 스매시의 영감을 얻기에 최고의 방법이 될 수 있다. 냉동 과일을 써도 되지만 해동해서 써야 한다. 민트와 바질처럼 여린 허브는 자칫 과하게 머들링되기 쉬우므로 과일, 시트러스, 억센 허브부터 먼저 머들링한 후 여린 허브를 넣고 마지막으로 가볍게 머들링한다.

클래식 위스키 스매시

Classic Whiskey Smash

4등분한 레몬 2조각

심플 시럽 30㎖

민트 잎 8~10장

위스키 60㎖

가니쉬: 생 민트 가지, 레몬 휠

셰이커에 레몬과 심플 시럽을 먼저 넣는다. 머들링으로 레몬즙이 빠져나오게 한다. 민트 잎을 넣고 두세 번 가볍게 머들링한다. 위스키를 넣고 얼음을 채운 후 10~12초 정도나 셰이커의 바깥 면이 너무 차가워 잡기 힘들 정도가 될 때까지 마구 흔들어준다. 얼음을 채운 온더록스 글라스에 스트레이너로 걸러 따른 후 가니쉬한다.

파인애플-피치 스매시

Pineapple-Peach Smash

여름철의 파인애플, 복숭아, 바질 맛을 만끽할 수 있는 칵테일. 비숙성 위스키가 들어가 풀처럼 풋풋한 위스키 풍미를 선사한다.

피치 심플 시럽 15㎖(레시피는 192쪽 참조)

복숭아 슬라이스 3개

두껍게 썬 파인애플 조각 3개

바질 잎 5장

중간도수의 버번 30㎖

비숙성 위스키나 언플레이버 문샤인 15㎖

지파르 크렘 드 페슈 드 비뉴 피치 리큐어 15㎖

레몬주스 22.5㎖

세인트 엘리자베스 올스파이스 드램 7.5㎖(선택)

가니쉬: 바질, 복숭아 웨지, 파인애플

믹싱 컵에 먼저 심플 시럽, 복숭아, 파인애플을 넣고 과일즙이 빠져나올 때까지 머들링한다. 바질을 넣고 잠깐만 더 머들링한다. 위스키, 피치 리큐어, 레몬주스, 올스파이스 드램을 넣는다. 얼음을 채우고 아주 차가워질 때까지 10~12초간 셰이킹한다. 얼음을 채운 온더록스 글라스에 스트레이너로 걸러 (또는 스트레이너 여과 없이) 따른 후 가니쉬한다.

블랙베리-세이지 스매시

Blackberry-Sage Smash

블랙베리가 세이지의 향긋한 향과 기분 좋게 어우러지는 칵테일. 내가 이 칵테일에서 레몬 대신 오렌지를 택한 이유는 이미 생 블랙베리가 톡 쏘는 새콤함을 머금고 있기 때문이다(56쪽 사진 참조).

큼직한 블랙베리 5개

오렌지 슬라이스 1개

블랙베리 심플 시럽 30㎖(레시피는 138쪽 참조)

세이지 잎 5장

블랙베리 리큐어 15㎖

중간도수의 버번이나 라이위스키 60㎖

가니쉬: 세이지 가지, 블랙베리

셰이킹 컵에 먼저 블랙베리, 오렌지와 함께 심플 시럽을 넣고 머들러로 블랙베리의 즙을 짜낸다. 세이지 잎을 넣고 다시 가볍게 머들링한다. 블랙베리 리큐어와 위스키를 넣는다. 얼음을 넣고 10~12초간 마구 흔들어준다. 온더록스 글라스의 가장자리를 세이지 잎으로 문지른 후 얼음을 채우고 칵테일을 스트레이너로 걸러 따른다. 가니쉬를 곁들인다.

파인애플-피치 스매시

불바디에

요즘엔 불바디에보다 네그로니의 인기가 높지만 불바디에 레시피는 네그로니가 그런 명칭을 얻기도 훨씬 이전에 문헌에 등장했다. 원조 불바디에는 세 가지 재료만으로 만드는 단순한 칵테일이었다. 버번, 스위트 베르무트, 캄파리를 동률로 섞어 만들었다. 파리에서 〈불바디에〉라는 남성잡지를 창간한 미국인 이주자 에리스킨 그웬이 개발자였다. 기록에 최초로 등장한 것은 해리 맥엘론의 1927년 출간 저서 『바플라이즈 앤드 칵테일즈(Barflies and Cocktails)』였다. 버번 애주가들은 대체로 원조 레시피 비율을 살짝 바꿔 스위트 베르무트와 캄파리가 칵테일을 압도하지 못하도록 버번을 조금 더 많이 섞는다. 얼핏 생각하면 재료가 몇 가지밖에 안 되어 변주의 여지가 별로 없을 것 같지만 버번의 비율을 높이는 것 외에 캄파리 담금주를 만들어 불바디에의 재료로 써볼 수도 있다(스피릿 담금주에 관한 팁은 제3장 참조). 심지어 붉은색의 여러 가지 비터스나 아마로로 재료를 바꿔보는 식으로도 더 흥미롭게 변주해볼 수 있다.

클래식 불바디에

Classic Boulevardier

버번 45㎖

스위트 베르무트 22.5㎖

캄파리 22.5㎖

가니쉬: 오렌지 필

믹싱 글라스에 재료들을 넣고 얼음을 채운다. 잘 섞일 때까지 30초가량 젓는다. 차갑게 해둔 잔에 큼직한 각얼음 하나를 넣고 스트레이너로 걸러 따른 후 오렌지 필을 짜주고 가니쉬로 얹는다.

커피 불바디에

Coffee Boulevardier

캄파리에 커피를 섞어 시트러스 향과 근사하게 어우러지는 흙의 풍미를 내준다. 간단한 레시피지만 강한 커피 풍미가 칵테일에 풍부함과 복합미를 돋워준다.

50도의 버번 45㎖

스위트 베르무트, 카르파노 안티카 포뮬라 22.5㎖

커피로 우린 캄파리 22.5㎖(레시피는 오른쪽 참조)

가니쉬: 오렌지 필, 커피 원두

믹싱 글라스에 재료들을 넣고 얼음도 담는다. 충분히 차가워질 때까지 30초 정도 젓는다. 차갑게 해둔 온더록스 글라스에 큼직한 각얼음 하나를 넣고 스트레이너로 걸러 따른 후 가니쉬한다.

커피로 우린 캄파리

다크 로스팅한 커피 원두 3큰술을 머들러로 살짝 으깨서 준비

캄파리 1컵

병에 커피 원두와 캄파리를 넣고 최대 하루 동안 놔둔다. 만족스러운 풍미가 나올 때까지 4~8시간마다 우러난 정도를 확인한다. 더 짙고 쌉쌀한 에스프레소 풍미를 원한다면 더 오래 우리거나 더 강하게 로스팅한 원두를 쓴다. 깨끗한 유리병에 여과해 담아 1~2개월간 냉장 보관하며 사용한다.

커피 불바디에

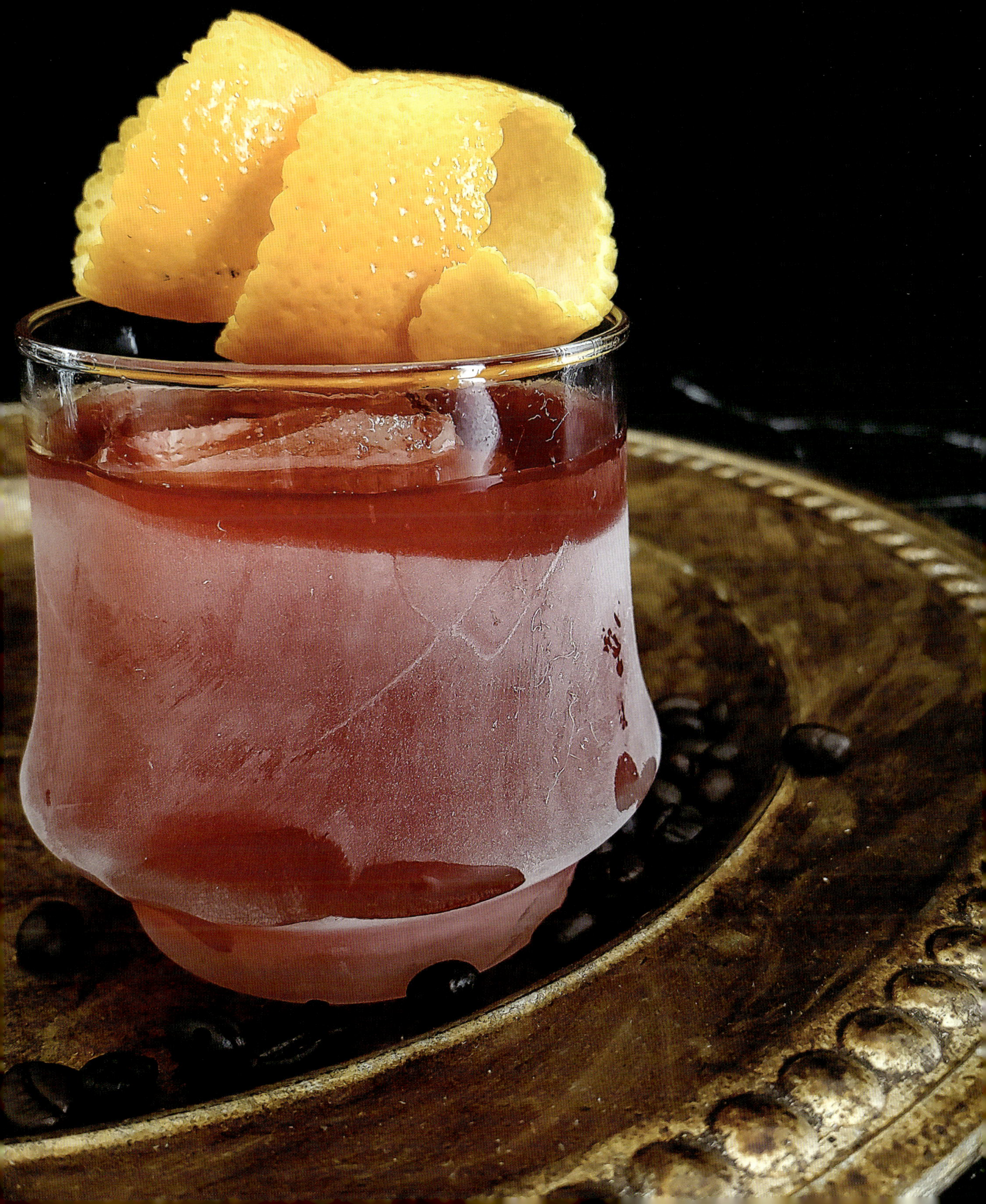

초콜릿-커버드 스트로베리 불바디에

Chocolate-Covered Strawberry Boulevardier

딸기로 우린 캄파리에는 마력 같은 게 있다. 초콜릿 리큐어와 초콜릿 비터스, 약간의 스위트 베르무트와 만나면 버번 애주가와 불바디에 팬들을 사로잡을 만한 디저트 칵테일이 빚어진다.

버번 45㎖

스위트 베르무트 30㎖

크렘 드 카카오 7.5㎖

딸기로 우린 캄파리 22.5㎖

초콜릿 비터스 3대시

가니쉬: 딸기, 민트 가지, 사각 초콜릿

믹싱 글라스에 재료들과 함께 얼음을 넣는다. 충분히 차가워질 때까지 30초가량 젓는다. 차갑게 해둔 온더록스 글라스에 큼직한 각얼음을 넣고 스트레이너로 걸러 따른 후 가니쉬한다.

펠리시아스 불리 불리

Felicia's Bully Boulie

남다른 실력의 믹솔로지스트이자 트러블 바의 음료 부문 부총괄자이며 여성버번협회 이사인 펠리시아 코벳이 만든 레시피. 시스 갓 티라는 인근 찻집에서 구한 초콜릿 보이차를 스위트 베르무트에 우려낸 그녀의 감각이 돋보인다. 캄파리에 의존하는 대신 더 가볍고 달콤한 아페롤을 고른 선택으로 초콜릿과 차의 향이 확 퍼지기도 한다. 펠리시아는 레시피에 위스키를 특정해놓지 않았지만 버번이나 라이를 추천한다.

위스키 45㎖

아페롤 30㎖

초콜릿 보이차로 우린 스위트 베르무트 30㎖(레시피는 아래 참조)

가니쉬: 오렌지 필 조각

믹싱 글라스에 재료들을 넣고 얼음을 채운다. 충분히 차가워질 때까지 30초 정도 젓는다. 큼직한 각얼음을 채운 온더록스 글라스나 쿠페 글라스에 스트레이너로 걸러 따른 후 가니쉬한다.

초콜릿 보이차로 우린 스위트 베르무트

스위트 베르무트에 초콜릿 보이차를 담가 실온에서 최대 1일간 우린다. 만족스러운 풍미가 나오면 우려낸 차를 걸러낸 후 냉장 보관한다.

핫 토디와 따뜻한 칵테일

버번은 온갖 온도의 칵테일에 신통하게 잘 맞지만 토디나 술을 섞은 핫초코 같은 뜨거운 칵테일에서는 특히 바닐라와 캐러멜 향이 훅 피어올라 맛깔스러운 조합을 이룬다. 따뜻한 칵테일에서는 알코올 풍미가 두드러져 도수가 높은 칵테일에는 위스키를 더 적게 넣어도 한 모금 머금을 때마다 여전히 포근한 버번의 온기가 느껴진다.

가장 간단한 버전의 토디는 뜨거운 물, 레몬, 꿀, 위스키를 재료로 쓴다. 켄터키 주에서는 기침, 인후통, 열 등 어디가 아팠다하면 토디를 만병통치약처럼 권한다. 아이들에게 주는 무알코올 버전도 있을 정도다. 토디는 베이스로 쓰는 뜨거운 음료나 함께 조합시킬 감미료로 실험을 벌여보고 싶게끔 유혹하는 면도 있다. 단, 뜨거운 온기는 버번에 대한 감각적 인식을 높이므로 버번이 칵테일을 압도하지 않도록 더 낮은 도수로 더 적은 양을 넣어야 한다.

여성의 후각이 더 뛰어난 이유

여성은 진화상의 이유로 다양한 냄새를 더 쉽게 감별해내는 유전적 이점이 있다. 후각 망울의 세포가 남성보다 40% 더 많다. 여러 연구를 통해 증명되었듯 여성은 자신과 다른 면역 체계를 암시해주는 체취를 지닌 남성에게 무의식적으로 끌린다. 서로 다른 면역 체계를 가진 두 사람이 자손을 낳으면 세균과 기생충에 더 잘 전염되게 하는 유전적 변화에 맞서기 위해 면역성을 발전시키게 된다. 그렇다면 이런 여성의 이점이 버번에서는 어떤 의미를 가질까? 여성은 냄새를 잘 감별하고 구분하는 타고난 능력 덕분에 위스키의 향을 느낄 때 유리한 입장에 놓이긴 하지만 직접 느끼며 감각을 훈련시키면 여성이든 남성이든 누구나 후각을 발달시킬 수 있다. 감각을 키우는 최고의 열쇠는 언제나 훈련이다.

티 토디

티 토디

Tea Toddy

내가 가장 좋아하는 토디의 변형 중 하나로, 뜨거운 물 대신 뜨거운 차를 베이스로 쓴다. 나는 인 후통과 기침을 가라앉히기 위해 약처럼 마실 토디를 만들 때는 꿀을 더 넣는다.

끓인 물 240㎖(머그잔 데우기용)

버번 45㎖

갓 짜낸 레몬주스 15㎖

꿀 1큰술

아주 뜨거운 차 120~180㎖(복숭아나 생강차를 추천한다)

가니쉬: 레몬 휠과 함께 정향이나 시나몬 스틱 곁들이기

머그잔에 끓인 물을 채워 3분 정도 놔두고 그동안 다른 재료들을 준비한다. 물을 버리고 머그잔을 비운다. 머그잔에 버번, 레몬주스, 꿀, 차를 넣는다. 스푼으로 저으며 맛을 본다. 입맛에 맞춰 레몬이나 꿀, 버번을 더 넣는다. 그 위로 레 몬 휠을 띄워 장식한다.

하이 티 토디 변형: 위의 제조법대로 토디를 만들되 얼그레이 차를 베이스로 해서 쇼트브레드 쿠키로 우린 버번(72쪽 참조)을 함께 쓰면 된다.

사이다 토디

Cider Toddy

 약간의 메이플 시럽을 섞어 가을의 온갖 풍미를 조합시킨 사이다 베이스의 토디. 인근 과수원에서 갓 압착해 만든 애플 사이다가 별미를 더한다.

애플 사이다 120~180㎖

메이플 시럽 15㎖

레몬주스 15㎖

올드 포레스터스 스모크드 시나몬 비터스 16방울(또는 가장 좋아하는 가을 풍미가 담긴 아로마틱 비터스 2대시)

진저 비터스 1대시

버번이나 위스키 45㎖

가니쉬: 사과 슬라이스, 시나몬 스틱

머그잔에 뜨거운 물을 채워 한쪽에 치워둔다. 작은 편수냄비에 애플 사이다, 메이플 시럽, 레몬주스, 비터스를 넣고 김이 올라오게 끓이다 부글부글 끓어오르기 전에 불을 끈다(아니면 전자레인지 용기에 담아 전자레인지로 가열한다). 버번을 넣고 저어서 섞어준다. 머그잔의 물을 버리고 토디를 담은 후 가니쉬한다.

전문가의 팁

따뜻한 칵테일에서는 위스키 도수에 신경 쓴다. 50도가 넘으면 칵테일에 코를 가져다 댔을 때 더 얼얼할 수 있다!

사이다 토디

릭하우스 핫 초콜릿

Rickhouse Hot Chocolate

 겨울에도 위스키와 오크 냄새가 배어 나오는 숙성창고(rickhouse)를 떠올리며 만들기 쉬운 버번 핫 초콜릿에 그 풍미들을 조합해 넣고 싶어 만들어본 칵테일이다. 스모크 휘핑크림을 토핑으로 얹고 시나몬을 뿌리는 이 칵테일은 불 앞에서 홀짝이기에 그만이다.

핫 초콜릿 300~360㎖

오크 풍미가 있는 버번 60㎖(나는 우드포드 리저브 더블 오크드를 썼다)

시나몬 가루 약간

카옌페퍼 약간

훈연 향이 있는 스카치위스키나 메스칼 1바스푼

가니쉬: 스모크 휘핑크림 30~60㎖(레시피는 오른쪽 참조), 시나몬, 액상 초콜릿

따뜻하게 데운 머그잔에 재료들을 넣는다. 저어서 섞은 후 가니쉬 한다.

스모크 휘핑크림

휘핑크림 90㎖

훈연 향이 있는 스카치위스키나 메스칼 15㎖

작은 유리병에 재료들을 넣고 크림이 걸쭉해져 거의 휘핑된 점도에 가까워 질 때까지 흔들어준다. 쓰고 남으면 냉장고에 보관해두었다가 커피나 케이크 의 토핑으로 얹어도 아주 괜찮다.

핫 버터드 버번

Hot Buttered Bourbon

 핫 버터드 럼의 변형으로, 향신료와 황설탕이 더 들어가 굉장히 활기찬 느낌을 낸다. 핫 버터드 럼 믹스를 만드는 데 5분이 걸리지만 향과 풍미를 생각하면 그 정도의 수고는 아깝지 않다.

애플 사이다 180㎖

실온의 핫 버터드 럼 믹스 2큰술(레시피는 오른쪽 참조)

발로탕 캐러멜 터틀 위스키 15㎖

저도수의 버번 45㎖

플로팅용 휘핑크림(선택)

가니쉬: 시나몬 스틱, 팔각

전자레인지용 머그잔에 애플 사이다를 담아 아주 뜨거워지되 팔팔 끓지는 않을 정도로 가열한다. 핫 버터드 럼 믹스, 위스키, 버번을 넣고 잘 저어준다. 필요하다면 전자레인지에 20~30초 더 데운다. 취향에 따라 휘핑크림을 얹은 후 가니쉬한다.

핫 버터드 럼 믹스

(실온에 둔) 막대 버터 1개	너트맥 가루 1/2작은술
황설탕 1/2컵	생강 가루 1/2작은술
시나몬 1과1/2작은술	바닐라 1과1/2작은술

재료들을 전동 거품기나 손으로 휘저어 크림처럼 만든다. 작은 병에 담아 냉장 보관한다.

핫 버터드 버번

제 10 장

버번 디저트 칵테일

잔에 담긴 디저트

디바스 엔비

Diva's Envy

한때 루이빌 소재 다운 원 버번 바에 몸담았다가 현재는 짐 빔 브랜드 홍보대사로 활동 중인 베스 버로우스의 입상작 레시피. 이 퇴폐적 초콜릿 디저트 칵테일을 인디애나 주 프렌치 릭 리조트에서 열린 여성버번협회 심포지엄에서 처음 맛보던 순간이 기억에 생생하다. 너 나 할 것 없이 다들 한 잔씩 들고 맛보던 그 모습까지도.

알코올 도수 43.3도의 버번 60㎖

고디바 다크 초콜릿 리큐어 30㎖

시나몬 심플 시럽 15㎖

초콜릿 비터스 5방울

가니쉬: (달걀 없이 만든) 쿠키도우볼과 초콜릿 빨대

버번, 리큐어, 심플 시럽을 얼음과 함께 넣고 셰이킹한다. 쿠페 글라스에 스트레이너로 걸러 따른다. 초콜릿 비터스를 토핑한 후 가니쉬한다.

2014년 '낫 유어 핑크 드링크' 전문가 부문 우승자 베스 버로우스의 레시피

버번과 디저트는 다방면으로 서로 환상의 짝꿍을 이룬다. 그냥 케이크나 브라우니, 휘핑크림에 버번 30㎖나 60㎖만 섞어도 풍부하고 복합적인 풍미가 생겨난다. 그렇다면 디저트 대신 버번 칵테일을 마시지 못할 것도 없지 않을까?

　　위스키를 안 마시는 친구들의 취향을 돌려놓고 싶은 버번 애주가에게는 버번 디저트 칵테일에 푹 빠지게 만드는 것이야말로 이상적인 전략이다. 퇴폐적 매력의 이런 칵테일이 홈 바텐더의 무기가 되어주는 이유는 버번이 초콜릿, 캐러멜, 견과류, 크림과 어우러질 때 일어나는 마법 덕분이다.

오렌지 유 글래드 잇츠 버번?

Orange You Glad It's Bourbon?

이 진저-초콜릿 칵테일은 기본적으로 올드 패션드와 비슷할 수도 있지만 버번을 카카오 닙스로 우려내 그 풍미에서 크게 차별화된다. 아이스바를 가니쉬로 꽂아 칵테일을 흠뻑 머금게 해놓고 아껴두었다가 마지막에 술기 도는 별미로 먹으면 정말 좋다(표지 사진 참조).

초콜릿으로 우린 버번 52.5㎖(레시피는 아래 참조)

빅 오 진저 리큐어 15㎖

바닐라 심플 시럽 2작은술(레시피는 198쪽 참조)

스크래피스 오렌지 비터스 3대시

가니쉬: 초콜릿 몇 조각과 트레이더 조스 탠저린 크림 아이스바 혹은 그 외의 오렌지 크림 맛 아이스바

믹싱 글라스에 재료들과 함께 얼음을 넣는다. 30초간 젓는다. 차갑게 해둔 온더록스 글라스에 얼음을 채우고 스트레이너로 걸러 따른 후 가니쉬한다.

초콜릿으로 우린 버번

버번(45~47.5도) 1과1/2컵

카카오 닙스 1/4컵

심플 시럽 30㎖(선택)

메이슨자에 버번과 카카오 닙스를 넣고 닫는다. 서늘하고 어두운 곳에 놓고 최소 48시간, 최대 1주일간 우린다. 매일 휘저어주면서 48시간 이후부터 풍미를 체크한다. 풍미가 입맛에 맞다 싶으면 철재 체에 걸러 깨끗한 유리병에 담는다. 더 달달한 맛의 초콜릿 위스키 담금주로 만들고 싶다면 병에 심플 시럽을 섞어 넣어 냉장 보관한다.

바나나 포스터 맨해튼

Bananas Foster Manhattan

어느 날 지파르 바나나 리큐어를 사자마자 바나나 포스터(바나나에 럼 따위를 발라 불을 붙여 아이스크림을 곁들여 내는 디저트-옮긴이)를 모티브로 한 맨해튼을 만들고 싶어 착안해낸 칵테일이다. 가염 캐러멜 시럽으로, 술을 끼얹어 불을 붙인 바나나 특유의 캐러멜 풍미를 더해주는 점이 특징이다. 만들기 쉽고 술술 넘어가 마시기에는 더 쉽다.

중간도수의 버번 60㎖

가염 캐러멜 시럽 15㎖(크림 베이스의 시럽은 피할 것)

지파르 바나네 뒤 브레질 30㎖

비터멘스 엘레마쿨레 티키 비터스 12방울

피 브라더스 블랙월넛 비터스 2대시

가니쉬: 캐러멜화시킨 바나나 슬라이스, 민트 잎

믹싱 글라스에 재료들을 넣는다. 얼음을 담아 충분히 차가워질 때까지 30초가량 젓는다. 차갑게 해둔 칵테일 글라스에 스트레이너로 걸러 따른다. 바나나 슬라이스를 주방용 토치로 구워 캐러멜화시킨 후 민트 잎을 곁들여 가니쉬로 얹는다.

버번 아포가토

Bourbon Affogato

아포가토는 바닐라 젤라또나 커피 젤라또 위에 뜨거운 에스프레소를 부어 먹는 이탈리아 디저트지만 여기에 버번을 더하면 이래저래 더 좋다. 커피는 뜨겁게, 아이스크림은 차갑게 준비해야 한다. 둘이 한데 어우러져 녹는 모습을 구경하는 묘미도 쏠쏠하다. 이 레시피에서는 바닐라 젤라또를 사용하고 있지만 개인적으로 좋아하는 맛의 젤라또나 아이스크림으로 바꿔도 된다(나는 블랙 라즈베리 맛을 좋아한다).

바닐라 젤라또 1스쿱

뜨거운 에스프레소 30㎖

버번 30㎖

가니쉬: 민트 가지

내가기 직전에 뜨거운 에스프레소와 버번을 섞는다. 차갑게 칠링해 젤라또를 담은 잔 위로 부은 후 바로 서빙한다.

바나나 포스터 맨해튼

커피-체리 스매시

커피-체리 스매시

Coffee-Cherry Smash

커피와 체리의 조합은 초콜릿과 체리만큼 일상적이진 않지만 풍미 궁합이 아주 좋다. 커피의 쌉쌀함, 로스팅 풍미, 흙내음이 체리의 달콤한 과일 향과 좋은 밸런스를 이룬다. 저녁 식사 후 홀짝이기에 좋은 마법 같은 조합이다.

씨를 발라낸 스위트 체리 큼직한 것으로 6개

커피 심플 시럽 15㎖(레시피는 89쪽 참조)

커피 리큐어 15㎖

체리 리큐어 15㎖

버번이나 라이위스키 60㎖

가니쉬: 체리, 민트 가지

"내가 가장 좋아하는 버번은 켄터키 버번이다."

- 페기 노 스티븐스(여성버번협회 설립자)

셰이커에 먼저 체리와 심플 시럽을 넣는다. 체리의 즙이 나오게 머들러로 으깬다. 리큐어와 위스키를 넣는다. 얼음을 채우고 아주 차가워질 때까지 셰이킹한다. 얼음을 채운 온더록스 글라스에 스트레이너로 걸러 따른 후 가니쉬한다.

게팅 럭키 투나잇

Gettin' Lucky Tonight

누텔라 + 위스키 = 천국. 친구들과의 모임 자리 혹은 연인과의 로맨틱한 저녁 시간을 위해 만들어 즐겁게 맛볼 수 있는 칵테일. 한마디로 퇴폐적이고 달콤한 액상 디저트다. 남은 초콜릿 소스는 무엇이든 디저트 메뉴로 나온 요리에 써보길.

알코올 도수 50도의 버번 45㎖

누텔라 초콜릿 소스 30㎖(레시피는 아래 참조)

발로탕 초콜릿 위스키 15㎖

리불렛 아티즌 피칸 리큐어 7.5㎖

가니쉬: 누텔라, 으깬 구운 헤이즐넛

차갑게 해둔 마티니 글라스의 가장자리 바깥쪽에 누텔라를 살짝 펴 바르고 헤이즐넛을 누텔라 속에 밀어 넣는다. 마티니 글라스를 한쪽으로 치워둔다. 셰이커에 재료들을 넣고 얼음을 채운다. 10~12초간 셰이킹한 후 준비해둔 마티니 글라스에 이중 여과 후 부어준다.

누텔라 초콜릿 소스

버번 크림 120㎖

누텔라 4큰술

버번 크림을 살짝 데워 누텔라를 넣고 저어서 잘 섞어준다. 만든 후 냉장고에 넣어두면 굳는데 이럴 때는 재가열해 다시 녹이면 된다.

메이플-캐러멜 롱 존

Maple-Caramel Long John

 버번, 버번 크림, 캐러멜 리큐어로 실험을 벌이다 만들게 된 순간 짜릿한 감동을 느꼈던 칵테일. 내가 지금까지도 계속 만드는 도넛 칵테일 5종에 영감을 주기도 했다. 이 레시피는 버번 입문자에게는 딱 맞겠지만 내공 좀 쌓인 버번 애주가라면 버번 비율과 도수는 높이고 단맛을 내는 요소는 줄여야 할 수도 있다.

버번 30㎖

버펄로 트레이스 버번 크림 30㎖

스트룹와플 캐러멜 리큐어 30㎖

케이크 보드카 30㎖(선택 사항. 단, 빼고 할 경우에는 버번을 60㎖로 늘릴 것)

메이플 시럽 리큐어 15㎖(응고가 일어날 수 있으니 메이플 시럽은 쓰지 말 것)

가니쉬: 시나몬 스틱, 메이플 글레이즈(레시피는 아래 참조) 바른 도넛 홀(구멍 뚫린 도넛을 만들면서 뚫은 구멍에 해당하는 자투리 반죽으로 작게 만든 동그란 도넛. 던킨에서 일명 '먼치킨'이라는 이름으로 팔고 있다-옮긴이)

셰이킹 컵에 재료들을 넣는다. 얼음을 채우고 10~12초간 셰이킹한다. 차갑게 해둔 온더록스 글라스에 큼직한 각얼음 하나를 넣고 스트레이너로 걸러 따른 후 가니쉬한다(원한다면 과할 만큼 장식을 곁들여도 좋다).

메이플 글레이즈

버터 2큰술

메이플 시럽 1/4컵

가루 설탕 1/2컵

버터와 메이플 시럽이 잘 섞일 때까지 가열한다. 가루 설탕을 넣는다. 완전히 부드러워질 때까지 휘저어준 후 살짝 식힌다. 도넛 홀에 발라주거나 잔을 뒤집어 담가 가장자리에 묻히는 식으로 가니쉬에 활용하면 된다(스푼으로 퍼먹지 않으면 다행일 만큼 기막힌 맛이다).

버번과 음식 궁합

음식과 위스키의 궁합이 아주 잘 맞으면 누구나 좋아한다. 치즈나 초콜릿과 짝을 맞추는 일반적인 패턴을 깨고 버번의 짝으로 도넛이나 쿠키, 브라우니를 곁들여보는 건 어떨까? 위스키 서너 가지와 음식 서너 가지를 놓고 특정 디저트와 동시에 버번의 향을 맡으며 궁합을 가늠해보는 방법도 있다. 이런 식으로 올드 패션드나 맨해튼, 불바디에 같은 클래식 칵테일과의 궁합도 맞춰볼 수 있다. 이때의 관건은 서로 보완적이거나 대비 효과, 밸런스를 이루는 짝을 찾는 데 있다.

메이플-캐러멜 롱 존

피치 스매시

Peach Smash

예전부터 사우스캐롤라이나 주 폴리스 아일랜드로 가족 휴가를 갈 때 즐겨온 칵테일로, 보통은 럼으로 만들지만 복숭아와 버번도 천생연분의 조합이다. 이 레시피는 두 잔 기준이지만 버번 애주가들의 수에 맞추어 재료의 양을 쉽게 늘릴 수 있다.

저도수의 버번 1/2컵(120㎖)

바닐라 추출액 1작은술

진저 시럽 30㎖(선택)

바닐라 아이스크림 1컵

살짝 해동시킨 냉동 복숭아 1과1/2~2컵

가니쉬: 복숭아 슬라이스, 강판에 바로 갈아낸 너트맥 가루

블렌더에 버번, 바닐라 추출액, (사용할 경우) 진저 시럽, 아이스크림, 냉동 복숭아를 순서대로 넣는다. 크리미한 밀크셰이크 정도의 점도가 나오도록 걸쭉하게 간다. 큼직한 와인 글라스에 붓고 가니쉬한다.

켄터키 코퀴토

Kentucky Coquito

달걀 뺀 에그노그(우유, 달걀, 알코올 등을 섞어 만든 음료-옮긴이)의 푸에르토리코판 변형에 따르되, 스파이스 럼을 중간도수의 버번으로 바꾼 칵테일. 버번을 안 마시지만 열대 음료를 좋아하는 친구들을 개종시키기에 이상적이다. 이 레시피대로 만들면 1ℓ 가량의 코퀴토가 나온다.

코코 로페즈 크림 오브 코코넛 1캔(450㎖)

가당 연유 1캔(420㎖)

무가당 연유 1캔(360㎖)

중간도수의 버번 1과1/2컵

아마레토 90㎖(아몬드 추출액 1작은술로도 대체 가능)

세인트 엘리자베스 올스파이스 드램 30㎖

시나몬 가루 1/2작은술

정향 가루 1/8작은술

너트맥 가루 1/4작은술

바닐라 추출액 1작은술

가니쉬: 너트맥 가루나 시나몬 스틱

블렌더에 재료들을 넣고 잘 섞이도록 강으로 1~2분간 갈아준다. 빈 버번 병이나 다른 병에 부어 넣고 밤새 냉장고에 넣어 아주 차갑게 내갈 수 있게 준비한다. 내갈 때는 마구 흔들어준 후 잔에 따르고 가니쉬를 곁들인다.

피칸 스티키 번

피칸 스티키 번

Pecan Sticky Bun

그야말로 퇴폐적인 맛의 칵테일. 브랙퍼스트 스티키 번(시나몬 롤 위에 갈색 설탕이나 꿀, 계피 등으로 덮어 끈적하게 만든 디저트-옮긴이)이 가장 많이 연상되는 풍미지만 버번과 피칸의 조합을 좋아하는 사람들도 맛있어 할 만한 디저트 칵테일이다.

버번 60㎖(나는 올드 바즈타운 보틀드 인 본드를 썼다)

모닝 시나몬 롤 시럽(또는 바닐라-시나몬 심플 시럽) 15㎖

리볼렛 피칸 리큐어 15㎖

캐러멜 리큐어 15㎖(크리미하지 않은 것으로. 나는 스트룹와플 캐러멜 리큐어를 썼다)

피 브라더스 블랙월넛 비터스 3대시

가니쉬: 크림치즈 아이싱(레시피는 아래 참조)을 발라준 도넛 홀, 당절임 피칸, 스티키 번 반쪽 가운데 선택

믹싱 글라스에 재료들을 넣는다. 얼음을 담고 잘 섞일 때까지 30초 정도 젓는다. 쿠페 글라스에 스트레이너로 걸러 따른 후 가니쉬를 더한다. 당분 폭풍 흡입으로 인한 혈당 상승은 각오할 것.

크림치즈 아이싱

부드러운 크림치즈 60㎖

부드러운 무염 버터 2큰술

버번 1작은술

소금 한 꼬집

가루 설탕 1/2컵

우유나 크림 30㎖(필요에 따라)

크림치즈와 버터를 부드럽게 풀어질 때까지 섞어준다. 버번과 설탕을 넣는다. 가루 설탕을 천천히 섞어 넣으면서 부드러워질 때까지 잘 휘저어준다. 우유나 크림을 넣어 원하는 농도로 맞춘다.

체리 십-셰이크

Cherry SIP-Shake

 2020년 여름의 가상 십포지엄을 축하하기 위해 만들었던 칵테일. 말하자면 술이 들어간 체리 밀크셰이크라 할 만한 칵테일로, 이 레시피는 두 잔 기준이다.

50도의 버번 120㎖

레몬 심플 시럽 22.5㎖(레시피는 97쪽 참조) 또는 심플 시럽 15㎖와 레몬 웨지 1쪽에서 짜낸 주스

바닐라 아이스크림 1컵

씨를 발라낸 냉동 스위트 체리 2컵

가니쉬: 민트 가지, 체리

블렌더에 재료들을 위의 순서대로 넣는다. 부드럽게 풀어질 때까지 강으로 갈아준다. 근사한 잔 2개에 나누어 붓고 가니쉬를 더한다.

칵테일의 응고를 막는 요령

우유와 크림 제품은 산성 성분이 들어 있는 시트러스, 탄산수, 리큐어 등을 만나면 응고가 일어난다. 응고된 칵테일은 보기에도 별로고 식감도 꺼끌꺼끌하다. 지금부터 응고를 피하는 방법 세 가지를 알려주겠다. ① 헤비 크림(유지방이 36% 이상 함유된 크림-옮긴이)을 쓰고, 대체 우유나 저지방 제품은 쓰지 않는다. 지방이 응고를 막아준다. ② 칵테일 셰이커에 크림을 마지막에 넣고 바로 셰이킹한다. 빠른 희석이 응고를 막아준다. ③ 시트러스나 다른 산성 재료가 섞인 칵테일에 크림이나 크리미한 리큐어를 더 넣지 않는다.

체리 쉽-셰이크

애플 프리터

애플 프리터

Apple Fritter

이 칵테일은 술이 들어간 부드러운 애플 프리터(사과 튀김)를 베어 문 듯한 맛을 선사한다. 비법 재료는 애플 사이다 당밀. 당밀의 새콤달콤하고 진한 사과 풍미는 칵테일을 비롯해 다른 음료나 디저트류에 섞거나 따뜻한 비스킷에 발라 먹으면 마력을 발휘한다. 온라인에서 구입 가능하지만 사과 철에는 집에서도 쉽게 만들 수 있다.

와일더니스 트레일 라이위스키나 하이 라이 버번 30㎖

코퍼 앤 킹스 플러드월 에이지드 애플 브랜디 30㎖

애플 사이다 당밀 15㎖(레시피는 91쪽 참조)

트레이더 빅스 마카다미아 넛 리큐어 7.5㎖

모닌 시나몬 번 시럽(또는 바닐라-시나몬 심플 시럽) 7.5㎖

바 킵 오가닉 애플 비터스 2대시

헬라 비터스 진저 비터스 1대시

가니쉬: 시나몬 설탕(선택), 애플 팬, 애플 프리터 슬라이스, 시나몬 스틱

취향에 따라 온더록스 글라스의 가장자리에 시나몬 설탕을 묻혀 한쪽에 치워둔다. 믹싱 글라스에 재료들을 넣는다. 얼음을 섞어 넣고 충분히 차가워질 때까지 30초가량 젓는다. 얼음을 채운 온더록스 글라스에 스트레이너로 걸러 따른 후 가니쉬를 더한다.

제 11 장

파티 칵테일

프로처럼 다인분용
버번 칵테일 주조하기

코퍼 뮬 버번 슬러시

Copper Mule Bourbon Slush

칵테일에 지역색을 내는 데는 그 지역의 버번을 쓰는 것만 한 선택이 없고, 버번 책이라면 마땅히 여름밤에 모여 부담 없이 즐기기 좋은 맛좋은 버번 슬러시의 레시피가 하나쯤 있어야 한다고 본다. 이 레시피대로 하면 1갤런(약 3.7ℓ)의 양이 나오는데 버번 슬러시의 최고 장점은 남은 것을 냉동실에 넣어뒀다가 다음번 뒷마당 파티 때 쓰면 된다는 것이다.

냉동 레모네이드 농축액 2캔(360㎖)   **코퍼 뮬 버번 1과1/2캔**(360㎖)

냉동 오렌지주스 농축액 1/2캔(360㎖)   **스위트 티 시럽 1회분**(레시피는 아래 참조)

생수 4캔(360㎖)

주스를 해동해 용량이 1갤런 이상 되는 용기에 붓는다. 물, 버번, 스위트 티 시럽을 섞어 넣고 젓는다. 용기를 냉동실에 넣고 슬러시로 응고될 때까지 몇 시간에 한 번씩 저어주며 8시간 정도 혹은 밤새도록 둔다.

내갈 때는 포크로 슬러시를 긁어 서빙 잔에 담는다. 스푼이나 빨대를 같이 서빙한다.

스위트 티 시럽

티백 1개   **설탕 1컵**

물 2컵

끓는 물에 티백을 담근다. 티백에서 물을 짜서 빼내고 설탕을 섞는다. 설탕이 녹을 때까지 젓는다.

코퍼 뮬 디스틸러리 진 고센의 의견에 따라 여성버번협회 미주리 지부에서 만든 레시피

초대자 입장에서는 저녁 내내 칵테일을 만드는 데 매어 있기보다는 손님들과 이야기를 나누며 함께 시간을 보내고 싶기 마련이다. 그러기 위한 가장 쉬운 방법은 인원수에 맞춰 다인분용 칵테일을 한 번에 만드는 것이다. 내 경우에는 파티용으로 여러 종류의 올드 패션드와 맨해튼을 만들어 정겨운 버번 병에 담아 내놓는다. 그러면 손님들은 직접 따라 마시면서, 원하면 종류별로 조금씩 모두 맛볼 수도 있다.

다인분용 칵테일을 한 번에 만드는 게 그리 어려운 일은 아니지만 그냥 재료를 몇 배로 곱해서 준비하면 끝인 일도 아니다. 비교적 가볍고 주스를 가득 채우는 칵테일보다는 스피릿 포워드 칵테일이 풍미의 밸런스를 맞추고 쓴맛을 피하기 더 쉽다. 바로 짜서 쓰는 주스의 풍미는 빠르게 변질되는 편이라 파티 당일에 짜야 한다. 또 과일 주스가 들어가는 칵테일의 경우 최상의 맛을 즐기려면 만든 당일에 모두 마셔야 한다.

스피릿 포워드 칵테일 다인분을 한꺼번에 만드는 요령

우리 같은 버번광들은 맛 좋은 칵테일을 좋아하긴 하지만 버번의 맛을 느끼고 싶어 한다. 대체로 스피릿 포워드 칵테일을 선호하는 편이라 주재료가 믹서나 주스가 아닌 스피릿인 것을 더 좋아한다. 그런 칵테일에 속하는 것들이 올드 패션드, 맨해튼, 불바디에, 사제락인데 이 칵테일들은 갓 짜낸 주스나 크림, 믹서가 들어가지 않아 미리 만들어두기 쉬우면서도 바로 믹싱했을 때의 칵테일 풍미가 유지되어 좋다.

비터스는 다인분용 칵테일을 한 번에 만들 때 특히 다루기 까다로운 재료가 되기도 한다. 재료를 몇 배로 계산해 그 양을 전부 넣으면 칵테일의 맛이 너무 쓰거나 거칠어질 소지가 있다. 그리고 만들어둔 뒤 시간이 지날수록 쓴맛이 더 진해진다. 이런 문제를 피하려면 비터스의 양을 1/2~1/3 정도 덜 넣고 맛을 보는 것이 좋다. 다인분용 칵테일 풍미를 1인분 칵테일의 풍미와 비교해 맛보고 난 후에 비터스의 양을 조절해 필요한 만큼 더 넣으면 된다.

다음은 내가 8~10인분의 칵테일(보통 750㎖ 병을 딱 맞게 채울 만큼의 양)을 한 번에 만들 때 쓰는 방법이다(기본적으로 30㎖를 1컵으로 변환하는 방식).

1. 비터스와 가니쉬를 제외한 칵테일의 모든 재료를 밀리리터 단위에서 컵 단위로 변환한다. 예를 들어 올드 패션드에 버번 60㎖가 필요하면 2컵을 쓰고 심플 시럽 15㎖는 1/2컵으로 변환하는 식이다.
2. 피처나 4~6컵 용량의 용기에 재료들을 넣는다.
3. 피처에 비터스의 총 분량 중 1/2~2/3만 넣는다.
4. 젓는다.
5. 물을 섞는다. 한 번에 만드는 양이 2와1/2컵 미만이면 1/2컵을 넣고, 3컵 반이면 1/2~1컵을 넣는다. 양이 이 둘의 중간쯤이면 처음에는 1/2컵만 넣고 맛을 보면서 필요한 만큼 조절한다.
6. 한 번 더 저어주고 맛을 본다.
7. 필요에 따라 비터스나 물의 양을 조절한다. 알코올이 차갑게 칠링되지 않은 상태라 칵테일에서 화한 맛이 나겠지만 입천장이 얼얼해지지는 않을 정도로 맞춘다.
8. 라벨을 붙여 날짜를 적고 서빙 전에 충분히 차갑게 해둔다.

더 많은 양을 만들 때는 재료들의 밀리리터 단위를 예상 인분수로 곱한 뒤 컵 단위로 변환한다(물론 비터스는 제외다). 어떤 경우든 비터스는 1/2~1/3을 줄여 너무 공격적인 맛이 되지 않도록 신경 쓴다.

입에 맞지 않는 버번의 활용법

도저히 못 마시겠다 싶은 버번이 있다면 여기에 최선의 해결책이 있다. 그 버번을 좋아하는 사람을 찾아 그 버번으로 다인분 칵테일을 만들어주는 것. 상대방은 당신이 그 버번의 맛을 본 뒤 자신에게 준 사실을 알 수 없는데다 바로 마실 수 있는 칵테일이 생겨 감격스러워할 것이다.

2019년 십포지엄 당시 다인분으로 한 번에 주조해 내놓았던 브라운 더비 칵테일
(사진: 크리스 조이스 KY)

다인분 칵테일 주조 시의 강추와 비추

맛을 봐가며 만들고 내가기 전에도 다시 맛볼 것 믹싱 후에 칵테일의 밸런스를 체크하고 내가기 전에 한 번 더 맛을 본다. 칵테일이 너무 달 경우 비터스를 더 넣어 풍미 밸런스를 잡으면 된다.

병에서 바로 따라 마시도록 내갈 때는 물을 추가할 것 손님들이나 서빙자가 병에서 바로 따르도록 내놓을 때는 물을 더 섞는다. 750㎖ 기준으로 1/2~3/4컵 정도가 적당하다.

처음부터 비터스를 분량대로 다 넣지 말 것 전체 분량에서 1/2이나 1/3 정도 덜 넣고 맛을 본다. 비터스는 부족하다 싶으면 언제든 더 넣을 수 있지만 너무 많이 넣었을 때는 손쓸 방법이 없다.

손님이 많은 파티에서 잔의 칠링 문제로 스트레스 받지 말 것 잔을 칠링할 여건이 되고 방법이 있다면 그렇게 하자. 하지만 플라스틱 컵을 쓰거나 공간이 좁다면 한 잔의 양을 줄여 손님들이 마시는 동안 너무 따뜻해지지 않게 조치한다.

가니쉬는 간단하게 예를 들어 장미 모양으로 만 시트러스 필 30개를 만들기보다 그냥 시트러스 트위스트나 말린 오렌지를 가니쉬로 쓴다. 생과일 꼬치를 미리 준비해두는 것도 좋은 방법이다. 훨씬 간단한 방법으로 꽃, 허브 잎 1장, 말린 향신료, 사탕 등 빠르게 곁들일 수 있는 재료의 활용도 괜찮다.

보여주기용 샘플 칵테일을 가니쉬까지 해서 내놓아 손님들이 따라 마시는 데 도움을 줄 것 손님들이 직접 칵테일을 따를 때 어떤 가니쉬를 어떻게 놓아야 잘 맞는지 참고할 수 있게 해준다.

너무 빨리 만들어놓지 말 것 한 번에 많은 양을 미리 만들어놓는 시점은 파티의 하루나 이틀 전은 괜찮지만 한 달 전은 곤란하다(물론 일부러 병 숙성 칵테일을 만들 작정이 아니라면 말이다).

플뢰르-드-리스 맨해튼의 다인분 주조

한꺼번에 만들어 750㎖ 병에 담아 냉장고에 보관해둘 수 있는 칵테일이다. 얼음 없이 서빙되므로 칠링은 필수. 더 많은 양씩 따르거나 파티 규모가 클 경우, 레시피의 분량을 두 배나 세 배로 늘린다(이 레시피는 8~10인분 기준). 1인분 레시피는 116쪽을 참조하기 바란다.

50도의 버번 1과 1/2컵

발로탕 버번 볼 위스키 3/4컵

샹보르 블랙라즈베리 리큐어 3/4컵

스크래피스 카다멈 비터스 8~12방울

초콜릿 비터스 8~12대시

물 1/2~3/4컵

가니쉬: 버번 볼(버번과 다크 초콜릿을 주재료로 써서 만드는 한입 크기 쿠키-옮긴이)**, 생 라즈베리, 강판에 간 초콜릿**

큼지막한 피처에 재료들을 담고 잘 젓는다. 맛을 보며 밸런스를 체크하고 너무 달거나 밸런스가 맞지 않으면 신중을 기해 비터스를 더 넣는다. 750㎖ 병에 옮겨 담은 후 뚜껑을 닫고 몇 시간 혹은 밤새도록 냉장고에 넣어 차갑게 해둔다.

서빙 전에 30분간 냉동실에 둔다(꽁꽁 얼 수도 있으니 밤새 냉동실에 방치하지 말 것). 손님들이 칵테일을 직접 따라 마시게 하려면 계속 차갑게 즐길 수 있도록 병을 아이스 버킷에 담아 내놓는다. 서빙 잔으로는 쿠페 글라스나 마티니 글라스를 준비하고 가니쉬도 더해준다.

식용 꽃

칵테일에 꽃을 장식하면 보기에 화사하지만 손님들의 안전을 위해 먼저 해야 할 일이 있다. 그 꽃에 독성이 없는지 확인하고 유기농 재배되었는지, 안심하고 먹어도 되는지 살펴보는 일이다. 꽃가게에서 파는 꽃들은 대체로 싱싱한 상태를 유지하기 위해 살충제나 독성 화학 물질이 뿌려진다. 가니쉬용으로 쓰려면 온라인에서 식용 꽃을 찾아보길 권한다.

클래식 맨해튼의 다인분 주조

사람들이 몰려오기 전에 다인분용 맨해튼을 한 번에 믹싱해놓기는 어렵지 않다. 이 레시피대로 따라 하면 8~10인분의 칵테일이 나온다.

중간도수의 버번 2컵

카르파노 안티카 포뮬라 스위트 베르무트 1컵

체리 비터스 6~10대시

오렌지 비터스 6~10대시

물 1/2~3/4컵

가니쉬: 칵테일 체리

큼지막한 피처에 재료들을 넣고 잘 젓는다. 밸런스가 맞는지 맛을 봐가며 너무 달거나 밸런스가 안 잡혀 있으면 신중을 기해 비터스를 더 넣는다. 빈 병에 옮겨 담고 마개를 닫아 냉장고에 넣고 몇 시간 혹은 밤새도록 둔다.

서빙 전에 30분간 냉동실에 넣어 칠링한다(꽁꽁 얼 수도 있으니 밤새 냉동실에 방치하지 말 것). 손님들이 직접 따라 마시게 할 계획이라면 차가운 온도를 유지하기 위해 병을 아이스 버킷에 담아 서빙한다. 쿠페 글라스나 마티니 글라스에 담아 가니쉬를 더한다.

코코아 맨해튼의 다인분 주조

이 칵테일은 한 번에 많은 양을 만들기 쉬운데다 클래식 맨해튼을 퇴폐적인 초콜릿 맛을 선사하면서도 여전히 버번에 대한 예찬을 담고 있는 별미로 변신시킨다. 이 레시피는 8~10인분 기준이다. 한 잔을 만들고 싶다면 120쪽을 참조하라.

저도수에서 중간도수 대의 버번 2컵

발로탕 초콜릿 위스키 혹은 그 외의 크림 베이스가 아닌 초콜릿 리큐어 3/4컵

멜레티 혹은 아베르나 아마로 1/2컵

초콜릿 비터스 12~20대시

체리 비터스 12~20대시

물 1/2~3/4컵

가니쉬: 강판에 간 초콜릿이나 사각 초콜릿

큼지막한 피처에 재료들을 넣고 잘 젓는다. 밸런스가 맞는지 맛을 봐가며 너무 달거나 밸런스가 안 잡혀 있으면 신중을 기해 비터스를 더 넣는다. 빈 병에 옮겨 담아 마개를 닫아 냉장고에 넣고 몇 시간 혹은 밤새도록 둔다.

서빙 전에 30분간 냉동실에 넣어 칠링한다(꽁꽁 얼 수도 있으니 밤새 냉동실에 방치하지 말 것). 손님들이 직접 따라 마시게 할 계획이라면 차가운 온도가 유지되도록 병을 아이스 버킷에 담아 서빙한다. 서빙 잔으로 쿠페 글라스나 마티니 글라스를 준비하고 가니쉬를 곁들인다.

다양한 가니쉬를 더한 다인분 주조 맨해튼

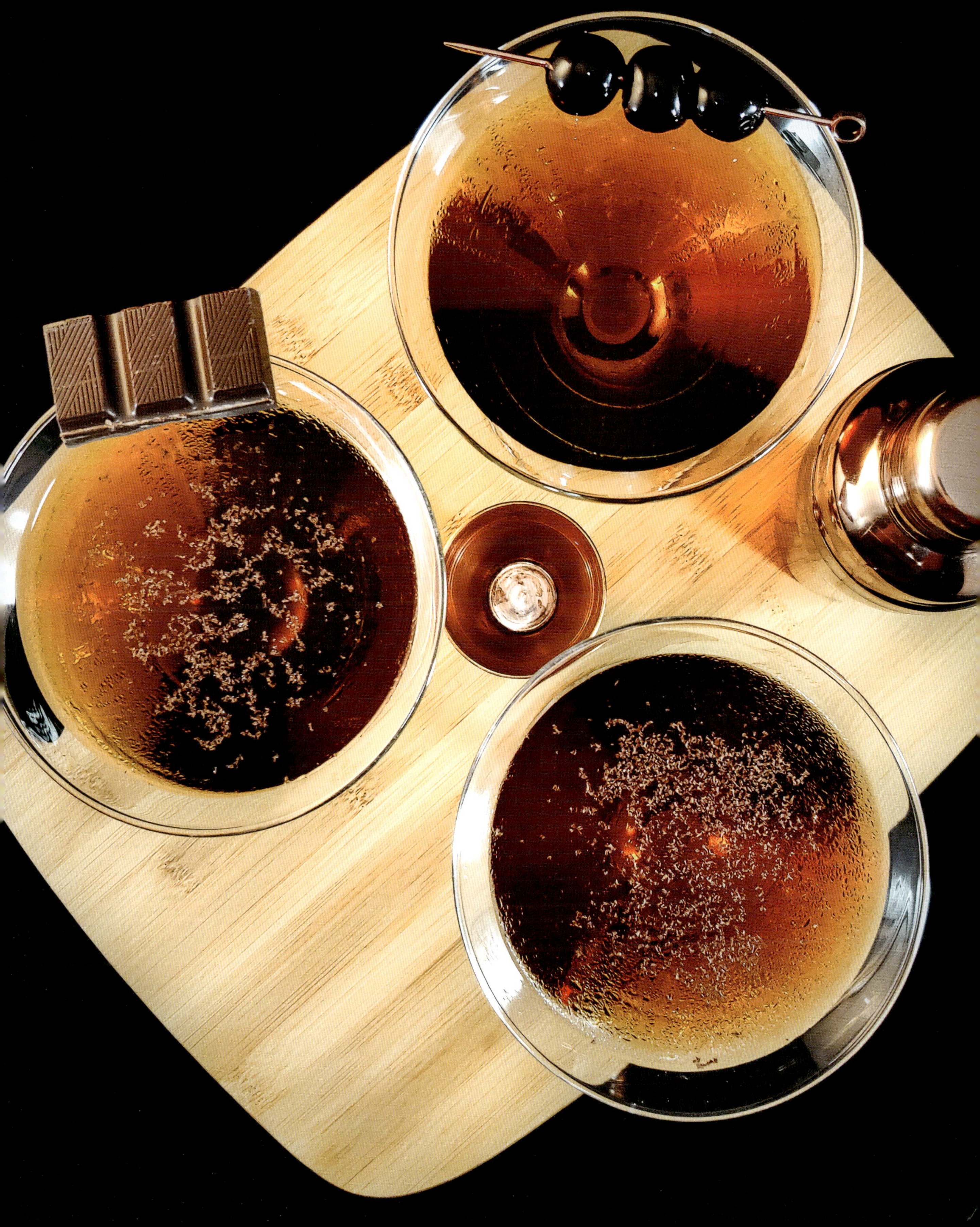

미드나잇 아워의 다인분 주조

이 다인분 칵테일은 내가 처음으로 맛보았던 그 블랙 맨해튼의 풍미를 되살려준다. 그날 밤 나는 아마로에 푹 빠져버렸고 블랙 맨해튼은 클래식 칵테일 변형을 통틀어 여전히 내가 가장 좋아하는 칵테일이다(113쪽 사진 참조). 이 레시피는 8~10인분 기준이다.

"초대자가 내보일 수 있는 최고의 예의는 손님들이 편안한 마음을 갖게 하는 것이다. 나는 사람들이 우리 집을 버번에 관한 인정 많은 라이프스타일을 지키며, 버번 대접에 인심이 후한 곳으로 느끼길 바란다. 그리고 그런 분위기 속에서 손님들과 초대자가 서로에게 즐거움을 주었으면 좋겠다."

- 페기 노 스티븐스(여성버번협회 설립자)

버번 2컵(나는 조니 드럼 버번을 쓴다)

카르파노 안티카 스위트 베르무트 1/4컵

아베르나 아마로 3/4컵

우드포드 소르검 앤 사사프라스 비터스 32~40방울

비터멘스 엘레카뮬 티키 비터스 16~24방울

물 1/2~3/4컵

가니쉬: 레몬 필, 칵테일 체리

큰지막한 피처에 재료들을 넣고 잘 섞일 때까지 젓는다. 밸런스 확인을 위해 맛을 봐가며 너무 달거나 밸런스가 안 맞으면 신중을 기해 비터스를 더 넣는다. 빈 병에 옮겨 담아 마개를 닫고 냉장고에 넣어 몇 시간 혹은 밤새 둔다.

서빙 전에 30분간 냉동실에 넣어 칠링한다(꽁꽁 얼 수도 있으니 밤새 냉동실에 방치하지 말 것). 손님들이 직접 따라 마시게 할 계획이라면 계속 차갑게 즐길 수 있도록 병을 아이스 버킷에 담아 서빙한다. 서빙 잔으로 쿠페 글라스나 마티니 글라스를 준비하고 가니쉬를 곁들인다.

클래식 올드 패션드의 다인분 주조

버번광들과 버번에 흥미를 느끼는 사람이라면 밤새도록 홀짝일 수도 있는 올드 패션드다. 황설탕이 들어가는 이 올드 칵테일은 만들기가 쉬워 행사용으로 다인분을 한 번에 주조하기에 아주 잘 맞고 완전히 처음부터 칵테일을 만들기 귀찮은 저녁을 대비해 미리 만들어 냉장고에 넣어두기에도 좋다. 다음은 8~10인분 기준의 레시피다.

버번 2컵

황설탕 심플 시럽 1/2컵

물 1/2컵

오렌지 비터스 8~12대시

아로마틱 비터스나 체리 비터스 8~12대시

가니쉬: 칵테일 체리, 오렌지 필

큰지막한 피처에 재료들을 넣는다. 밸런스 확인을 위해 맛을 봐가며 너무 달거나 밸런스가 안 맞으면 신중을 기해 비터스를 더 넣는다. 빈 병에 옮겨 담고 마개를 닫아 냉장고에 넣어 몇 시간 혹은 밤새 칠링한다.

서빙 전에 30분간 냉동실에 넣어 칠링한다(꽁꽁 얼 수도 있으니 밤새 냉동실에 방치하지 말 것). 손님들이 직접 따라 마시게 할 계획이라면 차가운 온도를 유지하기 위해 병을 아이스 버킷에 담아 서빙한다. 얼음을 채운 온더록스 글라스에 담고 가니쉬를 곁들여 서빙한다.

켄터키 스몰더의 다인분 주조

이 올드 패션드(1인분 레시피는 84쪽 참조)는 고도수의 버번과 스모키함을 활용한 대담한 풍미로 버
번광들에게 언제나 흥미와 만족감을 선사한다. 다음은 8~10인분 기준의 레시피다.

올드 포레스터 위스키 로우 1920이나
파이크스빌 라이 2컵

데메라라 심플 시럽 1/2컵

헬라 비터스 스모크드 칠리 비터스 16~30대시

물 1/2컵

가니쉬: 까맣게 태운 시나몬 스틱

큼지막한 용기에 재료들을 넣는다. 밸런스 확인을 위해 맛을 봐가며 너무 달거나 밸런스가 안 맞으면 신중을 기해 비터스를 더 넣는다. 빈 병에 옮겨 담고 마개를 닫아 냉장고에 넣고 몇 시간 혹은 밤새 칠링한다.

서빙 전에 30분간 냉동실에 넣어 칠링한다(꽁꽁 얼 수도 있으니 밤새 냉동실에 방치하지 말 것). 손님들이 직접 따라 마시게 할 계획이라면 냉기가 오래가도록 병을 아이스 버킷에 담아 서빙한다. 얼음을 넣은 온더록스 글라스에 담아 가니쉬를 곁들여 서빙한다.

토스티드 스모어 올드 패션드의 다인분 주조

이 올드 패션드를 다인분용으로 만들 때 딱 한 가지 어려운 점은 구운 마시멜로를 손님들에게 내
가기 전에 안 먹고 참는 것이다. 가니쉬로는 모든 잔마다 미니 스모어를 만들어 얹어도 되지만 칵
테일 픽에 토치로 구운 마시멜로를 꽂아 꼬치 장식을 하는 편이 더 쉽다(52쪽 사진 참조). 다음은
8~10인분 기준 레시피다.

버번 1과3/4컵

크렘 드 카카오나 초콜릿 위스키 1/4컵

토스티드 마시멜로 심플 시럽 1/2컵(레시피는 88쪽 참조)

비터멘스 쇼콜라틀 몰 초콜릿 비터스 60~100방울

피트 위스키나 스모키 메스칼 2와1/2큰술

물 1/2~3/4컵

가니쉬: 미니 스모어나 토치로 구운 마시멜로

빈 버번 병에 재료들을 넣고 휘저어준다. 밸런스 확인을 위해 맛을 봐가며 너무 달거나 밸런스가 안 맞으면 신중을 기해 비터스를 더 넣는다. 병의 마개를 닫고 냉장고에 넣어 몇 시간 혹은 밤새 칠링한다.

서빙 전에 30분간 냉동실에 넣어 칠링한다(꽁꽁 얼 수도 있으니 밤새 냉동실에 방치하지 말 것). 손님들이 직접 따라 마시게 할 계획이라면 냉기가 오래가도록 병을 아이스 버킷에 담아 내 놓는다. 얼음을 채운 온더록스 글라스에 담아 가니쉬를 곁들여 서빙한다.

"나는 선물로 버번이나 내 버번 책을 준비
한다. 둘을 함께 선물할 때도 많다."

– 수잔 리글러(2015~2017 여성버번협회 회장)

바나나 브레드 올드 패션드의 다인분 주조

이 다인분 주조용 올드 패션드는 버번 애주가들 사이에서 또 하나의 인기 칵테일로, 수많은 버번에서 느껴지는 그 바나나 풍미를 담아냄으로써 클래식 위스키를 예찬한다(87쪽 사진 참조). 다음은 8~10인분 기준 레시피다.

버번 2컵(올드 포레스터 시그니처 50도를 쓰면 더 좋다)

바나나 심플 시럽 1/2컵(레시피는 86쪽 참조)

피 브라더스 블랙월넛 비터스 10~14대시

물 1/2~3/4컵

가니쉬: 오렌지 필과 바닐라 빈 또는 시나몬 스틱

빈 위스키 병에 재료들을 넣고 휘저어준다. 밸런스 확인을 위헤 맛을 봐가며 너무 달거나 밸런스가 안 맞으면 신중을 기해 비터스를 더 넣는다. 병의 마개를 닫고 냉장고에 넣어 몇 시간 혹은 밤새 차갑게 해둔다.

서빙 전에 30분간 냉동실에 넣어 칠링한다(꽁꽁 얼 수도 있으니 밤새 냉동실에 방치하지 말 것). 손님들이 직접 따라 마시게 할 계획이라면 계속 차갑게 즐길 수 있도록 병을 아이스 버킷에 담아 내놓는다. 얼음을 채운 온더록스 글라스에 담아 가니쉬를 곁들여 서빙한다.

프린스 해리 올드 패션드의 다인분 주조

이 달콤한 올드 패션드는 꿀과 생강 풍미 덕분에 가을과 겨울의 모임에 낼 칵테일을 다인분으로 만들기에 아주 좋다. 당절임 생강의 간단한 가니쉬로 보는 재미까지 선사한다. 다음은 8~10인분 기준 레시피다.

일라이저 크레이그 스몰 배치 버번 1과1/2컵

도멘 드 캔톤 진저 리큐어 1/2컵

허니 시럽 1/2컵

헬라 비터스 진저 비터스 12~20대시

물 1/2~3/4컵

가니쉬: 당절임 생강 슬라이스

빈 위스키 병에 재료들을 넣고 휘저어준다. 밸런스 확인을 위해 맛을 봐가며 너무 달거나 밸런스가 안 맞으면 신중을 기해 비터스를 더 넣는다. 병의 마개를 닫고 냉장고에 넣어 몇 시간 혹은 밤새 차갑게 둔다.

서빙 전에 30분간 냉동실에 넣어 칠링한다(꽁꽁 얼 수도 있으니 밤새 냉동실에 방치하지 말 것). 손님들이 직접 따라 마시게 할 계획이라면 계속 차갑게 즐길 수 있도록 병을 아이스 버킷에 담아 내놓는다. 얼음을 채운 온더록스 글라스에 담고 가니쉬를 곁들여 서빙한다.

테일게이트 사워의 다인분 주조

언젠가 주지사의 저택에서 열렸던 여성버번협회 행사에서 우리는 꽃으로 장식된 근사한 사워를 대접받은 적이 있다. 내가 바 쪽으로 가서 레시피를 물었더니 바 매니저는 껄껄 웃으며 레시피를 알려주었다. 이 칵테일에 내가 '테일게이트 사워(트럭이나 왜건 등의 뒷문으로, 차량에 물건을 싣고 내릴 때 편의성을 높여주는 장치-옮긴이)'라는 이름을 붙인 이유는 원래도 만들기 쉬운데 다인분을 한 번에 주조하기까지 쉽고, 여러 친구들을 대접할 때도 이것만 있으면 다른 건 아무것도 필요 없는 편의성 때문이다. 다음은 12인분 기준 레시피다.

360㎖들이 캔 유기농 레모네이드 농축액 1개

캔 버번 1과1/4개

캔 생수 1과1/2개

캔 생 오렌지주스 1/2개

블랙월넛이나 오렌지, 라벤더 비터스 20~32대시(선택)

가니쉬: 레몬이나 오렌지 휠, 생 라벤더나 민트 가지(구할 수 있을 경우)

큼지막한 피처에 재료들을 넣되 비터스는 처음에는 양을 줄여 넣고 저은 후 맛을 본다. 필요하다 싶으면 비터스를 더 넣는다. 병에 옮겨 담아 냉장고에 넣고 몇 시간 혹은 밤새 차갑게 해둔다. 손님들이 직접 따라 마시게 할 계획이라면 냉기가 오래가도록 병을 아이스 버킷에 담아 내놓는다. 얼음을 채운 온더록스 글라스에 담아 가니쉬를 더해 서빙한다.

클래식 민트 줄렙의 다인분 주조

이 칵테일은 금속재 줄렙 컵이 부족해도 걱정 없다. 키 작은 잔에 (각얼음이 아닌) 으깬 얼음이나 펠릿 아이스를 채운 후 담아 내가도 된다. 생 민트 가지를 듬뿍 얹고 잔마다 빨대를 꽂아 서빙한다. 다음은 8~10인분 기준 레시피다. 혹시 남으면 민트 가지를 빼낸 후 냉장고에 보관한다. 민트를 그대로 두면 나중에 맛이 써진다.

버번 2컵

민트로 우린 심플 시럽 1/2컵

물 1/2컵

생 민트 가지 2~3개

가니쉬: 생 민트 가지

빈 위스키 병에 버번, 시럽, 물을 넣고 휘저어준다. 병의 마개를 닫고 냉장고에 넣어 몇 시간 혹은 밤새 차갑게 해둔다. 서빙하기 20분쯤 전에 민트 가지를 스팽킹해 병에 넣거나 피처에 옮겨 담는다. 으깬 얼음을 채운 줄렙 컵에 따른 후 가니쉬와 빨대를 곁들여 서빙한다.

파티 팁

멋진 가니쉬 재료를 찾느라 애먹고 있다면 말린 시트러스 칩을 생 허브 가지에 곁들여볼 것을 추천한다. 생 시트러스류 가니쉬는 낮에 일찌감치 준비해두어도 괜찮지만 이때는 축축한 키친타월에 싸서 냉장고에 두어야 마르지 않는다. 냉동 베리류로 가니쉬할 때는 와인 글라스에 얼음을 담아 서빙하면 보기에도 좋고 칵테일의 냉기를 오래가게 하는 데도 좋다.

초콜릿-민트 줄렙

초콜릿-민트 줄렙의 다인분 주조

 줄렙하면 흔히 여름철을 떠올리지만 이 다인분용 버전은 연말 휴가철에 12월의 맛 좋은 칵테일로 준비하기에 어울린다. 가니쉬로 민트 가지 바로 옆에 민트 초콜릿 쿠키 하나를 더해보자. 다음은 8~10인분 기준 레시피다. 칵테일이 남으면 민트 가지를 뺀 후 냉장고에 보관한다. 민트를 그대로 두면 쓴맛으로 변하기 때문이다.

저도수에서 중간도수 대의 버번 1과1/2컵	물 1/2컵
발로탕 초콜릿 민트 위스키 1과1/2컵	생 민트 가지 2~3개
스크래피스 초콜릿 비터스 8~10대시	가니쉬: 생 민트 가지와 민트 초콜릿 쿠키

빈 위스키 병에 버번, 위스키, 비터스, 물을 넣고 휘저어준다. 냉장고에 넣어 몇 시간 혹은 밤새 차갑게 해둔다. 서빙하기 20분 전쯤에 병에 민트 가지를 넣는다. 으깬 얼음을 채운 줄렙 컵에 담은 후 가니쉬와 빨대를 더해 서빙한다.

피치, 플리즈 줄렙의 다인분 주조

192쪽에 소개한 줄렙의 다인분용 버전으로, 향을 활용하는 간단한 방법으로 칵테일에 바질 풍미를 더해준다. 바질로 피치 심플 시럽을 우려서 쓸 수도 있지만 그 방법은 피치 시럽을 가열해 익히는 것이 가장 효과적이므로 이 칵테일에서 익히지 않은 생 복숭아의 맛이 나길 원하는 나의 취향에 따라 택한 방법이다. 다음은 8~10인분 기준 레시피다. 칵테일이 남으면 바질 가지를 빼낸 후 냉장고에 보관한다. 바질을 그대로 두면 쓴맛이 난다.

저도수에서 중간도수 대의 버번 2컵	바질 가지 2~3개
피치 심플 시럽 1/2컵(레시피는 192쪽 참조)	생 복숭아 슬라이스
지파르 페슈 드 비뉴 피치 리큐어 1/2컵	가니쉬: 생 바질 가지, 생 복숭아 슬라이스
물 1/2컵	

빈 위스키 병에 버번, 시럽, 피치 리큐어, 물을 넣고 휘저어준다. 냉장고에 넣어 몇 시간 혹은 밤새 차갑게 해둔다. 서빙하기 20분쯤 전에 바질 가지와 생 복숭아 슬라이스를 병에 넣는다. 으깬 얼음을 채운 줄렙 컵에 담은 후 가니쉬와 빨대를 더해 서빙한다.

진저-차이 줄렙의 다인분 주조

이 진저-차이 줄렙으로 가을 파티를 단장해보자. 경마장에서의 가을 모임이나 가을의 모든 것을 기념하기에 그만인 간단한 조합이다(195쪽 사진 참조). 다음은 8~10인분 기준 레시피다. 혹시 남으면 민트와 시나몬을 제거한 후 냉장고에 보관한다. 민트와 시나몬을 그대로 두면 쓴맛이 나기 때문이다.

중간도수의 버번 1과1/2컵	생 민트 가지 2~3개
진저 리큐어 1/2컵	시나몬 스틱
차이 심플 시럽 1/2컵(레시피는 194쪽 참조)	가니쉬: 민트 가지, 당절임 생강, 시나몬 스틱
물 1/2컵	

빈 위스키 병에 버번, 진저 리큐어, 차이 심플 시럽, 물을 넣고 휘저어준다. 냉장고에 넣어 몇 시간 혹은 밤새 차갑게 해둔다. 서빙하기 20분쯤 전부터 병에 민트 가지와 시나몬 스틱을 넣어둔다. 으깬 얼음을 채운 줄렙 컵에 담은 후 가니쉬와 빨대를 곁들여 서빙한다.

제 12 장

'낫 유어 핑크 드링크' 콘테스트 우승자들

여성버번협회에서는 매년 '낫 유어 핑크 드링크'라는 콘테스트를 열어 최고의 버번 칵테일을 놓고 경합을 벌인다. 이 콘테스트의 규칙 한 가지는 칵테일이 핑크색이 아니어야 한다는 것인데 회원들이 '여자여자한' 칵테일에서 벗어나고자 하는 바람에 따라 정한 규칙이다. 우승자를 선정하는 심사위원단은 여성버번협회 회원들로 꾸려지고 그중 몇 명은 이사회 임원들이다. 심사위원들은 각 출품 칵테일의 풍미, 밸런스, 창의성, 표현력, 접근성을 평가한다. 원래는 칵테일을 만들고 시음하는 이사회 모임이었던 자리가 시간이 지나면서 차츰 결승전 진출자들이 직접 자신의 출품작을 심사위원들에게 만들어주는 실연(實演) 콘테스트로 자리 잡은 것이다. 콘테스트는 아마추어 부문과 전문가 부문으로 나뉘어 진행되고, 우승한 칵테일은 늦여름이나 초가을에 개막하는 여성버번협회 연례 십포지엄에서 선보인다.

나에게 '낫 유어 핑크 드링크' 콘테스트는 버번 칵테일 집착에 불을 붙여 끝내 이 책까지 쓰게 이끈 원동력이었다. 그리고 가끔은 살짝 핑크빛이 도는 위스키 칵테일을 만들긴 해도 나는 여전히 광채를 띠는 호박색 칵테일의 그 아름다운 자태를 더 좋아한다. 해마다 심사위원들은 참가자들의 창의성과 열정에 크게 감동하고, 참가자들의 입상 칵테일들은 우리 모두가 사랑하는 위스키의 그 풍미와 향을 예찬해주고 있다. 그런 의미에서 다음의 레시피 몇 가지를 따라 해보며 버번의 모든 것을 즐겨보자.

라이프 이즈 피치

Life Is Peachy

2016년 '낫 유어 핑크 드링크' 전문가 부문 우승자 타라 밴더몰렌의 레시피

복숭아, 바질, 카다멈 풍미가 느껴지는 여름철의 올드 패션드로 누구든 버번 신봉자로 만들 만한 매력을 발산한다. 오스테리아 로사 레스토랑의 바텐더 겸 매니저인 타라 밴더몰렌의 창작품이다.

메이커스 마크 버번 60㎖

레몬주스 15㎖

심플 시럽 15㎖

카다멈 비터스 3대시

머들링해준 큼직한 바질 잎 2장

머들링해준 생 복숭아 60㎖

가니쉬: 생 복숭아 슬라이스, 바질 가지

재료들을 얼음과 함께 넣고 셰이킹한다. 얼음을 채운 온더록스 글라스에 스트레이너로 걸러 따른 후 가니쉬한다.

낫 유어 서버번 하우스와이프

Not Your Subourban Housewife

2012년 '낫 유어 핑크 드링크' 전문가 부문 우승자 레이첼 이삭스의 레시피

만들기 쉽고 똑같은 비율로 섞는 점이 특징인 이 칵테일은 버번, 버터스카치, 헤이즐넛 풍미가 그랑 마르니에의 린싱으로 끝내낸 시트러스 향과 잘 어우러진다.

45도의 버번 30㎖

버터스카치 슈냅스 30㎖

프란젤리코 헤이즐넛 리큐어 30㎖

소량의 그랑 마르니에

가니쉬: 오렌지 트위스트, 말린 살구

얼음과 함께 넣고 셰이킹한 후 칠링해두었다가 원당을 리밍한 마티니 글라스에 스트레이너로 걸러 따른 후 가니쉬한다.

하이 돌

High Doll

2012년 '낫 유어 핑크 드링크' 아마추어 부문 우승자 카렌 레고의 레시피

버번, 라임, 아마레토, 스파클링 워터가 아주 맛깔스럽게 어우러진 하이볼풍 칵테일이다.

45도의 버번 37.5㎖

아마레토 22.5㎖

차갑게 해둔 라임 스파클링 워터 60㎖

라임 웨지 1개

가니쉬: 오렌지 슬라이스

얼음을 채운 잔에 버번과 아마레토를 붓고 스파클링 워터를 섞어 넣는다. 라임 웨지를 잔에 대고 즙을 짜준 후 잔 안에 넣는다. 살살 저은 후 가니쉬한다.

팜 브리즈

Palm Breeze

2013년 '낫 유어 핑크 드링크' 아마추어 부문 우승자 말라 짐머만의 레시피

시원한 청량감을 주는 시트러스 향이 포 로지스 싱글 배럴 버번을 돋보이게 하고 여러 가지 시트러스류 과일 풍미가 하이볼 타입 칵테일로 어우러져 무더운 날씨에 맛보기에 제격이다.

포 로지스 싱글 배럴 버번 45㎖

페이쇼드 비터스 2대시

스플렌다(인공감미료)
1봉지(1/4작은술)

오렌지 슬라이스 1개

자몽 슬라이스 1/2개

레몬 슬라이스 1개

탄산수 120㎖

얼음 3/4컵

키 큰 잔에 버번, 비터스, 스플렌다를 넣고 스플렌다가 녹을 때까지 젓는다. 과일 슬라이스를 넣고 슬라이스마다 즙을 살짝 짜준다. 탄산수와 얼음을 차례로 넣는다. 과일 슬라이스 하나를 잔 가장자리에 가니쉬로 얹어준다.

여성버번협회 십포지엄

여성버번협회의 연례 모임인 이 자리의 분위기는 회의라기보다는 재회에 가깝다. 행사장을 걸어 다니다 보면 이전의 행사나 가상 시음회에서 보거나 소셜미디어 팔로워로 인연을 맺은 친구를 꼭 만나게 된다. 버번과 음료 업계의 유력 여성들이 매년 가을에 이 자리에 모여 소비자와 생산자들 간에 화합을 도모하는 기회가 마련되기도 한다. 증류소와 코퍼리지(오크통이 만들어지는 시설-옮긴이)로 탐방을 가고, 유명한 회원들의 집에서 오붓한 저녁 식사를 하는 등 1년 내내 행사가 이루어지는 것이나 다름없다. 모이면 언제나 오전 9시쯤에 건배와 함께 시음으로 하루를 시작한다(어쨌든 이것이 우리의 방식이다). 최근 소식이 궁금하다면 www.bourbonwomen.org를 방문해보자.

켄터키 문

Kentucky Moon

2014년 '낫 유어 핑크 드링크' 아마추어 부문 우승자 앨리스 쵤러의 레시피

버번, 그랑 마르니에, 프란젤리코를 바로 뚝딱 만들 수 있는 간단한 조합으로 믹싱해 언제든 즐기기 좋은 기막힌 풍미를 끌어낸 우승작이다.

그랑 마르니에(잔의 코팅용)

50도의 버번 30㎖(쵤러는 조니 드럼 프라이빗 스톡 사용)

프란젤리코 7.5㎖

가니쉬: 오렌지 제스트 트위스트

차갑게 해둔 온더록스 글라스의 안쪽을 그랑 마르니에로 코팅한 뒤 밑에 고인 분량은 버린다. 버번과 프란젤리코를 섞어 넣은 후에 가니쉬한다.

민티드 골드

Minted Gold

2015년 '낫 유어 핑크 드링크' 전문가 부문 우승자 밥 놋의 레시피

실바크 호텔 바의 밥 놋이 버번, 시트러스, 허니, 진저비어로 풍미의 층을 쌓아낸 칵테일이다.

40도의 버번 45㎖

허니 시럽 30㎖

갓 짜낸 오렌지주스 60㎖

갓 짜낸 레몬주스 60㎖

진저비어

가니쉬: 민트 가지

셰이커에 버번, 허니 시럽, 과일주스를 얼음과 함께 넣는다. 셰이킹 후 온더록스 글라스에 스트레이너로 걸러 따른다. 그 위로 진저비어를 토핑하고 민트 가지로 가니쉬한다.

2018년 십포지엄의 개막 첫날밤 만찬장으로 가는 중인 여성버번협회 회원들(사진: 크리스 조이스 KY)

프렌치 쿼터 맨해튼

French Quarter Manhattan

2015년 '낫 유어 핑크 드링크' 아마추어 부문 우승자 헤더 위벨스의 레시피

나는 2015년에 버번, 피칸, 초콜릿의 풍미를 조합해 칠링한 마티니 글라스에 산뜻하게 담아내는 이 레시피로 칵테일 콘테스트에서 처음으로 상을 받았다. 이 이른 성공은 그다지 버번 중심주의자가 아닌 남편이 버번 칵테일을 즐기게 만드는 데 한몫하기도 했다.

45도의 스몰 배치 버번 60㎖

리불렛 피칸 리큐어 30㎖

초콜릿 비터스 4~5대시

가니쉬: 프랄린(설탕에 견과류를 넣고 졸여 만든 것-옮긴이)**이나 당절임 피칸**

얼음을 채운 믹싱 글라스에 재료들을 넣고 저어서 섞어준다. 차갑게 해둔 마티니 글라스에 스트레이너로 걸러 따른 후 가니쉬한다.

더 블랙 포레스트

The Black Forest

2016년 '낫 유어 핑크 드링크' 아마추어 부문 우승자 헤더 위벨스의 레시피

초콜릿과 체리 제과류의 풍미에 대한 내 나름의 해석을 표현해 두 풍미를 버번과 조화시킨 칵테일이다. 가니쉬용으로 초콜릿으로 덮인 체리를 구할 수 있다면 둘의 궁합에 만족을 느끼게 될 것이다.

42.5~45도의 버번 45㎖

초콜릿 위스키나 초콜릿 문샤인(30도) **22.5㎖**

체리 리큐어 15㎖

초콜릿 비터스 3대시

체리 비터스 1대시

가니쉬: 마라스키노 체리, 초콜릿 시럽(선택)

믹싱 글라스에 재료들을 넣고 얼음을 채운 다음 저어준다. 원할 경우 칠링해둔 마티니 글라스에 초콜릿 시럽을 살짝 리밍한 후 스트레이너로 걸러 따른다. 체리로 가니쉬한다.

블러드 오렌지 맨해튼

Blood Orange Manhattan

2017년 '낫 유어 핑크 드링크' 아마추어 부문 우승자 헤더 위벨스의 레시피

블러드 오렌지 리큐어가 필요한 칵테일로, 체리와 오렌지 비터스를 조합해 맨해튼에 시트러스 풍미와 겨울 느낌을 연출하는 변형이다.

올드 포레스터 1870 버번 60㎖

스위트 베르무트 15㎖

블러드 오렌지 리큐어 22.5㎖

체리 비터스 1대시

오렌지 비터스 2대시

가니쉬: 블러드 오렌지 휠(제철일 경우)이나 오렌지 필 트위스트

믹싱 글라스에 재료들을 담고 얼음을 채운다. 충분히 차가워질 때까지 30초 정도 젓는다. 차갑게 해둔 쿠페 글라스나 마티니 글라스에 스트레이너로 걸러 따른다. 오렌지 필로 칵테일에 즙을 짜주고 잔 가장자리도 문질러 오렌지의 톡 쏘는 맛을 더해준다.

킥킹 딕시

Kickin' Dicksie

2018년 '낫 유어 핑크 드링크' 전문가 부문 우승자 사만다 몽고메리의 레시피

심사위원들이 차츰 희석되면서 일어나는 그 매력적인 진전에 푹 빠져들었던 칵테일. 맛을 보다 보면 시점별로 여러 풍미의 층이 피어나 첫 모금부터 마지막 모금까지 내내 입이 즐겁다.

딕시 블랙페퍼 보드카(40도) 7.5㎖

멜레티 아마로(32도) 15㎖

카다마로(17도) 15㎖

파이팅 콕 버번(51.5도) 45㎖

가니쉬: 블랙페퍼 가루, 자몽 트위스트

믹싱 글라스에 재료들을 넣고 젓는다. 얼음을 채운 온더록스 글라스에 스트레이너로 걸러 따른 후 가니쉬한다.

콤부차 버번 크러시

Kombucha Bourbon Crush

2019년 '낫 유어 핑크 드링크' 아마추어 부문 우승자 대니 배로우의 레시피

대니 배로우가 직접 만든 수제 콤부차 진액의 흙내음 도는 시트러스 향에 진저 리큐어의 톡 쏘는 맛과 메이플 시럽의 단맛을 조금씩 더해 만들어낸 칵테일. (발효 가당 차인 콤부차는 주스나 과일을 넣거나 다른 방식으로 과일 풍미를 더해 만드는 것이 보통이다.)

놉 크릭 스몰 배치 버번 45㎖

수제 레몬-로즈메리 콤부차 90㎖

지역산 메이플 시럽 15㎖(잔 리밍용으로 쓸 여분도 따로 준비)

진저 리큐어 7.5㎖

아이스볼

가니쉬: 핑크 히말라얀 솔트(잔 리밍용), **로즈메리 가지**

콜린스 글라스의 가장자리 절반을 메이플 시럽과 핑크 솔트로 리밍한다(이런 단짠 조합은 레몬 베이스인 콤부차 고유의 신맛을 줄여준다). 잔에 남은 재료들을 넣고 살짝 저어 섞어준다. 아이스볼을 넣고 로즈메리로 가니쉬를 곁들인다.

콤부차 버번 크러시(사진: 트레이시 그린/Estes Public Relations)

제12장 '낫 유어 핑크 드링크' 콘테스트 우승자들

263

버번 페슈 하이볼

Bourbon Pêche Highball

2021년 '낫 유어 핑크 드링크' 아마추어 부문 우승자 켄드릭 페닝턴의 레시피

청량감을 띠어 여름나기에 좋은 하이볼. 버번 베이스를 토핑하는 데 쓰는 탄산음료가 이색적이며, 설탕 리밍의 생 바질 가니쉬와 제과용 향신료 향이 신맛과 페슈 람빅 비어의 기분 좋은 복숭아 풍미와 만나 밸런스를 이룬다.

래빗 홀 헤이골드 버번 60㎖

프란젤리코 15㎖

올드 포레스터 스모크드 시나몬 비터스 2대시

블랙월넛 비터스 1대시

린데만스 페슈 람빅 비어(복숭아 맛)

가니쉬: 너트맥, 시나몬, 황설탕을 뿌린 건조 복숭아 슬라이스(레시피는 아래 참조), 바질

하이볼 글라스의 가장자리를 물에 살짝 담갔다가 너트맥, 시나몬, 황설탕을 (아래의 건조 복숭아 레시피와 같은 방법으로) 섞어 담은 접시에 담았다 꺼낸다. 잔에 얼음을 채운 다음 한쪽에 치워둔다. 얼음을 넣은 믹싱 글라스에 버번, 프란젤리코, 비터스를 넣는다. 15~30초간 젓는다. 준비해둔 하이볼 글라스에 스트레이너로 걸러 따른다. 페슈 람빅 비어를 토핑한다. 건조 복숭아 슬라이스와 바질로 가니쉬한다.

건조 복숭아

복숭아를 0.5인치(1.27cm) 두께로 슬라이스한 뒤 오븐팬에 그물망을 얹어 그 위에 깔아준다. 오븐팬을 오븐에 넣고 가장 약한 온도로 설정해 몇 시간 동안 복숭아를 건조시킨다. 제스터나 강판으로 너트맥과 시나몬을 동량으로 갈아 접시에 담고 황설탕도 동량으로 섞어준다. 이렇게 섞어둔 설탕과 향신료에 건조된 복숭아를 툭툭 던져 넣는다.

파인애플 타투

Pineapple Tattoo

2021년 '낫 유어 핑크 드링크' 전문가 부문 우승자 몰리 홀라의 레시피

이 위스키 사워에서는 미소 시럽의 감칠맛과 구운 파인애플의 풍미가 살짝 돌게 하는 변주를 통해 래빗 홀의 스파이시한 라이 풍미를 부각시키는 한편, 비터스와 더불어 복합적 풍미의 층까지 세워준다.

래빗 홀 라이 45㎖

구운 파인애플주스 45㎖

라임주스 7.5㎖

미소 시럽 15㎖(레시피는 아래 참조)

중국의 오향 비터스 1방울

가니쉬: 오렌지 제스트

셰이킹 컵에 라이, 주스, 미소 시럽을 넣고 얼음을 채운다. 10~12초간 셰이킹한다. 차갑게 해둔 닉앤노라 글라스에 스트레이너로 걸러 따른다. 비터스를 뿌려 토핑한 후 가니쉬한다.

미소 시럽

흑설탕 1컵

물 1컵

백미소 된장 수북이 2큰술

작은 편수냄비에 재료들을 담아 끓인다. 끓어오르면 약불로 1분간 뭉근히 끓이며 중간중간 휘저어준다. 식힌 후 가는 철재 체로 거른 다음 3~4주간 냉장 보관하며 사용한다.

2019년 '낫 유어 핑크 드링크' 콘테스트 현장에서 심사 중인 모습(사진: 트레이시 그린/Estes Public Relations)

제 13 장

전 세계
여성버번협회의
칵테일

스모크드 초콜릿-베이컨 맨해튼

Smoked Chocolate-Bacon Manhattan

만들기 쉬운 맨해튼 변주 칵테일로, 살짝 아침 식사 같기도 하고 살짝 디저트 같기도
한 묘한 느낌을 일으킨다. (칵테일 스모커로 끌어내는) 훈연 향의 층이 베이컨 풍미를 돋
위준다.

뉴 리프 라이 60㎖   초콜릿 비터스 1~2대시

스위트 베르무트 30㎖   바삭하게 구운 베이컨 1/2조각

오렌지 비터스 1~2대시

믹싱 글라스에 라이, 베르무트, 비터스를 넣고 얼음도 담는다. 차가워질 때까지 젓는다. 차갑게 해둔
온더록스 글라스나 쿠페 글라스에 스트레이너로 걸러 따른다. 잔 안에 베이컨을 넣고 칵테일을 훈연
한다.

에이미 블룸허프의 의견에 따라 여성버번협회 켄터키 북부 지부에서 만든 레시피

버번 애주가들은 켄터키 주에만 한정되어 있는 게 아니다(물론 우리 주에 버번 애주가들이 많은 건 인정하지만). 미국 어디를 가든 진중한 위스키 바에 앉아 있으면 맛 좋은 버번을 즐기고 있거나 버번 플라이트로 맛을 비교해가며 시험적 시음을 하고 있는 단골손님들을 자주 보게 된다. 어느 주에나 위스키를 즐기며 자신의 잔에 담긴 그 호박색 액체의 매력 포인트를 논하기 좋아하는 덕후들이 있다. 그리고 이들 중에는 여성들도 많다. 좋아하는 취향이 확실한, 강단 있고 독자적인 그런 여성들 말이다. 버번 애주가들이 여행을 가면, 돌아올 때는 여행 도중 탐방한 현지의 소규모 증류소에서 구한 크래프트 버번과 위스키로 여행 가방을 꽉 채워오는 경향이 있다. 나처럼 여행을 가면 꼭 구글에서 '가까운 증류소'를 검색하고, 자동차나 비행기로 집에 갈 때 혹여 병이 깨질세라 여행 가방에 안전하게 넣는 요령에도 도가 텄을 것이다.

여성버번협회가 홈베이스인 켄터키 주 블루그래스 지역을 넘어 무대를 넓혀가면서 알게 되었다시피 우리와 서로 마음이 통하는 여성들이 전국 곳곳에 있다. 미국 전역의 그런 모험적이고 용기 있는 애주가들에게 찬사를 보내는 의미에서 이번 장에서는 미 전역의 여러 여성버번협회 지부가 만들어낸 칵테일을 한데 모아 소개하려 한다. 주로 현지 위스키를 쓰거나 현지의 재료를 활용해 클래식 칵테일에 변형을 주거나 고유의 지역색을 띨 만한 작은 변화를 준 칵테일들이다.

더불어 여성버번협회 설립자 페기 노 스티븐스가 협회 지부의 신설과 관련해서 하고픈 말도 전한다.

여성버번협회가 처음 시작되었을 때 우리가 초점을 두었던 구상은 블루그래스 주(블루그래스는 켄터키 주 전역에서 자라는 잔디 품종으로, 켄터키 주의 별칭이기도 하다-옮긴이) 전역의 여성에게 즐거움과 지식을 전하는 토대를 마련하는 것이었다. 나는 2008년에 내 회사인 PNSA를 열었고 2011년에 여성버번협회를 설립했다. 그렇게 새로연 회사와 새로운 협회의 일을 병행하는 와중에 인디애나폴리스에서 피겨 스케이팅 훈련을 받고 있는 아들 유타까지 챙기느라 인디애나 주를 오가며 대다수 여성이 그렇듯 정신없이 바쁜 나날을 이어가던 어느 날 나는 직접 나서서 그 지역으로 사업 활동을 키워보자는 결심을 하게 되었다.

그러던 중 우주가 도왔는지 나탈리 클레이튼이라는 의욕 넘치는 인디애나 여성을 만나 자신이 일하는 박물관에서 버번 시음회를 열어달라는 부탁을 받았고 기쁜 마음으로 도왔다. 아무튼 일이 되려니 그렇게 되었다. 그녀의 열정도 인상적이었지만, 중력에 이끌리듯 나와 인연이 닿게 된 많은 여성들이 버번에 대해 알고 싶어 하며 언제쯤 그 지역에 여성버번협회의 '지부'를 열 계획이냐고 끊임없이 물어와 정말 감동을 받기도 했다. 이제 여성버번협회는 켄터키의 경계를 넘어야 했고, 우리는 미국 전역의 여성들에게 손을 내밀기 위해 보다 원대한 비전이 필요했다. 그렇게 해서 인디애나폴리스에 우리의 첫 '지부'가 문을 열었고, 나탈리는 우리의 첫 지부 홍보대사가 되었다.

어느새 미국 곳곳의 여러 도시에서 지부 설립 요청이 이어진 결과, 현재는 거의 모든 주에 포진해 있는 회원들과 12곳 이상의 정식 지부가 버번의 복음을 전파하고 있다. 나와 만났을 때 20대였던 나탈리는 혼자 힘으로 성공한 사업가가 된 뒤에도 여전히 여성버번협회 활동에 적극 참여하며 소중한 우정을 나누고 있다. 그것이 바로 우리 여성버번협회다. 우리는 버번 잔을 기울이며 관계를 돈독히 다지고 변치 않는 우정을 소중히 여긴다. 모두가 한마음으로 감각의 여정에 몰두하고 있다고 생각하면 큰 자부심과 의무감을 느끼게 된다.

여성버번협회 지부의 칵테일 레시피는 이 책 곳곳에 소개되어 있지만 이번 장은 오로지 지부와 지부 파트너들, 그리고 그들의 창의성을 기리는 장으로 꾸며졌다.

스위트 콘–체리 위스키 사워

Sweet Corn–Cherry Whiskey Sour

사만다 물렌낙스의 의견에 따라 여성버번협회 인디애나폴리스 지부에서 만든 레시피

인디애나폴리스 지부 홍보대사 샘의 말을 그대로 옮기자면 "올드 55의 버번은 더할 수 없이 '인디애나'스럽고 '중서부'스러운 술이다. 이 증류소는 말 그대로 '원료 재배에서 병입까지' 직접 하는, 세계에서 몇 안 되는 곳에 속한다. 원료로 쓰는 모든 곡물을 가족 농장에서 재배하고 있다. 이곳의 100% 스위트 콘 버번은 가히 독보적이며, 인디애나 주에서는 스위트 콘이 아주 중요한 작물이다." 마찬가지로 "호텔 탱고 역시 인디애나폴리스에서 뛰어난 역사를 지닌 증류소다. 인디애나에는 진액, 비터스, 심플 시럽을 생산하는 우수한 기업 윌크스 앤 윌슨도 있다." 이 칵테일은 후지어 주(후지어는 '시골뜨기'라는 뜻으로 인디애나 주의 별칭이다—옮긴이)와의 이 모든 측면과 연관되어 있어 중서부 지역 사람들을 위한 멋진 칵테일이다.

올드 55 스위트 콘 버번 60㎖

호텔 탱고 체리 리큐어 15㎖

레몬주스 22.5㎖

심플 시럽 15㎖

윌크스 앤 윌슨 오렌지 비터스 2~3대시

가니쉬: 레몬 휠, 칵테일 체리

셰이킹 컵에 재료들을 담는다. 얼음을 넣고 10~12초간 셰이킹한다. 큼직한 각얼음 하나를 넣은 온더록스 글라스에 스트레이너로 걸러 따른 후 가니쉬한다.

서던 스타 퀸 비 칵테일

Southern Star Queen Bee Cocktail

비엔나 바저의 의견에 따라 여성버번협회 노스캐롤라이나 지부에서 만든 레시피

서던 스타 디스틸링 컴퍼니 제품으로 만든 이 칵테일로 미뢰에 기쁨을 선사해보길. 냉랭하기 그지없는 혀마저도 사르르 녹여줄 것이다.

서던 스타 더블 샷 커피 버번 크림 리큐어 75㎖

서던 스타 스탠더드 하이 라이 스트레이트 버번위스키 30㎖

캐롤라이나 와일드플라워 또는 사워우드 허니 15㎖

가니쉬: 강판으로 바로 간 너트맥

셰이커에 재료들을 담는다. 얼음을 채우고 셰이킹한다. 얼음을 채운 온더록스 글라스에 스트레이너로 걸러 따른다. 바로 간 너트맥 가루를 뿌려 토핑한다.

켄터키 벅

Kentucky Buck

에릭 카스트로의 의견에 따라 여성버번협회 캘리포니아 지부에서 만든 레시피

샌디에이고 폴라이트 프로비전스의 에릭 카스트로가 착안한 탄산수 토핑 버전의 버번 벅. 스파이시함과 달콤함의 조합에 새콤한 맛을 위해 머들링한 생 딸기를 넣어준다. 다소 의외의 조합 같지만 버번이 바닐라와 과일의 달콤한 향과 모든 요소를 한데 아우르는 덕분에 궁합이 잘 맞는다.

딸기 1개	앙고스투라 비터스 2대시
진저 시럽 22.5㎖(레시피는 아래 참조)	토핑용 탄산수
버번 60㎖	가니쉬: 레몬 휠
레몬주스 22.5㎖	

칵테일 셰이커에 진저 시럽과 함께 딸기를 넣고 머들링한다. 버번, 레몬주스, 비터스를 넣는다. 얼음을 담고 차가워질 때까지 셰이킹한다. 얼음을 채운 콜린스 글라스에 이중 여과로 따라 탄산수로 토핑한 후 가니쉬한다.

진저 시럽

설탕과 생 생강주스를 3:4 비율로 섞는다. 원하는 얼얼함의 정도에 맞춰 생강주스의 양을 늘리거나 줄인다.

헬 오어 하이 워터

Hell or Hye Water

호프 파커슨의 의견에 따라 여성버번협회 텍사스 지부에서 만든 레시피

개리슨 브라더스 디스틸러리의 호프 파커슨이 개발한 허리케인의 변형 칵테일. 먹고 나면 상쾌한 느낌을 남겨 기꺼이 더 먹고 싶어질 것이다. 열대 과일 풍미로 열대 스타일의 분위기를 띠면서도 버번의 톡 쏘는 맛이 폴리네시아에서 텍사스로 데려오기도 한다.

개리슨 브라더스 버번 60㎖	갓 짜낸 라임주스 15㎖
파인애플주스 30㎖	라벤더 비터스 1대시
패션프루트 시럽 15㎖	가니쉬: 레몬 휠, 파인애플 잎

재료들을 얼음과 함께 넣고 셰이킹한다. 얼음을 채운 온더록스 글라스에 스트레이너로 걸러 따른 후 가니쉬한다.

켄터키 벅

워터멜론-바질 문사인 펀치

Watermelon-Basil Moonshine Punch

 킹스 카운티 디스틸러리의 의견에 따라 여성버번협회 뉴욕 지부에서 만든 레시피

수박과 바질 펀치라니, 대환영이다! 갈증을 풀고 싶을 때 이 문샤인 펀치를 믹싱해보길 추천한다. 단, 펀치를 날리는 한 방이 있으니 방심은 금물. 뉴욕 주 킹스 카운티에서 증류된 문샤인이 들어간다.

킹스 카운티 디스틸러리 문샤인 60㎖	포트하브 레드 아페리티보 15㎖
갓 짜낸 수박주스 22.5㎖	토핑용 탄산수
갓 짜낸 라임주스 15㎖	가니쉬: 바질 잎
바질 시럽 15㎖(레시피는 오른쪽 참조)	

셰이킹 컵에 (탄산수를 뺀) 모든 재료를 넣고 흔들어 재료들이 잘 섞이면서 칠링되게 한다. 얼음을 채운 하이볼 글라스에 이중 여과로 따른다. 소량의 탄산수로 토핑한 후 가니쉬한다.

바질 시럽

생 바질 잎(빽빽이 채워서) 1컵	물 1컵
	백설탕 1컵

물과 설탕을 담고 불에 올려 보글보글 김이 올라올 때까지 끓이며 중간중간 저어 섞어 준다. 설탕이 다 녹으면 불을 줄인다. 바질 잎을 넣고 잠기도록 눌러준다. 15분간 뭉근히 끓인다. 불에서 내려 시누아로 걸러준다. 식힌 후 1주일간 냉장 보관하며 사용한다.

헤드 인 더 클라우즈

Head in the Clouds

 애디나 이왈즈의 의견에 따라 여성버번협회 시카고 지부에서 만든 레시피

애디나의 말로 직접 들어보자. "내가 쓴 버번은 지부 회원 리즈 헨리의 증류소에서 만든 J. 헨리 5년산 버번이다. 위스콘신 주 남부에서 네 가지 곡물을 재료로 써서 빚은 것인데 이 칵테일에 놀라울 만큼 잘 맞는다. 이 레시피에서 쓴 아메르 피콘은 콜로라도의 골든 문 디스틸러리 제품이다. 클라우드베리 잼은 일리노이 북부, 위스콘신 남부 지역이 과거에 많은 스칸디나비아 후손들이 정착한 곳이었던 내력을 드러내주는 재료로 이케아, 홀푸드마켓, 아마존에서도 살 수 있다. 칵테일의 이름은 이 재료들에서 영감을 얻어 콜로라도의 고도와 클라우드베리가 북극권 북쪽에서 재배되는 점을 두루 반영해 붙였다."

레몬주스 15㎖	아메르 피콘(또는 쌉쌀한 오렌지 풍미의 다른 리큐어) 15㎖
시나몬 심플 시럽 15㎖(레시피는 오른쪽 참조)	페이쇼드 비터스 3대시
클라우드베리 잼 1작은술	가니쉬: 오렌지 필이나 트위스트
버번 60㎖	

칵테일 셰이커에 재료들을 담고 얼음을 채운다. 10~12초간 셰이킹한다. 차갑게 해둔 온더록스 글라스나 쿠페 글라스에 이중 여과로 따른 후 가니쉬를 곁들인다.

시나몬 심플 시럽

설탕 1컵	시나몬 스틱 2개
물 1컵	

작은 편수냄비에 재료들을 담고 설탕이 녹을 때까지 가열한다. 완전히 식힌 후 냉장고에 넣는다. 내 경우에는 이 시럽에 시나몬 스틱을 넣어 냉장 보관한다.

헤드 인 더 클라우즈

위키드 메리

Whicked Mary

 조단 제르마노의 의견에 따라 여성버번협회 미주리 지부에서 만든 레시피

미주리 주의 얼얼한 피클 위스키, 위키드 피클이 평범한 블러디 메리를 완전히 다른 성격의 야수로 변신시켜놓았다.

위키드 피클 위스키 60㎖

블러디 메리 믹스 150㎖

가니쉬: 피클과 후추 꼬치

얼음을 채운 파인트 글라스에서 재료들을 섞은 후 가니쉬한다.

캠프파이어 올드 패션드

Campfire Old-Fashioned

 에이미 블룸허프의 의견에 따라 여성버번협회 켄터키 북부 지부에서 만든 레시피

심플 시럽에 훈연을 입혀주면 잔을 훈연해줄 때와 같은 깊은 풍미가 생기면서도 칵테일을 따를 때 훈연 향이 사라지지 않는다. 두 가지 달콤한 비터스는 복합미를 더하며 훈연 풍미와 대비를 이룬다. 여기에 토치로 구운 마시멜로 1개(또는 3개)를 토핑하면 캠프파이어 올드 패션드가 완성된다.

뉴 리프 윈터 위스키 버번 60㎖

스모크 심플 시럽 15㎖(레시피는 아래 참조)

우드포드 체리 비터스 1~2대시

블랙월넛 비터스 1~2대시

가니쉬: 룩사르도 체리, 구운 마시멜로

믹싱 글라스에 재료들을 넣는다. 얼음을 담고 차가워질 때까지 젓는다. 얼음을 채운 온더록스 글라스에 스트레이너로 걸러 따른 후 가니쉬를 더한다.

스모크 심플 시럽

스모커에 넣어도 안전한 뚜껑 없는 용기에 심플 시럽을 넣는다. 고기의 훈연이 끝난 후에 용기를 스모커에 넣고 30~60분간 혹은 맛을 봐가며 시간을 조절해 훈연한다.

캠프파이어 올느 패션드

인디 X 루트 비어 플로트

Indy X Root Beer Float

사만다 물렌낙스의 의견에 따라 여성버번협회 인디애나폴리스 지부에서 만든 레시피

다음은 인디애나폴리스 지부 홍보대사 샘의 설명이다. "호텔 탱고는 인디애나폴리스 현지 기업이고 트리플 X는 명문대인 퍼듀 대학이 위치한 인디애나 주 라파예트의 유명한 루트 비어인데 이 루트 비어가 버킷 리스트에 넣을 만큼 일품이다. 이곳에서 트리플 X는 누구든 이름을 들어보았거나 잘 알 정도로 유명하다." 바닐라 아이스크림을 듬뿍 얹으면 유년기 고전 간식의 성인 버전이된다. 마지막 한 방울까지 싹싹 비우도록 꼭 스푼도 함께 내가길 권한다. 나도 이미 만들어 먹어보았는데 휘핑크림과 민트를 살짝 더해 고블릿에 담아 맛보았더니 한 잔의 완벽한 디저트였다.

트리플 X 루트 비어 90~120㎖

호텔 탱고 버번 60㎖

호텔 탱고 체리 리큐어 15㎖

바닐라 아이스크림 2스쿱

가니쉬: 체리

하이볼 글라스에 칠링한 루트 비어, 버번, 리큐어를 먼저 넣는다. 아이스크림을 담고 루트 비어를 약간 더 넣어준다. 체리로 토핑해 스푼과 함께 서빙한다.

미시간 I-75

Michigan I-75

제리 실리의 의견에 따라 여성버번협회 미시간 지부에서 만든 레시피

I-75(75번 주간 고속도로)는 미시간 주 사람이라면 누구나 다 아는 이름이고, 이 환상적인 사워는 프렌치 75(기포가 보글보글 올라오는 진 사워)와 피츠제럴드(온더록스 글라스에 담아 내는 진 사워)를 합친 듯한 멋진 반전을 연출해낸 버번 칵테일로 I-75의 교통량만큼이나 인상적인 펀치를 날린다. 미시간의 클래식 버전이 선사하는 효과를 온전히 내려면 디트로이트 시티 디스틸러리 버번을 쓰는 것이 좋다. 개인적으로 프로세코의 달콤한 기포와 그 밑에 깔린 시큼한 위스키 사워 풍미 사이의 대비가 무척 마음에 든다.

디트로이트 시티 디스틸러리 버번(또는 이 지역의 다른 버번) 60㎖

심플 시럽 22.5㎖

바로 짜서 여과한 레몬주스 22.5㎖

앙고스투라 비터스 2대시

차갑게 해둔 프로세코나 브뤼 샴페인 30㎖

가니쉬: 레몬 트위스트

셰이킹 컵에 얼음을 채우고 버번, 심플 시럽, 레몬주스, 비터스를 넣고 잘 흔들어준다. 샴페인 글라스나 쿠페 글라스에 스트레이너로 걸러 따른다. 칠링한 프로세코나 샴페인으로 토핑 후 가니쉬한다.

댓츠 마이 피치

That's My Peach

조안나 프루엣의 의견에 따라 여성버번협회 애틀란타 지부에서 만든 레시피

조지아 주에서 생산되는 독자적 제품들을 부각시켜주는 복숭아 맛 사워. 한여름의 조지아 주 생복숭아로 칵테일을 장식해 한결 더 달콤한 맛을 띤다. 복숭아 슬라이스와 당절임 생강은 칵테일을 홀짝일 때 칵테일에 우려지게 두었다가 칵테일의 디저트로 마지막에 먹어보길.

ASW 버번 45㎖

블렌디드 패밀리 No. 4 피치 리큐어 30㎖

갓 짜낸 레몬주스 15㎖

심플 시럽 15㎖

토핑용 탄산수

가니쉬: 생 복숭아 슬라이스, 당절임 생강

셰이커 컵에 버번, 피치 리큐어, 레몬주스, 심플 시럽을 넣는다. 얼음을 섞어 넣고 약 20초간 마구 셰이킹한다. 바로 얼린 신선한 얼음을 담은 하이볼 글라스에 스트레이너로 걸러 따른다. 탄산수를 토핑해 생기를 더한 후 가니쉬한다.

테네시 테이크스 맨해튼

Tennessee Takes Manhattan

에이프릴 캔트렐의 의견에 따라 여성버번협회 테네시 지부에서 만든 레시피

테네시 위스키의 부드러움을 돋보이게 하는 식으로 해석된 퍼펙트 맨해튼. 베네딕틴의 쌉싸름한 허브 향과 드라이 베르무트가 밸런스를 이루고, 비터스로 더해진 오렌지 풍미가 이 리큐어와 베르무트를 테네시 위스키와 한데 어우러지게 한다.

테네시 위스키나 버번 45㎖(레이퍼스 포크 디스틸러리 보틀드 인 본드 테네시 위스키나 올드 도미닉스 헐링 스테이션 버번 추천)

베네딕틴 15㎖

드라이 베르무트 15㎖

오렌지 비터스 4~5대시

가니쉬: 룩사르도 체리

얼음을 채운 믹싱 컵에 재료들을 담는다. 최소 30초간 마구 젓는다. 차갑게 해둔 칵테일 글라스에 스트레이너로 걸러 따른 후 가니쉬한다.

KCD 마르가리타

KCD Margarita

킹스 카운티 디스틸러리의 의견에 따라 여성버번협회 뉴욕 지부에서 만든 레시피

재료로 버번을 쓰고 있진 않지만 시큼하면서 얼얼한 자몽–할라페뇨 문샤인이 제대로 톡 쏘는 맛을 낸다.

킹스 카운티 디스틸러리 그레이프프루트-할라페뇨
문샤인 60㎖

갓 짜낸 라임주스 30㎖

심플 시럽 22.5㎖

가니쉬: 라임 휠

얼음을 채운 셰이킹 컵에 재료들을 담고 잘 셰이킹해 재료들이 잘 섞이고 칠링되게 한다. 소금 리밍을 한 온더록스 글라스에 바로 얼린 신선한 얼음을 넣고 스트레이너로 걸러 따른 후 가니쉬한다.

망고 버번 뮬

Mango Bourbon Mule

에이미 블룸허프의 의견에 따라 여성버번협회 켄터키 북부 지부에서 만든 레시피

만들기 쉬운 가벼운 스타일의 칵테일이 당기는 여름날에 딱 맞는 칵테일. 재료도 세 가지만 있으면 되고 구리 뮬 머그에 바로 만들 수도 있다. 가장 시간이 걸리는 일이라야 가니쉬용으로 생 망고의 껍질을 까고 자르는 정도뿐이다.

레알 칵테일 인그리디언츠 망고 시럽 30~60㎖

버번 45~60㎖

진저비어나 진저에일

가니쉬: 생 민트 가지, 생 망고 슬라이스(둘 다 쓰거나 한 가지만 써도 된다)

구리 뮬 머그에 망고 시럽과 버번을 넣는다. 빠르게 휙 저은 후 얼음을 채우고 진저비어나 진저에일로 토핑한 후 가니쉬한다.

감사의 말

감사 인사를 전할 사람들이 너무 많다. 이 책은 업계 종사자와 비종사자, 아울러 버번을 맛보고 만들고 실험하는 모든 여성버번협회 회원들에게 바치는 러브 송이다. 여러분의 버번 사랑과 버번 문화 덕분에, 또 더 많은 사람들에게 위스키 음미의 진수를 알리려는 여러분의 노력 덕분에 날마다 칵테일 창작의 영감을 자극받고 있다. "우리 생각에는 당신이 이 일을 해야 한다고 봐요. 당신이 적임자예요." 이런 말로 이 프로젝트를 내가 맡을 수 있게 해준 수잔 리글러와 페기 노 스티븐스에게 감사의 마음을 전한다. 생애 처음으로 책을 쓰는 나에게 멘토 역할을 자처하며 격려와 편집상의 제안, 통찰력 등을 베풀어준 수잔에게는 각별한 고마움을 느낀다. 페기와 수잔은 두 사람의 책에 먼저 실렸던 내 레시피를 게재하도록 허락해주는 아량도 보여주었다. 덕분에 『내 버번에 어떤 포크를 써야 할까?(Which Fork Do I Use with My Bourbon?)』에 수록된 플뢰르-드-리스 맨해튼, 다크 쿼터, 볼드 올드(여기에서는 켄터키 스몰더로 이름을 바꿔 실었다)와 조이 페린, 수잔 리글러 공저의 『더 많은 켄터키 버번 칵테일들(More Kentucky Bourbon Cocktails)』에 실린 '낫 유어 핑크 드링크' 2012~2015년 콘테스트의 우승 칵테일 레시피들을 이 책에 실을 수 있었다. 크리스 조이스 KY의 도움으로 사진도 추가로 넣을 수 있었다.

가족이자 베스트 프렌드인 남편에게도 고마운 마음을 전한다. 남편은 내가 버번과 스피릿을 놀랄 만큼 잔뜩 사들이고 냉장고를 여러 시럽, 담금주, 실험 재료로 꽉꽉 채워가는 내내 나를 격려해주었다. 벌써 몇 년째 내 첫 시음자가 되어주기도 해서, 이제는 남편이 나에게 칵테일을 다시 돌려주지 않으면 제대로 잘하고 있다는 신호로 통한다.

이 책을 집필하는 동안 응원과 사랑을 보내준 부모님과 오빠에게도 감사 인사를 보낸다. 나의 베스트 프렌드 케이트와 엄마(여성버번협회의 원년 멤버들)에게도 각별한 감사의 마음을 전한다. 두 사람은 지난 7년간 내가 주방과 현관으로 들이닥쳐 작은 병에 담은 칵테일을 내밀며 맛을 좀 봐달라고 부탁할 때마다 맛을 보며 시음에 도움을 주었다. 멋진 잔을 발견할 때마다 빈티지 잔이 담긴 박스를 실어와 뒷문 현관에 내려주고 가던 아빠에게도 감사드린다.

이런저런 제안을 하며 이 책의 틀을 잡는 데 도움을 준 나의 1호 독자들인 케이트 오스본, 크리스틴 헤드, 로라 엘리슨, 베스 존슨, 안젤라 밴, 앤디 위벨스에게도 고마운 마음이다.

마지막으로 믹솔로지스트, 홈 바텐더, 칵테일 창작자, 버번 애호가들의 멋진 온라인 커뮤니티에게 감사드린다. 여러분 모두 내가 창작과 실험을 벌이며 칵테일을 즐기는 모든 사람이 위스키에 관심을 갖게 할 방법을 찾으려는 목표를 추구해나가는 데 영감을 불어넣고 있다.

지은이 **헤더 위벨스**

입상을 통해 실력을 인정받은 믹솔로지스트이자 여성버번협회 이사회 의장인 헤더 위벨스는 디지털 콘텐츠 크리에이터이자 작가, 사진작가로 활동 중이다. EBS(executive bourbon steward, 버번 관련 전문 자격증) 소지자인 그녀의 목표는 크래프트 칵테일을 창작할 때마다 세상 사람들을 한 명 한 명 위스키 애주가로 바꿔놓는 것이라고 한다. 현재 여러 브랜드, 기업과의 협업으로 칵테일을 개발하는 한편 홈 믹솔로지스트와 버번광들을 위한 칵테일 교육에도 힘쓰고 있다. 가장 최근의 창작품이 궁금하다면 www.cocktailcontessa.com을 방문해보라. 헤더 위벨스는 글을 쓰거나 칵테일을 만들거나 위스키를 시음하는 중이 아닐 때는 틈틈이 블루그래스 주(켄터키 주) 곳곳을 자전거로 산책하거나 고양이들을 돌보며 지낸다.

여성버번협회 소개

2011년에 설립된 여성버번협회는 버번 문화, 여성, 그리고 이 버번 문화와 여성이 만날 때의 모험적 기운에 관심이 뜨거운 이들을 위한 단체다. 미국 전역에 지부가 설립되어 지금까지 200건 이상의 버번 행사를 개최하며 전통을 지키는 디스틸러와 크래프트 디스틸러들과 두루두루 긴밀한 협력을 이어왔다. 여성, 버번, 스피릿 업계 사이에 다리를 놓아 더 탄탄한 관계를 다지는 데 전념하는 유일한 단체로, 여성이 함께 모여 버번 잔을 같이 기울일 때 어떤 재미있고 의미 있는 일들이 일어날 수 있는지를 직접 보여주고 있다.

여성버번협회는 켄터키증류업자협회, DISCUS(Distilled Spirits Council of the United States, 미국 증류주협의회), 지역 및 전국 버번 단체들과 강한 유대를 이어가고 있기도 하다. 소비자와 버번 업계를 서로 이어주는 활동 외에 버번, 스피릿, 접객 업계에 종사하는 회원들 간의 관계 활성화에도 힘쓰고 있다.

여성버번협회의 목적은 회원들의 개인적·직업적 발전을 북돋워주는 동시에 깊이 있고 의미 있는 관계를 키우고 뒷받침할 만한 환경을 조성함으로써 회원들의 역량을 강화해주고 버번의 교육과 문화에서 긍정적이고 포용적이며 사회적 책임을 의식하는 환경을 키워나가는 데 있다. 더 자세히 알고 싶다면 www.bourbonwomen.org의 방문을 권한다.

옮긴이 **정미나**

출판사 편집부에서 오랫동안 근무했으며, 이 경험을 토대로 현재 번역 에이전시 엔터스코리아에서 출판기획 및 전문 번역가로 활동하고 있다. 옮긴 책으로는 『비터스위트』, 『브라이언 트레이시 성공의 지도』, 『와인 바이블(2022 EDITION)』, 『매혹과 잔혹의 커피사』, 『스티비 원더 이야기』, 『우리가 사랑할 때 물어야 할 여덟 가지』, 『아이 마음에 공부불꽃을 당겨주는 엄마표 학습법』, 『나는 무조건 성공하는 사업만 한다』 등 다수가 있다.

참고문헌 및 읽어보면 좋은 책

Arnold, Dave. *Liquid Intelligence: The Art and Science of the Perfect Cocktail*. New York: W. W. Norton, 2014.

Bitterman, Mark. *Bitterman's Field Guide to Bitters & Amari: 500 Bitters; 50 Amari; 123 Recipes for Cocktails, Food & Homemade Bitters*. Kansas City, MO: Andrews McMeel, 2015.

Carlton, Carla Harris. *Barrel Strength Bourbon: The Explosive Growth of America's Whiskey*. Birmingham, AL: Clerisy Press, 2017.

Day, Alex, Nick Fauchald, and David Kaplan. *Cocktail Codex: Fundamentals, Formulas, Evolutions*. Berkeley, CA: Ten Speed Press, 2018.

Day, Alex, Nick Fauchald and David Kaplan. *Death & Co: Modern Classic Cocktails*. Berkeley, CA: Ten Speed Press, 2014.

DeGroff, Dale. *The Craft of the Cocktail: Everything You Need to Know to Be a Master Bartender*. New York: Clarkson Potter, 2002.

Greene, Heather. *Whisk(e)y Distilled: A Populist Guide to the Water of Life*. New York: Avery, 2015.

Minnick, Fred. *Bourbon: The Rise, Fall, and Rebirth of an American Whiskey*. Minneapolis: Voyageur Press, 2016.

Morgenthaler, Jeffrey. *The Bar Book: Elements of Cocktail Technique*. San Francisco: Chronicle Books, 2014.

Page, Karen, and Andrew Dornenburg. *The Flavor Bible: The Essential Guide to Culinary Creativity, Based on the Wisdom of America's Most Imaginative Chefs*. New York: Little, Brown, 2008.

Perrine, Joy, and Susan Reigler. *The Kentucky Bourbon Cocktail Book*. Lexington: University Press of Kentucky, 2009.

Perrine, Joy, and Susan Reigler. *More Kentucky Bourbon Cocktails*. Lexington: University Press of Kentucky, 2016.

Reigler, Susan, and Michael Veach. *The Bourbon Tasting Notebook*. 2nd ed. Morley, MO: Acclaim Press, 2018.

Rogers, Adam. *Proof: The Science of Booze*. Boston: Mariner Books, 2015.

Simonson, Robert. *The Old Fashioned: The Story of the Word's First Classic Cocktail with Recipes and Lore*. Berkeley, CA: Ten Speed Press, 2014.

Stevens, Peggy Noe, and Susan Reigler. *Which Fork Do I Use with My Bourbon? Setting the Table for Tastings, Food Pairings, Dinners, and Cocktail Parties*. Lexington, KY: South Limestone Books, 2020.

Wondrich, David. *Imbibe! Updated and Revised Edition: From Absinthe Cocktail to Whiskey Smash, a Salute in Stories and Drinks to "Professor" Jerry Thomas, Pioneer of the American Bar*. New York: Perigee, 2015.